Meine Träume zu Kirchenfinanzen
und Kirchenentwicklung in Deutschland

D1732272

Meine Träume zu Kirchenfinanzen und Kirchenentwicklung in Deutschland

Johannes Hoffmann

Globethics.net Focus No. 52

Globethics.net Focus

Series editor: Prof. Dr Obiora Ike, Executive Director of Globethics.net in Geneva and Professor of Ethics at the Godfrey Okoye University Enugu/Nigeria.
Series editor: Dr Ignace Haaz, Programme Executive online Ethics Library and Managing Editor

Globethics.net Focus 52
Johannes Hoffmann, *Meine Träume zu Kirchenfinanzen und Kirchenentwicklung in Deutschland*
Geneva: Globethics.net, 2019
ISBN 978-2-88931-296-2 (online version)
ISBN 978-2-88931-297-9 (print version)
© 2019 Globethics.net

Managing Editor: Ignace Haaz
Assistant Editor: Samuel Davies

Globethics.net International Secretariat
150 route de Ferney
1211 Geneva 2, Switzerland
Website: *www.globethics.net/publications*
Email: *publications@globethics.net*

All web links in this text have been verified as of May 2019.

Gewidmet

Maria

und

unseren Enkelkindern

Tiago Matthias

Julio Andreas

Korbinian Georg

Anton Justus

Marlene Isabell

INHALTSVERZEICHNIS

VORWORT

Träume haben in der Regel in konkreten guten, erfreulichen aber auch nicht selten in ärgerlichen, bedrohlichen und im Extremfall traumatischen Erfahrungen des eigenen Lebens ihre Ursache. Manchmal begegnen mir im Traum Probleme, die ich mit mir schon länger herumschleppe, ohne sie lösen zu können. Aber sie werden im Traum entfaltet, zeigen sich manchmal in großer Klarheit und offenbaren die Richtung einer ganz einfachen Lösung. Wenn ich dann aufwache, versuche ich Hinweise oder visionäre Elemente aus dem Traumbild zu erinnern. Karl Rahner sollte einmal einen Traum von der Kirche erzählen und gab zur Antwort: „Da hat man aber leicht Alpträume. Es soll aber ein schöner, hoffnungsvoller Traum sein. Das macht die Sache noch schwieriger."[1] Der Traum von Rahner kreiste um eine ökumenische Konferenz mit dem Papst zum Thema Kathedralentscheidung, natürlich eine sehr schwierige Frage, von deren Lösung wir „träumen und hoffen müssen".[2] Alpträume kommen sicher vielen Katholiken, wenn sie an die Kirche denken. Der Exeget Alfred Loisy hat das auf die Formel gebracht: „Jesus hat das Reich Gottes verkündigt, und was kam, war die Kirche."[3] Was aber ist bei Jesus damit gemeint, wenn er von Reich Gottes und Gottes Herrschaft spricht? Was habe ich mir darunter in meinem Leben vorgestellt, wenn es im Markus-Evangelium heißt: „Nahe gekommen ist die Königsherrschaft Gottes" (Mk 1,15; Mt 4,17; Lk 10,9.11)? Was wollte Markus uns davon auf den Weg geben? Würde er z.B. die Kirche

---

[1] Rahner, Karl, Der Traum von der Kirche, in: Krauss Meinold, (Hrsg.), Ich habe einen Traum. Visionen und Wirklichkeiten, Stuttgart 1978, Seite 77.

[2] Ders., ebd., Seite 88.

[3] Zitiert nach: Blank, Josef, Jesus von Nazareth. Geschichte und Relevanz, Freiburg 1973, 123.

in ihrer derzeitigen deutschen und europäischen Gestalt mit der Idee von der „Nahegekommenen Herrschaft Gottes" in Verbindung bringen? „Was Jesus brachte,… war die Befreiung von Religion und Ethos aus der Enge einer starren, weit verzweigten Gesetzlichkeit, ein Beiseiteräumen zahlreicher Vorurteile und Schranken, die den Blick auf den Menschen und seine wirkliche Not verstellten, die Ablehnung einer Haltung, die meinte, durch eine Vielzahl frommer Leistungen Gott befriedigen zu können…Getroffen wird von dieser Polemik im Grunde das gesetzlich-kasuistische System des Pharisäismus."[4]

Wenn man die Berichte des Evangelisten Markus mit den Gesetzeslehrern und Pharisäern liest, liegt die Vermutung nahe, dass Jesus heute genauso mit den heutigen Vertretern der Kirche streiten würde. Er würde streiten mit denen, die mit überholten Traditionen, Gesetzen, Normen, Dogmen und unveränderlichen Strukturen glauben, einen Beitrag für das Kommen der Gottesherrschaft zu erbringen. Er würde höchstwahrscheinlich mit den Bischöfen der Deutschen Bischofskonferenz heftig streiten, die am derzeitigen System einer Reichenkirche festhalten, die klerikalen Herrschaftsstrukturen nicht verändern und mit Gesetzen und Institutionen ihre Macht gegenüber den Gläubigen zementieren, obwohl aus der Perspektive der Botschaft Jesu „Das System, wie es bisher besteht, am Ende ist."[5] Wenn wir das Modell der Gottesherrschaft als Vorbild nehmen, dann sollten wir uns vergegenwärtigen, was uns dazu Exegeten wie Josef Blank und viele andere Theologen verdeutlichen: „Die Gottesherrschaft ist bei Jesus eindeutig und klar verstanden als das universale Heil, als der Inbegriff von Leben, Seligkeit und Freu-

---

[4] Blank, Josef, a.a.O., Seiten 87-88.

[5] So äußerte sich der Regens des Münsteraner Priesterseminars und Sprecher der deutschen Regentenkonferenz am Sonntag der geistlichen Berufe 2016.Zitiert Nach: Frings, Thomas, Aus, Amen, Ende? So kann ich nicht mehr Pfarrer sein, Freiburg 2017, Seite 43.

de für die Menschen.... Wir müssten also präziser von der befreienden und beglückenden Herrschaft Gottes sprechen."[6]

Träume über Kirche, Kirchenfinanzen und über Gemeindeentwicklung müssten durchaus erfüllbar sein, wenn alle Beteiligten guten Willens und für vernünftige Argumente zugänglich sind. Solche Ideen zeigen sich im Traum ganz klar und ohne weiteres realisierbar, käme da nicht nach dem Erwachen der „Morbus Jona" daher. „Sie erinnern sich: Jona war der Prophet, der der Stadt Ninive in Gottes Namen vermitteln sollte, dass es so auf keinen Fall weiter geht: ‚Jona, mach dich auf!' Und was passiert? Jona macht sich auf. Aber nicht in Richtung Ninive, sondern aus dem Staub."[7]

Bei meinen Träumen über die bekannt gewordenen Finanzskandale, über die Missbrauchsskandale und über Gemeindeentwicklung in einer Kirche, die der Implosion nahe ist, darf „Morbus Jona" eigentlich keine Rolle spielen. Träumen wir also gemeinsam, sozusagen kollektiv. Nehmen wir also allen Mut zusammen und gehen wir an die Umsetzung der Ideen für eine Kirche mit Zukunft. Wenn genügend mitmachen, könnte es gelingen, unsere Kirche wieder zu einem Ort, zu einer Institution zu machen, in der sich diejenigen Menschen zusammenfinden, die der Botschaft Jesu in unserer Gesellschaft wieder Wege bahnen wollen. Ich habe die Hoffnung darauf noch nicht verloren und bin sicher, dass es viele Christen gibt, die sich von manchen überlebten Traditionen frei machen und Wege für eine neue Kirche gehen wollen, die die Menschen und die Welt brauchen. Helder Camara macht uns Mut: „Wenn einer allein träumt, ist es nur ein Traum. Aber wenn viele gemeinsam träumen, dann ist dies der Beginn einer neuen Wirklichkeit."[8]

---

[6] Blank, a.a.O., Seite 104 f.

[7] Vogt, Fabian, Morbus Jona, in: Publik-Forum, Nr. 2 / 2018.

[8] Zitiert nach: Fernandes, John, Ungebahnte Wege. Theologische Reflexionen als Zeitzeugnis: An der Peripherie leben, Grenzen überschreiten, Brücken bauen. Narrative Missiologie, Berlin 2018, Seite 384.

I

TRÄUME ZU KIRCHENFINANZEN DER KATHOLISCHEN KIRCHE

Einige Auslöser meiner Träume

Manchmal packt mich heiliger Zorn, wenn ich mich mit immer neuen Skandalen in der Katholischen Kirche konfrontiert sehe, mit Finanzskandalen, Missbrauchsskandalen, dem Skandal selbstherrlich hierarchischem Gehabe von Bischöfen und Kardinälen gegenüber den Gläubigen, die ihr Subjektsein in der Kirche leben und ihre Identität als Subjekte in der Kirche realisieren wollen. Dann möchte ich auch am liebsten austreten. Dagegen aber sträubt sich alles, was mein Leben von der Geburt an bestimmt hat. Glaube und auch jede Theologie ist vom Kontext des je eigenen Lebens, also biographisch geprägt. Die Erinnerung an ein sentire cum ecclesia von meiner Kindheit an bestärkt mich in der Hoffnung, dass der institutionelle Narzismus der katholischen Kirche in Deutschland geändert werden kann. Jeder hat ein gehöriges Stück Vergangenheit und Tradition in seinem Lebensrucksack. Der meine, mein Inneres, mein Denken und Fühlen, ist geprägt von tiefkatholischen Eltern, geboren auf einem Bauernhof in Altreichenau, einem Dorf im Kreis Waldenburg in Schlesien. Wenn bei uns Kuchen gebacken wurde, wurden immer zwei gebacken. Einer war für unsere Familie bestimmt, den zweiten Kuchen bekam unser Pfarrer. Im Alter von 5 Jahren kam ich nach dem Tod meiner Eltern, zu Verwandten, Josef und Maria Müller, nach Grüssau, bekannt durch das Benediktinerkloster. Onkel und Tante hatten sehr gute

Kontakte zu den Patres und zu den Brüdern, besonders zum damaligen Prior, Pater Nikolaus von Lutterotti. Auch hier erlebte ich einen tiefkatholischen Kontext. Das Anwesen meines Onkels lag direkt neben der Klostermauer. Eine kleine Tür in der Mauer führte in den Klostergarten. Im Alter von vermutlich 7 und 8 Jahren ging ich oft in den Klostergarten zu den Brüdern und auch weiter in die wunderschöne Barocksakristei des Marienmünsters zu Bruder Gunther. Dem durfte ich „helfen" und konnte mir als Belohnung Hostien aus einem der Schränke holen. Von Pater Dr. Ambrosius Rose, dem damaligen Kaplan, erhielten wir Kommunionunterricht. Mit ihm verband mich nach der Vertreibung eine Freundschaft, die mich bis zu seinem Tod begleitete. Auf seinen Wunsch habe ich anlässlich seines 90. Geburtstags im Konventamt im Kloster Kellenried gepredigt.

Bei der Vertreibung aus Schlesien war ich 9 Jahre. Als wir das Haus verlassen mussten, gab es eine Abschiedsszene, die mich sehr beeindruckt hat, deren Bedeutung ich aber erst viel später einschätzen konnte. Der Onkel rief uns im Wohnzimmer zusammen und begann mit uns im Kreis stehend gemeinsam das „Vater unser" zu beten. Dann sagte er: „Der Herr hat es gegeben, der Herr hat es genommen. Der Name des Herrn sei gepriesen!"[9] Das war sein Abschied von all seinem Besitz (Mühle, Bäckerei, Landwirtschaft mit 20 Hektar, Sägewerk mit zwei Vollgattern, Kohlenhandel des Ortes) und von seiner Heimat. Damit begann für ihn ein neues Leben. Von diesem Augenblick an stellte er sich auch auf einen Neubeginn ein und begann diesen im Rahmen der Möglichkeiten als Vertriebener, als Flüchtlinge, wie man uns nannte, zu gestalten. Er war für mich ein tatkräftiger, frommer und weiser Mensch. Es war aus meiner Sicht ein von Glaube und Liebe bestimmtes Denken und Handeln. In meiner Erfahrung mit ihm hat er sich auch in der Nazizeit konkret für Gerechtigkeit eingesetzt. Nicht von ungefähr bekleidete er ehrenamtlich das Amt eines Schiedsmannes in Grüssau über 30 Jahre.

---

[9] Das Buch Hiob, 1, 21.

Er war stolz darauf, dass er in dieser Zeit lediglich einen Streitfall nicht schlichten konnte, sondern bei Gericht ausgetragen werden musste.

Für sein gerechtes Handeln und urteilen war er in Grüssau und auch nach der Vertreibung bekannt. Seine Klugheit und sein Einfühlungsvermögen zeigte sich schon gleich im Vertreibungsgeschehen beim Besteigen des Viehwagons der rund 30 Grüssauer Frauen, Männer und Kinder am Güterbahnhof in Grüssau. Nach 14 Tagen Fahrt im Viehwagon kamen wir in Rhedebrügge, einem Dorf in der Nähe der Stadt Borken im Münsterland nur wenige Kilometer von der holländischen Grenze entfernt, an. Dort kümmerte er sich mit dem Bürgermeister um die Unterbringung und Verteilung der Familien bei den Bauern. Als letzte Familie kamen wir an die Reihe. Der Bauer, bei dem wir untergebracht werden sollten, lehnte es aber ab, uns aufzunehmen. Daraufhin fragte mein Onkel, ob es hier keine Mühle gebe, er sei Müllermeister. Drauf der Bürgermeister: „Eine Mühle gibt es schon, aber bei der Familie können wir sie nicht einweisen, denn dort lebt eine Frau mit 4 Töchtern allein. Die Männer sind bis auf einen im Krieg gefallen. Der jüngste Sohn Alvis befindet sich noch in Belgien in Gefangenschaft. Trotzdem ließ mein Onkel nicht locker, sondern bat darum, mit den Frauen sprechen zu können. Das Ergebnis: Wir wurden in der dortigen Mühle von Frau Schnocklake und ihren vier Töchtern aufgenommen. So konnte sich mein Onkel als Müller betätigen und wir hatten zu essen. Nach Entlassung aus der Kriegsgefangenschaft erlernte Alvis bei meinem Onkel das Müllerhandwerk. Es ging uns also in der neuen Heimat gut. Wir hatten nicht nur immer zu essen. Auch mit den Bauern bekamen wir guten Kontakt, wurden sehr schnell angenommen und empfanden uns in der Dorfgemeinschaft integriert. Erleichtert war die gute Beziehung im Dorf auch dadurch, dass wir wie alle im Dorf katholisch waren. Ich wurde Ministrant. Der Pfarrer gab mir zusammen mit einem Sohn des Küsters Lateinunterricht.

Nach ein paar Jahren zogen wir in eine größere Wohnung um und ich fuhr mit dem Fahrrad 10 Km nach Borken zum Gymnasium Remigianum. Da das in den damals noch strengen Wintern eine große Strapaze war, -es gab ja noch keinen Schulbus-, meldete mich mein Onkel von der zweiten Gymnasialklasse in der Internatsschule des Klosters des Ordens der Oblaten der Unbefleckten Empfängnis in Burlo an, zumal ich damals den Wunsch hatte, Priester zu werden. Nach gut drei Jahren wechselte ich wieder ans Gymnasium in Borken. Das Internatsleben passte mir nicht. Meine Pflegeeltern waren inzwischen nach Borken umgezogen. In Borken machte ich in der Jugendarbeit mit, leitete die Stadtgruppe des Bundes Neudeutschland, war Pfarrjugendführer von St. Remigius. Mit den Kanonikern Perdekamp und Zellerhoff habe ich seit 1955 einige Jahre bei den Jugendlagern der Pfarrei auf der holländischen Insel Ameland mitgewirkt.

Im Jahr 1959 habe ich am Remigianum Abitur gemacht. Dies war ein Herzenswunsch meines Onkels und Pflegevaters. Er hat sich sehr gefreut, dass er das noch erlebt hat. Unmittelbar danach erkrankte er schwer an den Folgen seines Berufes und musste ins Krankenhaus. Leider konnte er nicht mehr geheilt werden. Es ging ihm von Tag zu Tag schlechter. Kurz vor seinem Tod wurde ich informiert und habe ihn besucht. Da wir daheim jeden Abend gemeinsam die Komplet gebetet haben und die Gebete auswendig kannten, habe ich mit ihm und einer anwesenden Ordensschwester die Komplet gebetet. Am Anfang hat er noch leise fast lispelnd mitgebetet: „Gib den Segen, Herr, eine ruhige Nacht und ein glückliches Ende verleihe uns der allmächtige und barmherzige Herr…" Ob er den Lobgesang des Simeon noch wahrgenommen hat, weiß ich nicht: „Nun entlässt du, Herr, deinen Knecht, wie du gesagt hast, in Frieden scheiden." Ich habe seine Hand gehalten. Er wirkte auf mich sehr entspannt, hat auch eine Weile die Lippen bewegt und mitgebetet. Darüber ist er eingeschlafen, gestorben. Seinen letzten Atemzug habe ich wahrgenommen.

Nach dem Abitur im Jahr 1959 begann ich mein Studium der Theologie in Münster als Priesteramtskandidat im Borromäum. Da mein Interesse schon damals Sozialethik und Wirtschaft war, habe ich neben Philosophie bei Josef Höffner zwei Jahre „Katholische Soziallehre" studiert. Das hat mich für mein Studium geprägt. Theologie lernte und verstand ich von da an als theologische Theorie von Praxis. Bestärkt wurde ich in dieser Richtung in meinen sogenannten Freisemestern in München (1961 / 1962) durch meine Mitarbeit in der Paulusgemeinschaft der Marianischen Kongregation (MC) bei den Jesuiten in der Kaulbachstrasse und hatte eine Studentenbude in Schwabing im Rupert-Mayer-Heim am Kaiserplatz 13. Im Fasching 1962 wurde ein Hausball organisiert und da ich keine Partnerin hatte, wurde ich von der Vorbereitungsgruppe dazu ausersehen, die Bewirtung in der Sektbar zu übernehmen. Das war rund 14 Tage vor meiner Abreise aus München. Da geschah meines Erachtens aus heutiger Sicht ein kleines Wunder. Als Barkeeper begegnete mir um ca. 3 Uhr in der Nacht eine von einem Mitbewohner eingeladene Abiturientin, Maria Spaett, die mich zum Tanz aufforderte. Die Einladung habe ich angenommen, die Bar Bar sein lassen und habe so etwa drei Stunden ohne Unterbrechung mit ihr getanzt. Das hat uns beiden gut gefallen. Bis zum Aschermittwoch haben wir uns jeden Tag getroffen. Sie hat in der Zeit die Schule geschwänzt und brachte mich am Aschermittwoch zum Bahnhof. Wie schon vorher geplant machte ich mich auf den Weg nach Bonn zum Studium bei Ratzinger, Botterweck und Schlier. Bei Schlier schrieb ich meine Diplomarbeit. Maria hat mich in der Karnevalszeit 1963 in Bonn besucht. Bevor sie wieder nach München abgereist ist, haben wir uns entschlossen, zu heiraten. Daraufhin habe ich mich in Münster als Priesteramtskandidat abgemeldet, aber auf Anraten von Maria noch das „Introitusexamen", heute würde man sagen die Diplomprüfung gemacht, obwohl damals ich damals nicht einschätzen konnte, ob ich als Laientheologe im kirchlichen Dienst beruflich einen Platz finden würde.

Nach dem Examen wechselte ich wieder nach München und begann mit dem Studium der Volkswirtschaftslehre. Außerdem wurde ich wieder im Pauluskreis der MC aktiv, wurde 1963 Tutor im Rupert Mayer-Heim und zum Sprecher der Hochschulgemeinde an der UNI München gewählt. Am Ende meiner Amtszeit als Hochschulsprecher wählte man mich für zwei Jahre zum Bildungsreferenten der Katholischen Deutschen Studenteneinigung (KDSE) in Bonn (1964 – 1966). Das ist auch heute noch die Hauptstelle für Studentenseelsorge der Deutschen Bischofskonferenz.

Maria hatte inzwischen das Examen als Volksschullehrerin abgelegt und so haben wir 1965 in Sittenbach geheiratet. Wir mieteten unsere erste Wohnung in Oberbreisig und Maria wurde Lehrerein in Bad Breisig. Da in dieser Zeit das II.Vatikanische Konzil stattfand, war das für uns eine spannende Zeit in der Kirche. So beschlossen Maria und ich, dass ich doch in der Theologie promovieren sollte. Also meldete ich mich bei Prof. Dr. Franz Böckle, der mich als Doktorand annahm. Nach einer kurzen Zeit als Religionslehrer an der Volksschule in Bad Breisig bekam ich von 1967 - 1970 bei Prof. Dr. Karl Klein das Angebot einer Assistentenstelle an der Pädagogischen Hochschule Westfalen-Lippe, Abteilung Siegerland. Wir zogen von Breisig um nach Netphen. Maria wechselte als Lehrerin vom Rheinland nach NRW und wurde Lehrerin in Netphen. In der Siegener Zeit waren wir kirchlich sehr aktiv in der Pfarrei der Nachbargemeinde Dreis-Tiefenbach bei Pfarrer Heinz-Günther Dimmerling, der uns sehr begeisterte, weil er alle sich im Konzil eröffneten Möglichkeiten sogleich in der Pastoral umsetzte.

Von hier aus begann ich bei Prof. Dr. Franz Böckle, dem Moraltheologen in Bonn mit der Arbeit an einer Dissertation, der mir nach Erscheinen der Enzyklika Humanae Vitae das Thema stellte: „Spannungen zwischen den lehramtlichen Forderungen der Kirche und der faktisch gelebten Überzeugung der Gläubigen. Ein Beitrag zur Moralverkündigung"[10], die ich 1970 bei der Bonner Fakultät eingereicht habe.

Im Jahr 1970 hat Maria in Siegen unseren ersten Sohn, Tobias Raphael geboren. Unsere Zeit in Siegen war durch meine befristete Anstellung an der Hochschule begrenzt. Daher hatte ich mich auf eine Assistentenstelle bei Professor Dr. Josef Blank an der UNI in Saarbrücken beworben und wurde angenommen. Mit ihm habe ich dreieinhalb Jahre intensiv zusammengearbeitet.

Maria wurde in den Schuldienst des Saarlandes übernommen und unterrichtete an einer Schule in Saarbrücken. In dieser Zeit, nämlich 1972 hat Maria in Saarbrücken unseren zweiten Sohn, nämlich Benedikt Gabriel, geboren.

Beruflich bedingt war unsere Zeit in Saarbrücken begrenzt, weil ich 1974 nach Münster als Wissenschaftlicher Rat und Professor an die Pädagogische Hochschule Westfalen-Lippe, Abteilung Münster berufen wurde für das Fach Theologische Anthropologie und Moralpädagogik. Wir zogen 1975 wieder einmal um, und zwar nach Nottuln.

Im Jahr 1976 gebar Maria in Münster unseren dritten Sohn, Fabian Michael. Aber meine Zeit in Münster war sehr kurz, denn ich wurde am 17. 7. 1976 als Professor für Moraltheologie und Sozialethik am Fachbereich Katholische Theologie an der Goethe – Universität in Frankfurt berufen. Wir sind 1979 nach Eppenhain gezogen, weil wir wollten, dass unsere Kinder in einem Umfeld aufwachsen können, wo sie sich beheimatet fühlen. Es war uns wichtig, dass sie sich auch außerhalb der Familie sowohl in der Schule als auch in der Pfarrgemeinde gute Voraussetzungen für ihre Entwicklung fanden. Sowohl in der Schule als auch in der Pfarrei haben wir uns als Eltern engagiert.

Ich hatte in meinem Studium das Glück, das ich mit hervorragenden Professoren und beeindruckenden Theologen studieren und zusammen-

---

[10] Hoffmann, Johannes, Praktizierende Katholiken zwischen Kirche und Gesellschaft. Ein Beitrag zu Problemen der Moralverkündigung, Düsseldorf 1973.

arbeiten konnte. Bei allen habe ich erfahren, dass es eine wichtige Funktion der Theologen ist, die Entwicklung der Institution Kirche und der Bischöfe konstruktiv-kritisch zu begleiten.

Die kurzen Hinweise auf frühe und wichtige Stationen meiner Sozialisation, die mich in meinem Verhältnis zu Kirche geprägt haben, genügen, um zu verdeutlichen, dass ich Theologie immer als theologische Theorie von Praxis betrieben habe. Trotz zahlreicher negativer Erfahrungen mit der katholischen Kirche in Deutschland würde es mir schwerfallen, auszutreten. Es würde mich in meiner Identität nicht unberührt lassen. Also muss ich mich mit der Deutschen Kirche auseinandersetzen und mich dafür einsetzen, dass das anders wird. Diesem Anliegen sollen meine Zeilen dienen. Es geht mir dabei um eine Kirche der Menschen.

Das Elend der Finanzskandale der Kirche

Seit über 40 Jahren befasse ich mich mit Fragen ökonomischer, ökologischer, sozialer und kultureller Nachhaltigkeit von Geldanlagen in der Wirtschaft aber auch in der Kirche. Gute und weniger gute Entwicklungen nehme ich wahr. Immer häufiger ärgere ich mich über Fehlentwicklungen wie z.B. die Panama Papers, über die Schädigung des Gemeinwohls durch Steuerhinterziehung, über die Verletzung der Menschenrechte, über die Zerstörung der natürlichen Lebensgrundlagen, über die Vernichtung von Lebensmitteln und über Finanzskandale in Gesellschaft und in der Kirche.

Ohne die Absicht auf Vollständigkeit, nenne ich zunächst ein paar Finanzskandale der katholischen Kirche, die mich aus der Perspektive des Kirchensteuerzahlers, des ethisch-ökologischen Investments und aus der Perspektive des Theologen und Wirtschaftsethikers ziemlich aufregen. Durch solche Skandale wird die Glaubwürdigkeit der Kirche schwer beschädigt. Solche Geschehnisse verfolgen mich dann auch gelegentlich im Traum. Die Anlässe sind zahlreich und immer wieder kommen neue dazu.

Die Schlagzeile „Finanzskandal in der katholischen Kirche" auf der Seite 1 der Süddeutschen Zeitung vom 6.2.2018 und die Meldung, dass die Diözese Eichstätt „Mit dubiosen Investitionen in den USA bis zu 60 Millionen Dollar verliert"[11], ist ein aktueller und neuer Hinweis darauf, dass die Gläubigen der katholischen Kirche, -unter Ihnen die Steuerzahler und Spender-, sowohl von einem ökonomischen, als auch von einem ethisch-ökologischen und erst recht von einem Umgang mit den Kirchenfinanzen im Sinne der Botschaft Jesu[12] nur träumen kann. Matthias Drobinski schreibt dazu: „Das System, das da in Eichstätt sichtbar wird, hat einen Namen: Klerikalismus. Ein Bund der Brüder wähnt sich unangreifbar. Er schottet sich ab, Eindringlinge sind Feinde. Kritische Fragen Blasphemie."[13] Es ist eigentlich nicht zu verstehen, dass eine deutsche Diözese sich einen solchen Skandal leistet, obwohl doch genügend Finanzskandale vorausgegangen sind, die zu einer Sensibilisierung der Finanzverwaltungen hätten führen müssen. Um nur einige zu nennen: Da war die Veröffentlichung des Journalisten Mino Picorelli am 12.9. 1978 von „121 Namen von Kardinälen, Bischöfen und Prälaten, die Freimaurer waren („Mitglieder der mafiösen Freimaurerloge P2" = Einfügung des Verf.), darunter Marcinkus und sein Sekretär Donato de Bonis, der inzwischen in der Vatikanbank aufgestiegen war.

---

[11] Nicolaus Richter und Katja Riedel, Finanzskandal in der katholischen Kirche, in: Süddeutsche Zeitung, 6.2.2018, Seite 1 sowie dieselben: Untreu und Glauben. Die katholische Kirche verfügt über sehr viel Geld, nicht aber über kompetente Vermögensverwalter, weil sie sich falsch beraten lies, könnte die Diözese Eichstätt bis zu 60 Millionen Dollar verloren haben, in: Südd.Ztg., 6.2.2018, Seite 5.

[12] Matthias Drobinski, Kirche und Geld – Reichtum verpflichtet, in: Süddeutsche Zeitung, 6.2.2018, Seite 4.

[13] Drobinski, Matthias, Finanzskandal. Was die Kirche kaputt macht, in: Südd. Ztg., 6.2.2019, Nr. 31, Seite 4.

Auf der Liste standen auch Kardinalstaatssekretär Jean Villot, der vatikanische Außenminister Agostino Casaroli ....."[14] De Bonis strukturierte das IOR (= Vatikanbank) so, dass es als eine hervorragende Geldwaschanlage der Mafia funktionierte[15]. Papst Franziskus hat sich intensiv für eine Reform des Finanzwesens des Vatikans eingesetzt. Es ist auch allerhand geschehen. „Die Bilanzen scheinen wieder in Ordnung zu sein. Doch ruhig ist es deswegen nicht geworden."[16]

Aber nicht nur in Rom sondern auch in Deutschland gab und gibt es unrühmliche Vorgänge. Im Jahr 1995 war der Verfasser dieses Beitrags in Frankfurt zusammen mit Generalvikar Feldhoff der Diözese Köln bei einer Pressekonferenz geladen. Dabei stellte er an Herrn Feldhoff die Frage: „Ist es sittlich vertretbar, „dass die Erzdiözese Köln, die heuer (1995) einen Jahreshaushalt – von einer Milliarde Mark ausweist, ihr Geldvermögen in Liechtenstein ohne jede ethische Auflage zur Verwaltung anvertraut, was bis heute (1995) geschieht?"[17] Den Tatbestand hat Feldhoff in dieser Pressekonferenz zwar bestätigt, aber keine Änderung angekündigt.

Dass Feldhoff diese Einstellung nach wie vor vertritt, zeigte sich jüngst in einem Interview in einer Fernsehsendung über Kirchenfinanzen, wo er auf eine entsprechende Frage eines Journalisten zugeben musste, dass die Erzdiözese Köln die Gewinne aus ihren Firmen in einer Oase in Amsterdam deponiert, um –zugegeben völlig legal- Steuer zu umgehen. Für eine Institution, die auch aus Steuermitteln wesentlich mitfinanziert wird, deren Bischöfe ihr Gehalt vom Staat erhalten, ist es

---

[14] Gianluigi Nuzzi, Vatikan AG. Ein Geheimarchiv enthüllt die Wahrheit über die Finanz- und Politskandale der Kirche, Salzburg 2010, Seite 44.

[15] Ders. Ebd., Seite 98.

[16] Meiler, Oliver, Ewiges Rumoren in der Bank Gottes. Das Finanzinstitut des Vatikans produziert weiter Skandale, in: Südd. Ztg., 12.3.2018, Nr. 59, Seite 2.

[17] Bernhard Erkelenz, Einkünfte und Vermögen transparenter machen, in Frankfurter Rundschau, 22.10.2013, Nr. 245, Seite 18. Leserforum.

ethisch fragwürdig, wenn sich diese Institution an der Steuer -einer Abgabe für das Gemeinwohl- vorbeidrückt.[18]

Die Praxis der Steuervermeidung wird auch in dem römischen Dokument „Oeconomiae et pecuniariae questiones" verurteilt, das von der Kongregation für die Glaubenslehre und vom Dikasterium für den Dienst zugunsten der ganzheitlichen Entwicklung des Menschen erstellt, von Papst Franziskus am 6.1.2018 approbiert und die Veröffentlichung angeordnet wurde. Die Verlagerung der Gewinne in der Intention der Steuervermeidung hat nach Ansicht dieses römischen Dokuments „zur Folge, dass die Gewinne in die Steuerparadiese verlegt werden, die Kosten hingegen in die Länder mit höheren Steuerauflagen. All das hat der Realwirtschaft beträchtliche Ressourcen entzogen und zur Entstehung von Wirtschaftssystemen beigetragen, die auf dem Prinzip der Ungleichheit aufbauen. Es darf auch nicht verschwiegen werden, dass diese Offshore-Domizile nicht selten zu Orten geworden sind, an denen fast schon gewohnheitsmäßig ‚schmutziges' Geld gewaschen wird, das aus illegalen Geschäften kommt (Diebstahl, Betrug, Korruption, kriminellen Vereinigungen, Mafia, Kriegsbeuten, usw.)."[19] Um diese Praktiken zu vermeiden, sollten alle Verwaltungsräte mit Ethik-Kommissionen zusammenarbeiten, „die unterscheiden helfen, welche

---

[18] Ob dieses Verhalten nicht nur aus ethischen Gründen fragwürdig ist, wird sich möglicherweise im Gerichtsverfahren über die „Methode Cum-Ex" erweisen: Siehe: Ott, Klaus und Richter, Nicolas, Ausgefuchst: Ein Steueranwalt, der alles machen konnte. Sein Ziehsohn, der alles machen wollte. Über Gier, Aufstieg und Fall zweier Männer, die mit Cum-Ex-Geschäften viel Geld verdienten – und Ärger mit der Justiz haben. In: Südd.Ztg., 23./24.Juni 2018, Seiten 11 – 13. Inzwischen wird durch investigativen Journalismus das unvorstellbare Ausmaß der dadurch verursachten Steuerhinterziehung ans Tageslicht gebracht. Um 55 Miliarden EURO wird der Fiskus in Europa im Wesentlichen durch Banken betrogen.

[19] Kongregation für die Glaubenslehre und Dikasterium für den Dienst zugunsten der ganzheitlichen Entwicklung des Menschen, Oeconomiae et pecuniariae questiones, Rom 6.1.2018, Nr. 30.

der rechtlich möglichen Geschäfte auch ethisch annehmbar und prakti-
zierbar sind (eine Frage, die etwa im Bereich der Steuerumgehung besonders akut ist)."[20]

Nach Auffassung des Club of Rome „tragen Steueroasen wesentlich
zur steigenden Ungleichheit bei. Derzeit verlieren alle Länder riesige
Geldmengen, die für Gesundheit, Bildung, Umweltschutz und Polizei
nötig wären. Ihre heutigen Haushaltsdefizite würden nahezu verschwinden, käme dieses Geld beim Fiskus an. Für den globalen Süden ist dieser
Verlust noch schmerzlicher, weil hier noch große Defizite in der Infrastruktur bestehen."[21] Das Gemeinwohl, das Wohl aller Menschen, zum
zentralen Ausgangspunkt des Handelns zu machen, ist vom Geist Gottes
gebotene Pflicht der Christen und der Kirche. Dieser Geist zeigt sich in
einem Handeln, das Leben fördert, menschliche Entwicklung ermöglicht
und die Commons bereichert."[22]

Mit der Botschaft des Evangeliums völlig unvereinbar muss die
langjährige Spekulantenpraxis von Pater Anselm Grün genannt werden.
„Zwar investiert Grün nicht in Rüstungsaktien, doch mit chinesischen
Fonds hat er keine Probleme, obwohl, wie er sagt, ‚ich sehe, dass dort in
Sachen Menschenrechte Nachholbedarf besteht'. "[23] Um möglichst
hoher Rendite willen hatte er auch keine ethischen Bedenken, in süd-
amerikanische Anleihen zu investieren, obwohl diese bei den Staaten
und den Menschen großen Schaden verursachen. Solches Vorgehen
entspricht nach Papst Franziskus einem System, „in dem eine Spekulati-

---

[20] Ebd., Nr. 28.

[21] *Ernst* Ulrich von Weizsäcker, Anders Wijkman u.a., HG., Club of Rome: Der
große Bericht. Wir sind dran. Was wir ändern müssen, wenn wir bleiben wollen.
Eine neue Aufklärung für eine volle Welt, Gütersloh 2017, 295 f.

[22] Hilberath, Bernd Jochen, Geist. In: Büchner, Christiane / Spallek, Gerrit, Hg.,
Auf den Punkt gebracht. Grundbegriffe der Theologie, Mainz, 2. Aufl. 2018,
Seiten 37-46, hier: 44f..

[23] Wolfgang Kessler, Der Rendite-Pater. Anselm Grün legt Wert auf Achtsamkeit – nur nicht beim Geld, in: Publik-Forum, 14.1.2011, Nr.1, Seite 11.

on und ein Streben nach finanziellem Ertrag vorherrschen, die dazu neigen, den gesamten Kontext wie auch die Wirkungen auf die Menschenwürde und die Umwelt zu ignorieren."[24] Merkwürdig ist, dass Papst Franziskus davon offenbar keine Kenntnis hatte, als er im Februar 2018 den Priestern und Diakonen des Bistums Rom, wenn sie sich in einer „Midlife crisis" befänden, unter anderem Pater Anselms Buch „Lebensmitte als geistliche Aufgabe zur Lektüre empfahl."[25]

Unerfreulich war der Skandal der Caritasträgerschaft Trier. Hier hatte Caritasmanager Hans-Joachim Doerfert in den 90-er Jahren „illegal diverse Fußballklubs der Region gesponsert."[26]

Schließlich muss auch der Skandal des inzwischen abgesetzten Limburger Bischofs Tebartz van Elst genannt werden, der die ursprünglich mit 5,5 Millionen € veranschlagten Kosten für seinen Bischofssitz aufgrund seiner Wünsche auf mehr als 30 Millionen erhöhte.[27] Schlimmer noch war natürlich sein Verhalten den Priestern und pastoralen Mitarbeiterinnen und Mitarbeitern gegenüber.[28]

Mögliche Ursachen

Als Ursachen solcher Skandale wird das Versagen von Kontrollinstanzen, der Besetzung von nicht hinreichend ausgewiesenen Finanzdirektoren und hierarchische und klerikale Selbstherrlichkeit genannt. In diözesanen Verwaltungsratsgremien sitzen nicht selten keine Finanzfachleute und erst recht keine Fachleute für die Beurteilung von Finanz-

---

[24] Laudato si, Nr. 56.

[25]   https://www.domradio.de/themen/vatican/2018-02-18/papst-empfiehlt-priestern-midlife-crisis-buch-von-anselm-gruen

[26] Nicolas Richter und Katja Riedel, a.a.O.

[27] Johannes Hoffmann, der Fall des Bischofs Tebartz van Elst – Lehren für die Weltkirche, in: Concilium, Internationale Zeitschrift für Theologie, 50. Jahrgang, Mai 2014, Heft 2, Seiten 224-229.

[28] Ebd.

anlagen nach ethischen, ökologischen, sozialen und kulturellen Gesichtspunkten. Allein das ist ein Skandal, der nicht entschuldigt werden kann. Daher ist z.b. etwa die Diözese Eichstätt nicht nur Opfer von korrupten Mitarbeitern, die vielleicht mit der Aussicht auf hohe Gewinne wie in Eichstätt die Zustimmung des Finanzdirektors erhalten haben. Hohe Gewinnerwartungen machen anfällig für hohe Gewinnaussichten. Leider gibt es bei den genannten Vorgängen in Rom und in einigen deutschen Diözesen genügend Hinweise, -Ausnahmen bestätigen die Regel-, dass hohe Gewinnerwartungen die Entscheidungen von Bischöflichen Ordinariaten und ihren Finanzverwaltern nicht selten den Blick für Sicherheit und ökologische, soziale und kulturelle Nachhaltigkeit trüben. Insofern verhalten sich die Diözesen und auch die Bischofskonferenz dem Finanzmarkt und seiner Wachstumsideologie vollkommen angepasst. Das ist der eigentliche Skandal.

Ein kleiner Exkurs zur Wertschätzung von Geld und Kapital

Für eine angemessene Einschätzung ist es sinnvoll, einen Blick in die Überlegungen zu nehmen, die uns für die Bewertung unseres Umgangs mit Geld als grober Kompass dienen können. Bereits Aristoteles machte sich Gedanken über den Unterschied zwischen Geld als Tauschmittel und Geld als Geldkapital und folgerte, dass sich aus der Rolle des Geldes als Kapital eine ganz andere Wirtschaftsweise ergibt, nämlich Kapitalismus. Dieser bedeutet eine Absolutsetzung des Geldes. Geld wird so zum letzten Bezugspunkt aller Werte – biblisch gesprochen zum Mammon –, also zum Götzen erhoben.   Wer das Geld zu seinem letzten Bezugspunkt macht, der betreibt eine Umwertung aller Werte. So wird z.B. das Verhältnis zwischen Personen zu einem durch Geld vermittelten Verhältnis, weil sich ja dann zwischen die Personen das Geld schiebt und der jeweils andere vorrangig an seinem Geldwert gemessen wird. Geld wird auf diese Weise verwandelt von einem Mittel zum letzten Zweck.[29] Das Bereicherungsprinzip rückt in den Vordergrund. Das Hauptgebot des Götzen Geld fordert von den Menschen ständige Leistungssteigerung, Wachstum, Modernisierung etc.

Als ein Zeichen für die Vergötzung des Geldes kann man die 1-Dollar-Note betrachten. Es steht zwar in der Mitte "In God we trust", aber links davon ist die Pyramide des Illuminatenordens mit dem freimaurerischen allsehenden Auge Gottes abgebildet und darunter die Inschrift: "Novus ordo saeclorum", Neue Weltordnung. Mit anderen Worten: Das Geld beinhaltet die neue Weltordnung und ist so der Gott, dem wir dienen sollen. Theologisch gesprochen: Wenn Sakramente Zeichen der Nähe Gottes sind, dann ist der, der Geld im Überfluss hat, im Besitz aller Gnaden der kapitalistischen Gesellschaft (Walter Benjamin). Christen dürfen sich einer solchen vom Geld definierten Weltordnung nicht anschließen. Geld darf niemals zum Selbstzweck werden, vielmehr soll es nach christlicher Auffassung ein Mittel sein, das die Menschen gebrauchen, um die Versorgung aller mit Gütern für eine menschenwürdige Lebensweise zu ermöglichen, um Leben in Gemeinschaft im Mit-Sein mit der Schöpfung zu fördern.

So hat sich das auch Thomas von Aquin gedacht. Ganz im Sinne unseres Schöpfungsglaubens vertrat er die Ansicht, dass die Menschen die Welt von Gott als Lehen erhalten haben, damit alle einen hinreichenden Anteil am Gemeingut Erde zum Gebrauch bekommen. Privateigentum ist nach Thomas von Aquin kein Naturrecht. Niemand darf die Güter dieser Erde als sein Privateigentum betrachten. Das Adjektiv „privat" kommt von „privare" und das heißt „rauben". Die private Zuteilung der Erdengüter ist nur dann erlaubt, wenn –und solange- dadurch der Gemeingebrauch der Güter für alle besser ermöglicht werden kann. In der Lehensherrschaft des Mittelalters sah Thomas von Aquin die beste Form für die Realisierung des Gemeingebrauchs der Güter für alle Menschen.

---

[29] Vgl. Simmel, Georg, Philosophie des Geldes. Gesamtausgabe 6, hrsg. Von: Frisby, David P. und Köhnke, Klaus Christian, 1. Aufl. 1989, S. 305.

Im Grunde spiegelt sich diese Grundauffassung eigentlich auch im Konzept vom Geld in einer sozialen Marktwirtschaft wider: Geld ist danach eine soziale Institution, von der Regierung eines Staatswesens, bei uns der EU, geprägt und von der Arbeitsleistung der Vielen in seinem Wert erhalten. Daher rührt auch die Sozialpflichtigkeit des Eigentums im Grundgesetz Artikel 14,2. In Oeconomiae et pecuniariae wird immer wieder darauf hingewiesen: „Die Liebe zum ganzheitlichen Wohl, die untrennbar mit der Liebe zur Wahrheit verbunden ist, bildet den Schlüssel zum wahren Fortschritt."[30] Oder: „Jede menschliche Realität und Tätigkeit ist positiv, wenn sie im Horizont einer angemessenen Ethik gelebt wird, also Respekt vor der Menschenwürde und mit Blick auf das Gemeinwohl. Das gilt für alle Institutionen, die im Zusammenleben der Menschen entstehen. Es gilt auch für die Märkte auf allen Ebenen, einschließlich der Finanzmärkte."[31]

Konsequenzen für den Umgang mit Geld und Kapital durch die Kirche

Welche Folgerungen ergeben sich daraus für den Umgang mit Geld für Christen und für Kirche als Ganze? Wie uns die Finanzkrise lehrt, leben wir in einem kapitalistischen Wirtschaftssystem, d.h. in einem System, in dem das Geldkapital Vorrang hat vor allen anderen Werten, vor Natur, Mensch, Arbeit, Gemeinwohl, Gemeingebrauch der Güter etc. Dieses System gilt es abzuschaffen und jeder/jede von uns kann dazu einen Beitrag leisten. „Was hier auf dem Spiel steht, ist der authentische Wohlstand eines Großteils der Männer und Frauen unseres Planeten, die Gefahr laufen, immer mehr an den Rand gedrängt, ja sogar von

---

[30] Oekonomicae et pecuniariae questiones. Erwägungen zu einer ethischen Unterscheidung bezüglich einiger Aspekte des gegenwärtigen Finanzsystems, Kongregation für die Glaubenslehre /Dikasterium für den Dienst zugunsten der ganzheitlichen Entwicklung des Menschen, HG., Rom, 6.1. 2018, Nr. 2
[31] a.a.O., Nr.8.

Fortschritt und wirklichem Wohlstand ‚ausgeschlossen' und wie ‚Abfall' behandelt zu werden. Denn einige wenige beuten wertvolle Ressourcen und Reichtümer aus und beanspruchen diese für sich selbst, ohne auf das Wohl des Großteils ihrer Mitmenschen Rücksicht zu nehmen. Es ist daher an der Zeit, das Augenmerk wieder auf die wahre Menschlichkeit zu richten, die Horizonte von Geist und Herz zu erweitern, um in Redlichkeit die Erfordernisse der Wahrheit und das Gemeinwohl zu erkennen, ohne die jedes soziale, politische und wirtschaftliche System am Ende zum Scheitern, zur Implosion, verurteilt ist. Wie immer deutlicher wird, macht sich Egoismus auf lange Sicht nicht bezahlt, sondern bewirkt letzten Endes nur, dass alle einen viel zu hohen Preis zahlen müssen. Wenn wir also das wirkliche Wohl des Menschen wollen, dann dürfen wir nicht vergessen: ‚Das Geld muss dienen und nicht regieren!' In erster Linie obliegt es den kompetenten Führungskräften, neue Wirtschafts- und Finanzsysteme einzuführen, deren Methoden und Regeln die Entwicklung des Gemeinwohls anstreben und auf dem sicheren Pfad der kirchlichen Soziallehre die Menschenrechte achten."[32]

Wer eine nachhaltige Entwicklung ganz im Sinne von Papst Franziskus anstrebt, sollte sich dafür einsetzen, dass alle Menschen „eine Kultur der Nachhaltigkeit verinnerlichen, um ihre Vorstellungen und ihr Verhalten ändern zu können. Nachhaltiges Wirtschaften ist auf Graswurzelbewegungen angewiesen, auf die Einsicht und die Kreativität der Bürger, die in ihrem Lebensbereich z.B. CO_2-Emissionen vermindern, Auto- und Flugverkehr einschränken, Solarenergie nutzen -und vor allem bei der Geldanlage nicht am schnellen Gewinn, sondern an der nachhaltigen Entwicklung orientieren, indem sie darauf achten, dass sowohl ihre Bank ihre Sparguthaben als auch ihre Investment- oder Pensionsfonds ihre Anlagen nur bei den Unternehmen oder Staaten anlegt, die den Nachhaltigkeitskriterien jeweils am besten entsprechen, und indem sie

---

[32] A.a.O., Nr. 6.

sich auch beim Kauf eigener Wertpapiere am Nachhaltigkeitsrating vertrauenswürdiger Bewertungsagenturen orientieren. Allerdings steht dem bisher der Traum von der Win-Win-Situation noch im Weg: Besonders die großen Anleger wie z.B. die Pensionsfonds entscheiden sich allenfalls dann für Unternehmen, die im Nachhaltigkeitsrating unter den Besten sind, wenn diese zugleich auch eine überdurchschnittliche Rendite abwerfen."[33]

Zur Orientierungshilfe von DBK und ZdK

In der Orientierungshilfe der DBK und des ZdK[34] kommt das Wort „Arme" ein einziges Mal vor, nämlich im Abschnitt 4 unter dem Topos Mikrofinanzen. Ausgerechnet hier zeigen die Erfahrungen, dass Mikrokredite bei weitem nicht immer geeignet sind zur Armutsbekämpfung. In einem offiziellen Diskussionsbeitrag von Misereor für das Buch von Sr. Veronika Fricke osf mit dem Titel: „Nachhaltig investieren in Mikrofinanz?" haben Thorsten Nilges und Steffen Ulrich verdeutlicht, dass sich Misereor auf der Grundlage der Erfahrungen mit seinen Partnern in asiatischen, afrikanischen und lateinamerikanischen Ländern sehr früh nicht nur in die Diskussion der entwicklungspolitischen Ziele der Mikrofinanz eingebracht hat, sondern auch Projekte der Mikrofinanz mit dem Ziel gefördert hat, Armut langfristig zu reduzieren. Der Beitrag von Misereor analysiert systematisch alle entscheidenden Schritte der Mikrofinanzierung vom Sparen über die hohen Zinsen bei Krediten bis hin

---

[33] Hoffmann, Johannes / Scherhorn, Gerhard, Vorwort, in: Scherhorn, Gerhard, Nachhaltige Entwicklung: Die besondere Verantwortung des Finanzkapitals / Sutainable development: The outstanding responsibility of financial capital, Erkelenz 2008, Seite 10.

[34] Orientierungshilfe für Finanzverantwortliche katholischer Einrichtungen in Deutschland" mit dem Titel „Ethisch-nachhaltig investieren" der Deutschen Bischofskonferenz (DBK) und des Zentralkomitees der deutschen Katholiken (ZdK) Juli 2015.

zur Versicherung der Risiken und kommt zu dem Ergebnis, dass Mikrokredite in der derzeitigen Praxis sich weder als ein Weg aus der Armut erweisen, noch eine Entwicklung von Kleinstgewerben zu einem mittelständischen Unternehmen bewirken."[35] Seit dieser Zeit hat sich einiges getan. Hier ist besonders das „Impact Investment zu nennen, bei dem Investoren neben dem finanziellen Vorteil auch eine soziale und ökologische Wirkung erzielen wollen. Einen guten Einblick in den Stand der Entwicklung des Impact Investment zeigt Susanne Bergius vom Handelsblatt Business Briefing auf.[36]

Man fragt sich unwillkürlich: Wo zeigt sich die Motivation für die Vorlage der DBK und des ZdK am ehesten: Es geht schlicht darum, der in der Öffentlichkeit beschädigten Glaubwürdigkeit entgegenzutreten. Dies wird im Abschnitt 1.4 „Chancen und Risiken ethisch-nachhaltigen Investments" deutlich zum Ausdruck gebracht, wenn es heißt: „Kirchliche Einrichtungen, deren Handeln und ethischer Anspruch um ihrer Glaubwürdigkeit willen nicht auseinanderfallen dürfen, nehmen diese Chance des ethisch-nachhaltigen Investments verantwortungsbewusst wahr." Das hätte schon wesentlich früher wahrgenommen werden können.[37] Mit anderen Worten: Wenn die Deutsche Kirche kein Glaubwürdigkeitsproblem hätte, müsste sie die Chance des ethisch-nachhaltigen Investments gar nicht nutzen. Im Grunde ist das ein Hinweis darauf,

---

[35] Vgl. Nilges, Th. und Ulrich, Stephan, Mikrofinanz: Zwischen Komplexität und Marketing. Ein Diskussionsbeitrag von Misereor, in: V. Fricke, Nachhaltig investieren in Mikrofinanz ?, Erkelenz 2011, 165-195. Siehe auch: J. Hoffmann und G. Scherhorn, Eine gute Idee in der Zerreisprobe. Ein Nachwort, ebd., 217-223.

[36] Bergius, Susanne, Wirkung im Fokus – Idee in der Findungsphase. Investoren wollen positive ökosoziale Effekte erzielen. Doch über die Wege dahin per Impact Investings herrschen diesseits und jenseits der Ozeane unterschiedliche Vorstellungen. Eine Annäherung, in: Handelsblatt Business Briefing, Nr.8, 10.8.2018, Seiten 2-5.

[37] Roche, Peter / Hoffmann, Johannes, / Homolka, Walter, HG., Ethische Geldanlagen. Kapital auf neuen Wegen, Frankfurt 1992.

dass die im Kirchenrecht und von Papst Franziskus genannten Ziele keine entscheidende Rolle spielen. In Abschnitt 2. „Ethische Zielperspektiven für das Finanzhandeln der Kirche" wird aus Nr.62 der Pastoralkonstitution des II. Vatikanischen Konzils zitiert mit dem Satz: „Der Mensch ist Urheber, Mittelpunkt und Ziel der Wirtschaft." Wenn dieser Satz ernst genommen wird, bedeutet das, vorrangig nach diesem Grundsatz ethisch-nachhaltig zu entscheiden. Das aber wird in 2.3. stark aufgeweicht, wenn es heißt: "Der globale Kapitalmarkt und die auf ihm gehandelten Anlageprodukte sind auch nach gründlicher Analysearbeit kaum zu überschauen... Vor diesem Hintergrund muss das ethisch-nachhaltige Investment mit unterschiedlichen Graustufen leben ..... Daher (Einfügung Verf.) ist im Umgang mit den Anlagezielen und – kriterien von den Vermögensträgern eine pragmatische Abwägung zwischen den Zielen der Kapitalanlage und den ethisch-nachhaltigen Bewertungskriterien notwendig. Letztlich geht es darum, zwischen dem ethisch Gewollten und dem finanziell Vertretbaren abzuwägen."[38] Wenn so argumentiert wird, ist das ein Hinweis darauf, dass nicht nur kirchliche Investoren möglicherweise nicht hinreichende Instrumente haben und die „Qualität der Asset Manager oder ihrer ESG-Strategien zu wünschen übrig"[39] lässt. Eine intensive Weiterbildung in Sachen Nachhaltigkeit ihrer Finanzberater sollte selbstverständlich sein. Man kann es nicht einfach bei einer pragmatischen Abwägung zwischen den Zielen der Kapitalanlage und den ethisch- nachhaltigen Zielen belassen. Auch wenn es schwierig ist, sollten kirchliche Investoren besonders auf Nachhaltigkeit und Menschenwürde bei globalen Lieferketten und auf die

---

[38] Ethisch-nachhaltig investieren. Eine Orientierungshilfe für Finanzverantwortliche katholischer Einrichtungen in Deutschland, DBK und ZdK, Hg., 2015, 17.

[39] Bergius, Susanne, Große Umarmung? Das Risikomanagement ist der treibende Faktor, um Umwelt-, Sozial- und Governance-Kriterien systematisch im Potfoliomanagement zu beachten, in: Handelsblatt Business Briefing. Nachhaltige Investments, Nr. 9, 14.9.2018, Seite 8.

Einhaltung der seit 2017 geltenden Konfliktmineralienverordnung achten.

Diese Vorgehensweise wirkt sich gleichermaßen im Best-in-Class-Rating wie auch bei der Anwendung von Ausschlusskriterien aus. Das kann ein nicht christlicher Investor so entscheiden. Aber kein kirchlicher, denn das bedeutet, dass in dieser Abwägung die Möglichkeit besteht, dass zugunsten der ökonomischen Rendite und gegen ethisch-nachhaltige Kriterien entschieden werden kann. Das aber widerspräche der Behauptung der Orientierungshilfe, dass „der Mensch Urheber, Mittelpunkt und Ziel aller Wirtschaft" ist.

Hier zeigt sich u.a., dass die ganze Anlage der Orientierungshilfe nicht aus einer theologisch-ethischen, an der Botschaft des Evangeliums und an der Herausforderung der Vorgaben von Papst Franziskus verortet ist. Es werden hier die in der Finanzwelt heute gängigen Vorschläge für die Gestaltung eines nachhaltigen Investments vorgelegt und zur Nachahmung empfohlen. Wenn die für kirchliche Investitionen Verantwortlichen danach handeln, dann ist das schon mehr als das, was in den letzten 20 Jahren geschehen ist. Kirchliche Entscheider wären allerdings dann lediglich als Trittbrettfahrer auf den gesellschaftlich in Gang gesetzten Zug des ethisch-ökologischen Investments aufgesprungen. Kirche zeigt sich in der Vermittlung durch die Orientierungshilfe nicht als Salz oder Sauerteig der in Finanzmärkte und die Gesellschaft innovativ wirkt und dort einen Dialog eröffnet, der zu mehr Qualität beim ethisch-nachhaltigen Investment führen könnte. Vom Geist der frohen Botschaft des Evangeliums für die Armen waren die Verfasser dieser Orientierungshilfe nicht erkennbar beseelt. Es gilt Mauern des Eigennutzes zu überwinden. Hier werden wir Rechenschaft ablegen dürfen, wie es Kardinal Woelki beim St. Martins-Jahresempfang 2015 formulierte: "So wie Jesus einst dem Heiligen Martin in der Nacht erschien, so wird er auch uns einst offenbaren: ,Ich war es, dem Du geholfen hast!' Und das wird keine Legende sein – sondern unser Lebenszeugnis."[40]

Es gibt übrigens ganz im Gegensatz zu diesem Lavieren in „Graustufen" in der Kirche durchaus aus christlicher Perspektive tragfähige Entscheidungsvorschläge.

Sie sind in dem Katalog zur Wanderausstellung „Kirche und Geld im Bistum Limburg" zu finden. Der Finanzdezernent des Bistums Limburg, Gordon Sobbeck, erklärt hier, wie sich die Diözese Limburg in Zielkonflikten verhält: „Verantwortlich Investierende, wie das Bistum Limburg, legen ihr Kapital gemäß moralisch definierter Standards an, selbst wenn dadurch finanzielle Nachteile –wie etwa eine geringere Rendite oder ein erhöhtes Risiko- zu akzeptieren wären."[41] Eine solche Formulierung hätte ich mir in der Orientierungshilfe der DBK und des ZdK gewünscht.

Grenzen der Orientierungshilfe

Ein gravierender Mangel der Orientierungshilfe besteht darin, dass die Orientierungshilfe keine klare Definition von Nachhaltigkeit vertritt, die es umzusetzen gilt. Unter Kapitel 2.2 heißt es: „Konkret zielt Nachhaltigkeit darauf ab, dass die genutzten Gemeinressourcen, seien sie naturgegeben oder gesellschaftlich gestaltet, nicht länger aufgezehrt, sondern in ihrem Potential für künftige Generationen so erhalten werden, dass diese in der Befriedigung ihrer Bedürfnisse nicht schlechter

---

[40] Woelki, R.M. Woelki, Wer gibt schon seinen Mantel hin? Mit dem Heiligen Martin der „Globalisierung der Gleichgültigkeit" begegnen, in: D. Skala, Katholisches Büro Mainz, Kommissariat der Bischöfe Rheinland-Pfalz, HG., Erkelenz 2015, 7-15, hier:15.

[41] Sobbeck, Gordon, in: J. Oberbandscheid, Katholische Erwachsenenbildung im Bistum Limburg, HG., Katalog zur Ausstellung „Kirche und Geld im Bistum Limburg", 1. Auflage Idstein, April 2015, 17.

gestellt sind als die gegenwärtig Lebenden. Kritisch zu bewerten ist daher auch jede Form der Externalisierung, das heißt Abwälzung von Kosten wirtschaftlichen Handelns auf Dritte, auf die Umwelt oder auf künftige Generationen. Nachhaltigkeit, für die es keine allgemeingültige Definition gibt, ist für die christliche Sozialverkündigung also ein Bewertungskriterium, um gesellschaftliche Handlungen sowie Wirtschaftsstrukturen und –prozesse daraufhin zu prüfen, ob und inwieweit sie dem Wohl der Menschen heutiger und künftiger Generationen dienlich sind oder nicht." Wenn die Orientierungshilfe die Abwälzung von Kosten auf die Umwelt, auf die Gesellschaft, auf die Gemeingüter ernst genommen hätte, müsste sie zeigen, wie denn Externalisierung von Kosten im Rahmen des ethisch-nachhaltigen Investments verhindert werden kann. Darüber ist aber nichts zu finden. Außerdem fehlt der Aspekt „Abwälzung von Kosten zum Schaden des kulturellen Zusammenhalts", der aber zunehmend wichtig ist. Eine Konsequenz wäre z.B., dass die Externalisierung also die Abwälzung von Kosten auf die Umwelt, die Gesellschaft und die Kultur als Ausschlusskriterium mit höchster Priorität in die Liste der Ausschlusskriterien aufgenommen wird.

Kirche kann sich auch nicht hinter der Aussage verstecken, dass „es keine allgemeingültige Definition" von Nachhaltigkeit gibt. Das ist allgemein bekannt. Richtig wäre der Hinweis, dass es bei Ratingagenturen, Fonds etc. keinen einheitlichen Nachhaltigkeitsbegriff gibt. Das haben verschiedene wissenschaftliche Untersuchungen zu Tage gefördert. Das entbindet aber die kirchlichen Anleger nicht von der klaren Formulierung ihres Nachhaltigkeits-verständnisses.[42] Ein wichtiger Grund ist ja gerade die Tatsache, dass der Nachhaltigkeits-begriff von jedem auf seine Weise gebraucht wird. Nachhaltig „klingt so gut, dass

---

[42] Der Vorstand von CRIC e.V. hat daher bereits im Jahr 2001 den Sekretär der DBK in Bonn besucht und ihn über den Frankfurt Hohenheimer Leitfaden (FHL) und das Corporate Responsibility Rating (CRR) informiert. Allerdings hat die DBK kein Interesse an einer Zusammenarbeit geäußert.

mittlerweile 90 Prozent der Dax-Konzerne eigene Nachhaltigkeitsberichte anfertigen." [43] Die „Mehrdeutigkeit des Begriffs ‚Nachhaltigkeit' macht ihn …unbrauchbar für die präzise journalistische Berichterstattung"[44], er verkommt zu einem „wohlklingenden Referenzpunkt ohne tiefere Bedeutung"[45] So ist es kein Wunder, dass auf allen Ebenen von den Nachhaltigkeitsfonds und ethischen Investments angefangen, über die Nachhaltigkeitsberichte von Unternehmen und Institutionen bis hin zu den Ratingagenturen keine begriffliche Klarheit herrscht.

Dabei wollen ethisch-ökologisch orientierte Investoren z.B. eigentlich durch die Art ihrer Geldanlagen einen Beitrag für die Entwicklung eines ökologisch angemessenen, einer sozial gerechten und einer kulturell verträglichen, den Zusammenhalt in Gesellschaften fördernden Beitrag für eine zukunftsfähige Marktwirtschaft leisten - kurz: dass ökologisch-soziale Marktwirtschaft gelingt. Dieses Anliegen ist auch schon in der „Darmstädter Definition Nachhaltiger Geldanlagen" aus dem Jahr 2004 ersichtlich,[46] das von der Forschungsgruppe Ethisch Ökologisches Rating mit Vertretern aus Wirtschaft und Nachhaltigkeitsinstitutionen erarbeitet wurde. Manager, Wirtschafts- und Finanzwissenschaftler, Vertreter einer Ratingagentur sowie des Vereins ethisch orientierter Investoren (CRIC e.V.), dem Wuppertalinstitut haben auf eine Einladung der FG EÖR hin in der Erklärung erarbeitet, auf welche Weise Nachhaltige Geldanlagen zu einer zukunftsfähigen Entwicklung beitragen können. Es heißt darin u.a.: „Sie ermöglichen dies durch eine umfassende Analyse der Anlageobjekte. Diese Analyse berücksichtigt wirt-

---

[43] M.Bauchmüller, Schönen Gruß aus der Zukunft, in APuZ 31-32/2014, 3-6; hier: 4.

[44] vgl.A. Bojanowski, Verwirrende Werbefloskel, in: APuZ, 31-32/2014, 7.

[45] vgl. Uekötter, Frank, Ein Haus auf schwankendem Boden: Überlegungen zur Begriffsgeschichte der Nachhaltigkeit, in APuZ 31-32/2014, 9.

[46] Hoffmann, Johannes / Scherhorn, Gerhard / Busch, Timo, HG., Darmstädter Definition Nachhaltiger Geldanlagen / Darmstadt Definition of Sustainable Investments, Wuppertal, April 2004.

schaftliche und soziale Leistungen, Naturverträglichkeit und gesellschaftliche Entwicklungen.

In ökonomischer Sicht erfordern nachhaltige Geldanlagen, dass

- Gewinne auf Basis langfristiger Produktions- und Investitionsstrategien statt in kurzfristiger Gewinnmaximierung erwirtschaftet werden,
- Erträge aus Finanzanlagen in vertretbarer Relation aus realer Wertschöpfung stehen,
- die Erfüllung elementarer Bedürfnisse (z.B. Wasser) nicht gefährdet wird,
- Gewinne nicht auf Korruption beruhen.

In ökologischer Sicht erfordern nachhaltige Geldanlagen, dass die Gewinnerzielung im Einklang steht mit der

- Steigerung der Ressourcenproduktivität,
- Investition in erneuerbare Ressourcen,
- Wiedergewinnung und Wiederverwendung verbrauchter Stoffe,
- Funktionsfähigkeit globaler und lokaler Ökosysteme (z.B. Regenwälder, Meere).

In sozialer und kultureller Sicht erfordern nachhaltige Geldanlagen, dass die Gewinnerzielung im Einklang steht mit der

- Entwicklung des Humankapitals (Verantwortung für Arbeitsplätze, Aus- und Weiterbildung, Förderung selbstverantwortlichen Arbeitens, Vereinbarkeit von Beruf und Familie, Respekt vor der Verschiedenheit der Einzelnen),
- Entwicklung des Sozialkapitals (Schaffung von Erwerbschancen, Ausgewogenheit zwischen den Generationen, Diskriminierungsfreier Umgang mit Minderheiten, Funktionsfähigkeit der Regionen, Förderung zivilgesellschaftlichen Handelns),

- Entwicklung des Kulturkapitals (Respekt vor kultureller Vielfalt unter Wahrung persönlicher Freiheitsrechte und gesellschaftlicher Integrität, Mobilisierung der Potentiale kultureller Vielfalt)."[47]

Für ihre Entscheidungen orientieren sich Investoren und Finanzdienstleister in der Regel an den Analysen von Agenturen für Nachhaltigkeitsratings, von denen es inzwischen eine ganze Reihe gibt. Entscheidend für die Brauchbarkeit der Einschätzungen von Nachhaltigkeitsagenturen ist es, -wie bereits erwähnt- welches Nachhaltigkeitsverständnis jeweils zugrunde liegt, inwieweit die Agenturen unabhängig von den zu bewertenden Unternehmen und Kapitalanlagen sind und ob die Beurteilungen für die Nutzer hinreichend transparent sind. Hier lassen sich beachtliche Unterschiede zwischen den Nachhaltigkeitsagenturen feststellen. Auf diese Unterschiede geht die Orientierungshilfe nicht ein. Dabei reicht das Spektrum von Agenturen, die einen ethisch-ökologischen Ansatz verfolgen, zu solchen, die lediglich einen ökonomischen Ansatz haben. Claudia Döpfner und Hans Albert Schneider weisen darauf hin[48], dass der Übergang zwischen diesen Gruppierungen fließend ist, doch zeigen verschiedene Studien deutlich, „dass die überwiegende Zahl der Rating-Institutionen des Nachhaltigkeits-/CSR-Spektrums ökonomisch orientierte Konzepte anwendet und mit den dadurch erstellten Ratingleistungen die Kapitalmärkte und die dortigen Geldanleger anspricht…" [49] Bei der Untersuchung von Döpfner und Schneider ging es nicht so sehr um den Nachweis, dass der Markt für

---

[47] Hoffmann, J., Scherhorn ,G., Busch, T., a.a.O., Seite 6 f.

[48] vgl. Döpfner, Claudia / Schneider, Hans-Albert, Nachhaltigkeitsratings auf dem Prüfstand Pilotstudie zu Charakter, Qualität und Vergleichbarkeit von Nachhaltigkeitsratings, Frankfurt 2012

[49] vgl. Schäfer, Henry, 2005: „Schulnoten" für die Triple Bottom Line – Rating von Unternehmensverantwortung international auf dem Vormarsch, in: Maecenata Aktuell Nr. 54, München 2005, 18-21, hier: 21.

Nachhaltigkeitsratings aus sich heraus keine hinreichende Transparenz, Vergleichbarkeit und Orientierung an einem gemeinsamen, validen Nachhaltigkeitsverständnis produziert. Märkte können nur so gut sein wie die Regeln, die sie befolgen; diese müssen von außen gesetzt und überwacht werden.

Denn wir haben es hier mit einem Markt zu tun, der sich neu entwickelt hat und weiter entwickelt. Er ist immer noch in der Experimentierphase. In diesem Stadium müssen erst einmal Kriterien gefunden und Erfahrungen gesammelt werden. So ist es kein Wunder, dass verschiedene Rating-Agenturen, die mit dem Anspruch auftreten, „Nachhaltigkeit" zu bewerten, die Nachhaltigkeitsperformance einzelner Unternehmen unterschiedlich einschätzen. Ich habe das selbst bei einem Vergleich der Urteile verschiedener Nachhaltigkeitsagenturen feststellen können. Man kann und muss das kritisieren. Mittlerweile nähern wir uns allerdings dem Zeitpunkt, an dem die Phase des Experimentierens als abgeschlossen betrachtet werden kann. Nach diesem Zeitpunkt sollten einheitliche Maßstäbe gelten. Einheitliche Maßstäbe einzufordern, wäre auch ein wichtiger Beitrag der Kirche. Die von Döpfner und Schneider vorgelegte Studie zeigt, dass dann nicht so sehr die Professionalität und Transparenz der Untersuchungs- und Bewertungsverfahren verbessert werden muss; hier sind die Unterschiede zwar nennenswert, werden sich aber wohl noch abschleifen oder sind mit einigen Vorschriften relativ leicht zu glätten. Sehr hilfreich ist es, die Entwicklungen anhand der fundierten Berichte von Susanne Bergius im monatlichen Newsletter „Handelsblatt Business Briefing" zu beobachten. Einen interessanten Einblick über den Stand der Diskussion geben die Kurzstatements von sieben Experten, die in der Zeitschrift Chrismon zu finden sind. Da geht es immer noch um die im Grunde halbherzige Abwägung zwischen Rendite, Risiko und Nachhaltigkeit.[50]

---

[50] Güthlein, Michael / Husmann, Nils / Winterhalter, Elena, Sinnvoll möchte man sein Geld anlegen. Enkeltauglich. Planetenschonend. Wenn das nur funkti-

Problematischer, weil grundsätzlich, ist die Differenz im Nachhaltigkeitsbegriff, den die Institute zugrunde legen.

Die einen steuern auf eine konsequent ethische Bewertung zu, indem sie als nachhaltig die Erhaltung des Natur- und Sozialkapitals betrachten, also ein zugleich „ökologisch" und „sozial" nachhaltiges Wirtschaften fordern. Dazu müssen sowohl die naturgegebenen als auch die gesellschaftlich gestalteten Lebens- und Produktionsgrundlagen in ihrem Potenzial erhalten werden, das Naturkapital ebenso wie das Sozialkapital. Beide können nur aufrechterhalten werden, wenn die Unternehmen auf längere Sicht keine Verluste machen, so dass auch das reale Wirtschaftskapital, der Gesamtwert des privaten Produktiv- und Humankapitals, mindestens erhalten bleibt. Ökonomisch muss Nachhaltigkeit auf das Gleiche hinauslaufen wie ökologisch und sozial betrachtet: Unter allen drei Blickwinkeln verlangt Nachhaltigkeit gleichermaßen die Erhaltung der ökologischen, sozialen, ökonomischen und kulturellen Substanz, also der Erhaltung der Lebens- und Produktionsgrundlagen. Das ist eine klare Nachhaltigkeitsdefinition, die auf der Grundlage der Brundtland-Kommission aufruht. Diese oder eine ähnliche Definition starker Nachhaltigkeit sollte sich die „Orientierungshilfe" zu eigen machen und konsequent durchhalten. An der kann sie sich dann auch messen lassen.

Das Dreisäulen-Modell

Andere Ratingagenturen weisen dem „ökonomisch" nachhaltigen Wirtschaften eine darüberhinausgehende, eigene Bedeutung zu, indem sie verlangen, dass nachhaltiges Wirtschaften über die ökologische und soziale Substanzerhaltung hinaus eine positive Rendite abwirft, also das Wirtschaftskapital steigert und sich somit auch „materiell" lohnt. Damit

---

onieren würde! Sieben Einwände und was Experten dazu sagen. In: chrismon, 08 / 2018, Seiten 35-37.

interpretieren sie das Drei-Säulen-Modell auf eine Weise, die es in inneren Widerspruch bringt. In diesem Widerspruch bewegt sich auch die „Orientierungshilfe..." an verschiedenen Stellen. Denn bisher gibt es keine Unternehmen, die vollständig nachhaltig wirtschaften. Selbst bei den am weitesten fortgeschrittenen beruht noch ein Teil des Gewinns darauf, dass sie Aufwendungen unterlassen („externalisieren"), die zur Erhaltung oder Wiederherstellung der von ihnen genutzten Gemeingüter notwendig wären. Unterlassen werden z.B. Aufwendungen zur Vermeidung klimaschädlicher oder toxischer Emissionen, zur Wiedergewinnung bzw. zum Ersatz verbrauchter Rohstoffe, zur Regeneration beanspruchter Ökosysteme, zur Erhaltung des friedlich-kooperativen gesellschaftlichen Zusammenhalts. Dabei liegt es doch auf der Hand: Wer Nachhaltigkeitsfortschritte von der Rendite abhängig macht, hat ein starkes Motiv, diejenigen Erhaltungsinvestitionen am längsten hinauszuschieben, deren Unterlassung bisher am meisten zum Gewinn beiträgt. Dem gleichen Verdacht sind (zu Recht) Unternehmen ausgesetzt, die Wert darauf legen, nach einem an ihre individuellen Präferenzen angepassten („customized") Bewertungsverfahren beurteilt zu werden.

Denn das Ziel der nachhaltigen Entwicklung besteht gemäß der Brundtland-Definition und ihrer Interpretation durch die deutsche Enquete-Kommission „Schutz des Menschen und der Umwelt" (26.06.1998) darin, dass die genutzten Gemeingüter, seien sie naturgegeben oder gesellschaftlich gestaltet, nicht länger aufgezehrt, sondern in ihrem Potenzial für künftige Generationen so erhalten (oder wieder hergestellt) werden, dass diese in der Befriedigung ihrer Bedürfnisse nicht schlechter gestellt sein werden als die gegenwärtig Lebenden. An diesem Ziel muss jedes einzelne Unternehmen gemessen werden.

An diesem Ziel einer kompromisslosen Nachhaltigkeitsdefinition, nämlich für Substanzerhalt statt Externalisierung und daher für nachhaltigen Wettbewerb, sollte sich auch die Orientierungshilfe ausrichten. Ein dieser Definition folgendes Nachhaltigkeitsrating darf das höchste Prä-

dikat nur an Unternehmen vergeben, die alle genutzten Gemeinressourcen ebenso behandeln wie ihre eigenen Produktionsanlagen, indem sie
jeden Verbrauch von Natur- und Sozialkapital durch geeignete Ersatzin-
vestitionen vermeiden oder kompensieren. Und die übrigen Stufen der
Bewertungsskala müssen am Effekt der Erhaltungsinvestitionen orientiert sein: je größer die verbleibende Externalisierung, desto negativer
die Bewertung. So würde nach und nach sichergestellt, dass die regene-
rierbaren Ressourcen – die Ökosysteme, das Klimasystem, die menschliche Gesundheit, die gesellschaftliche Integration – sich wiederherstel-
len lassen und die nicht erneuerbaren Ressourcen – verbrauchte Rohstoffe oder fossile Energiequellen – im Rahmen der Kreislaufwirtschaft
wiederverwendet oder durch erneuerbare ersetzt werden. Das Ideal-Ziel
muss sein, dass kein „Abfall" mehr entsteht.

Ein solches Verständnis von Nachhaltigkeit sucht man in der Orientierungshilfe vergeblich. Gesamtwirtschaftlich muss das zwar auf Dauer
finanzierbar sein, doch die Nachhaltigkeitsbewertung des einzelnen
Unternehmens darf keinesfalls, auch nicht zusätzlich, am Gewinn orientiert sein. Das würde gegen das Nachhaltigkeitsziel verstoßen, das zwar
ein Wachsen der nachhaltigeren, zugleich aber ein Schrumpfen der weniger nachhaltigen Produktionen fordert; und ebenso würde es das
marktwirtschaftliche Prinzip verletzen, das die Marktleistung an realen
Absatzsteigerungen misst und all jene Gewinne davon ausnimmt, die
durch unlauteren Wettbewerb oder reine Finanzmanipulationen zustande
kommen.

Wenn man also als Dimensionen der nachhaltigen Entwicklung nicht
nur die ökologische, die soziale und kulturelle, sondern auch die ökonomische betrachtet, so muss die Betrachtung an der realen „Substanz"
orientiert sein, von der wir leben und die es zu erhalten gilt. Keine der
drei Dimensionen ist durch eine andere substituierbar, schon gar nicht
durch Finanzkapital. Dieses darf unter ihnen keine eigene Rolle spielen.
Denn für die Kapitalrendite macht es keinen Unterschied, ob der Ge-

winn durch Erhaltung oder durch Aufzehrung der realen Substanz zustande kommt. Da die Orientierungshilfe nicht für kompromisslose Nachhaltigkeit eintritt, bleiben auch „die drei Bausteine des ethisch-nachhaltigen Investments"[51] Leerformeln ohne Verortung in der Realwirtschaft. Leider leben wir im westlichen „Wohlfühlkapitalismus ...in einer Externalisierungsgesellschaft, die im Modus der Ausbeutung funktioniert. Über die Externalisierung von Zwängen werden die eigenen Freiheiten geschaffen, mittels Zerstörung fremder Lebenswelten die eigenen Chancen gesichert, durch eine Politik zu Lasten Dritter die eigenen Verhältnisse gelebt"[52]

So muss die Weiterentwicklung der Nachhaltigkeitsratings den Unternehmen die soziale aber auch die Selbstkontrolle darüber eröffnen, was und wie viel sie zur Erhaltung und Kultivierung der naturgegebenen, gesellschaftlich/kulturellen und realwirtschaftlichen Lebens- und Produktionsgrundlagen beitragen. Daran gibt es noch viel zu verbessern. Eine Entwicklungsaufgabe wird darin bestehen, die Bewertungskriterien stärker an der Erhaltung der Gemeinressourcen zu orientieren. Das können ethisch orientierte Investoren einfordern. Ferner können am Evangelium orientierte Investoren die Berechnung von Externalisierungskosten fordern sowie deren Ermittlung finanziell fördern, für die Änderung von Rahmenbedingungen eintreten und praktisch umsetzen. PUMA und OTTO-Versand haben z.B. errechnen lassen, wie hoch die externalisierten Kosten in ökologischer und sozialer Hinsicht im Rahmen ihrer Produktionen sind. In diesem Sinne schlägt auch Harald Welzer[53] in seinem

---

[51] Orientierungshilfe, ebd., 19.

[52] vgl. Lessenich, St., Neben uns die Sintflut. Westlicher Wohlfühlkapitalismus lebt nicht über seine Verhältnisse. Er lebt über die Verhältnisse anderer, in: Süddeutsche Zeitung, 30.10.2014, Nr. 250, Seite 9.

[53] Welzer, Harald, Alles könnte anders sein. Eine Gesellschaftsutopie für freie Menschen, Frankfurt 2019.

neuen Buch einen „Pfadwechsel" hin zur Internalisierung aller Herstellungskosten, der ökologischen und der sozialen.[54]

Nachhaltigkeit im umfassenden Sinne heißt, dass die Ordnungspolitik jegliche Externalisierung von Kosten für die Inanspruchnahme von Gemeinressourcen ausschließt. Das ist eine klare Definition gerade auch einer im Sinne zunehmender Interdependenzen nachvollziehbaren Komplexitätsreduktion. Die Orientierungshilfe hat sich hier Fragen der existierenden zunehmenden Unsicherheiten nicht gestellt, sondern übernimmt einfach vorgegebene Lösungsversuche von Ratingagenturen. Im Interesse der Dringlichkeit für die Erreichung der Klimaziele und für die Bewahrung der Schöpfung wären eigene von der Schöpfungstheologie getragene interdisziplinäre und transdisziplinäre Forschungen erforderlich.

Kapitalismus ist wie alle Systeme oder auch Mechanismen, Ergebnis sozialer Prozesse in unserer und der Weltgesellschaft. Daher kann es durch soziale Prozesse in den Kulturen geändert werden. Wir müssen es nur wollen. In neuester Zeit bestätigt u.a. auch der Chefstratege der HSBC-Bank „grüne Anlagen werden die nächsten 20 Jahre bestimmen... Die OECD schätzt, dass die Welt bis 2030 etwa 100 Billionen Dollar investieren muss, um die Erderwärmung auf unter zwei Grad zu beschränken."[55] Das aber verlangt von uns eine Veränderung unseres Handelns, unserer Praxis. Denn Kapitalismus ist nicht Marktwirkschaft. Er bedient sich ihrer und missbraucht sie.

---

[54] Vgl. Aschenbrenner, Cord, Legolize it! Harald Welzer erklärt seinen Lesern, wie die Welt besser wird und warum Spielzeugsteine dabei helfen können. Es ist eine Art optimistisches Trostbuch – und eine Provokation für die „lieben Ökos", in: Südd.Ztg.,23.4.2019, Nr. 94, Seite 13.

[55] Klier, Daniel, im Gespräch mit Weiguny, Bettina; Warum reden Banker jetzt alle so grün? Daniel Klier, Chefstratege der HSBC, über den Klimagipfel, die 100 dreckigsten Konzerne der Welt und seinen Verzicht auf Milch, in: Frankfurter Allgemeine Sonntagszeitung, 2.12.2018, Nr. 48, Seite 32.

Kapitalismus ist eine Wirtschaftsordnung, in der die Bewertungen und Handlungen der Wirtschaftssubjekte von den Gesetzen der Kapitalverwertung bestimmt werden. Mit dem Begriff „Kapital" ist zunächst Finanz- bzw. Wirtschaftskapital gemeint. In meinem Studium der VWL Anfang der 60-er Jahre habe ich noch gelernt, dass es drei gleichgewichtige und gleichwertige Produktionsmittel gibt, nämlich „Natur", „Arbeit" und „Kapital". Mit der Priorisierung des Finanzkapitals durch das Stabilitätsgesetz von 1967 hat sich das geändert. Vorrang hat jetzt das Finanzkapital. Ihm können und werden alle anderen Produktionsmittel untergeordnet.

Daher ist es zu begrüßen, dass der Vorsitzende der DBK Kardinal Marx der Frühjahrversammlung im Jahr 2018 der DBK in Ingolstadt ankündigte: „Wir wollen mehr Transparenz, Kontrolle, Aufsicht und Solidarität."[56] Es ist nicht verwunderlich, dass „die Finanzskandale das wahre Kapital der Kirche beschädigen: ihre Glaubwürdigkeit."[57] Das werden besonders junge Leute, vor allem die, die zu den Kirchensteuerzahlern gehören, beobachten, weil sie sich nicht immer leicht tun, in Situationen von Berufs- und Familienaufbau, Wohnungssuche und Eigenheimbildung auch noch Kirchensteuer zu zahlen.[58] „Kinderlose Alleinstehende" -was man im ersten Berufsjahrzehnt oft ist- „haben hier 2017 durchschnittlich 49,7 Prozent ihres Einkommens als Steuern und

---

[56] Zitiert nach Matthias Drobinski, Kirche will besser auf ihr Geld aufpassen, in: Südd. Ztg., 20.2.2018, Seite 6.

[57] Ders., Himmel hilf!, ebd. Seite 4.

[58] Laut Statistischem Bundesamt vom Januar 2018 ergeben sich für Eltern folgende Kosten: „Pro Sohn oder Tochter geben Eltern bei einem Kind monatlich 660 Euro, Paare mit zwei Kindern 583 Euro und jene mit drei Kindern 564 Euro pro Kind aus. Je älter die Kinder werden, umso größer ist der Betrag. In Summe galt die Hälfte der Ausgaben...all dem, was die Statistiker die ‚materielle Grundversorgung' nennen... Bis zur Volljährigkeit kommt so ein Betrag von 120000 bis 140000 Euro pro Kind zusammen." Zitiert nach: Jens Tönnemann, Glück gibt's inklusive, in: Zeit und Geld, Beilage „Die Zeit", März 2018, Nr.1, Seiten 4-8, hier: Seite 6.

Sozialabgaben weitergereicht. Gerade Sozialbeiträge und Lohnsteuer sind dabei im Vergleich zur Eltern- und Großelterngeneration gestiegen. Fürs Wohnen gehen heute statistisch noch mal gut 30 Prozent drauf. Es gibt Reallohnverluste, steigende Kosten für die Deckung der Grundbedürfnisse, die Notwendigkeit privater Altersvorsorge...".[59] Die jungen Frauen und Männer sind erbost und werden über den schlampigen Umgang auch mit ihrem Geld und Kapital, wie es die Skandale ihnen zeigen, eher zum Kirchenaustritt bewegt, als zu einem Engagement in der Kirche.[60] Warum kann man mit dieser Gruppe nicht auch z.B. ‚über Steuerermäßigungen sprechen, wie man das bei Superreichen auch macht. Außerdem sollte endlich die Koppelung von Kirchenzugehörigkeit und Kirchensteuerzahlung geändert werden. In dem Zusammenhang sollte nicht unerwähnt bleiben, dass Kirchenaustritte nicht nur aufgrund besonderer Anlässe erfolgen bzw. erfolgt sind. „Seit den 1970-er Jahren ist eine Abnahme der Mitglieder von Religionsgemeinschaften und eine Zunahme der Religionslosen zu beobachten.... Heute ist die Gruppe der Konfessionslosen die zahlenmäßig stärkste, wenn man die Mitglieder der beiden christlichen Großkirchen getrennt voneinander betrachtet."[61] Diese Entwicklung ist auch im Kontext der Entwicklung

---

[59] Scharnigg, Max, Am Ende der Leiter. Kinder, ihr sollt es mal besser haben! Dieses Versprechen konnte früher jede Generation an die nächste gebe. Heute tut sich die Mittelschicht damit schwer, in: Südd.Ztg., 19./20./21. Mai 2018, Nr. 114, Seite 49.

[60] Matthias Drobinski, Nah und doch so fern. Die Katholische Kirche erreicht junge Leute immer schwerer. Das bestätigt die deutsche Bischofskonferenz in Ingolstadt – und im Herbst eine Synode in Rom, in: Südd. Ztg., 21.2.2018, Nr. 43, Seite 6.

[61] Pickel, Gert / Jaeckel, Yvonne, Konfessionslose in Deutschland. Empirische Befunde in der Gegenwart, in: Pöhlmann, Matthias, HG, Abschied von der Religion? Säkularisierung – Konfessionslosigkeit – neuer Atheismus, Evangelische Zentralstelle für Weltanschauungsfragen, Berlin 2018, Seiten 7-26; hier Seite 7.

der Säkularisierung im 19. Jahrhundert zu sehen.[62] Am größten ist diese Gruppe nach Klaus Fitschen in Ostdeutschland. Für „ostdeutsche ist es völlig normal, nicht Mitglied einer Kirche zu sein und auch keiner Religion anzuhängen. Es fehlt nichts, wenn man keine Religion hat, und man muss sich dafür auch nicht rechtfertigen. Religions- und Konfessionslosigkeit ist seit Jahrzehnten vertraut und ererbt."[63]

In diesem Zusammenhang sind auch die Aktivitäten des Humanistischen Verbandes Deutschland zu sehen, der sich als Weltanschauungsgemeinschaft bewegt. In Schulen betreut er das völlig freiwillige Unterrichtsfach Humanistische Lebenskunde. „In Berlin nahmen im Schuljahr 2016 / 17 knapp 63 000 Schüler/innen an diesem Unterricht teil. Zum Vergleich: Etwas mehr als 80 000 Kinder besuchen in Berlin den evangelischen Religionsunterricht, etwa 24 000 den katholischen Unterricht. Damit erreicht der HVD mit seinem Weltanschauungsunterricht in der Bundehauptstadt mehr als doppelt so viele Schüler wie die katholische Kirche mit ihrem Religionsunterricht und ein Vielfaches seiner Mitglieder."[64]

Ein Trost: Trotz Austritten aus der Kirche sind dank wirtschaftlicher Entwicklung und eines hohen Beschäftigungsgrades die Kirchensteuereinnahmen in den letzten Jahren ständig gestiegen. Die Befürchtung, dass die Austritte die Kirchensteuereinnahmen deutlich reduzieren werden, hat sich bisher nicht bewahrheitet.

Darüber macht sich auch Franziskus Gedanken, wenn er empfiehlt: „die Jugendlichen und die Alten anzuhören. Beide sind die Hoffnung der

---

[62] Fitschen, Klaus, Konfessionslos? Säkular? Atheistisch? Laizistisch? Oder einfach normal? Das Schwinden und Vergessenwerden der Religion in der Neuzeit und die Folgen für die Religionskritik, in: Pöhlmann. Matthias, a.a.O., Seiten 27-36.

[63] Ders. ebd., Seite 35.

[64] Fincke, Andreas, Voll im Trend? Anspruch und Wirklichkeit atheistischer, kirchlicher und humanistischer Initiativen in Deutschland, in: Pöhlmann. Matthias, a.a.O., Seiten 42-65, hier: Seite 51.

Völker. Die Alten bringen das Gedächtnis und die Weisheit der Erfahrung ein, die dazu einlädt, nicht unsinnigerweise dieselben Fehler der Vergangenheit zu wiederholen."[65] Die „Alten" sind natürlich zurzeit die größte Gruppe der Deutschen Kirche. In gewisser Weise spiegelt sich hier die demographische Entwicklung wider. Wie Frank Schirrmacher zeigt, „verändert sich der Altersaufbau wie folgt: Die Zahl der Jugendlichen nimmt bis zum Jahr 2050 kontinuierlich von 17,7 auf unter zehn Millionen ab. Die Zahl der über 80-Jährigen verdreifacht sich."[66]

„Die Jugendlichen rufen uns auf, die Hoffnung wieder zu erwecken und sie zu steigern, denn sie tragen die neuen Tendenzen in sich und öffnen uns für die Zukunft, so dass wir nicht in der Nostalgie von Strukturen und Gewohnheiten verhaftet bleiben, die in der heutigen Welt keine Überbringer von Leben mehr sind."[67]

Das Thema Solidarität auf der Frühjahrskonferenz der DBK

Was den Aspekt der Solidarität betrifft, war allerdings bei der Frühjahrskonferenz 2018 nur von einem Finanzausgleich unter deutschen Diözesen die Rede. Das ist für mich selbstverständlich. Wie sieht es aber mit einem Ausgleich mit wesentlich ärmeren Diözesen in der ‚Einen Welt' und mit der Unterstützung der Armen in der Welt aus, die Papst Franziskus am Herzen liegt? Nach Ansicht des Vorsitzenden der DBK „ist christlich verstandene Solidarität global....Unser Leitbild ist dabei, mit unserem verstorbenen Johannes Paul II. gesprochen, eine Globalisierung der Solidarität, eine Globalisierung der Gerechtigkeit: ‚Das Gemeinwohl der ganzen Menschheit bedeutet eine Kultur der Solidarität

---

[65] EG., Nr. 108.

[66] Schirrmacher, Frank, Das Methusalem-Komplott. Die Menschheit altert in unvorstellbarem Ausmaß. Wir müssen das Problem unseres eigenen Alterns lösen, um das Problem der Welt zu lösen, 34. Auflage München 2004, Seite 42.

[67] EG., Nr. 108.

mit dem Ziel, der Globalisierung des Profits und des Elends eine Globalisierung der Solidarität entgegenzuhalten'".[68] Offen ist dabei, wie sich die Bischöfe das konkret vorstellen. Nach Jon Sobrino „geht es darum zu verstehen, dass, wenn Gott herrscht, der Mensch sich nicht nur im vertikalen Sinne zu Ihm hin ausrichtet, sondern auch zu seinesgleichen, was Bande der Solidarität, Versöhnung, Geschwisterlichkeit und somit der Gemeinschaft erzeugt."[69] Das ist zukunftsweisend. Oder mit den Worten von Ignacio Ellacuria gesprochen, heißt, die Kreativität der Märtyrer „aktualisieren, dem, was formal eine historische Möglichkeit ist (...), aktuelle Realität verleihen."[70]

Darüber hinaus muss auch gefragt werden: In welcher Diözese wurden in die Pfarr- und Diözesanverwaltungsräte Fachleute für ethisch-ökologische Geldanlagen berufen? Genau hier hätten die Diözesen eine Vorbild- und Vorreiterfunktion in der Wirtschaft zu leben.

Es scheint auch Zeichen von Beratungsresistenz bei Bischöfen zu geben, dass sie gute Hinweise von Unternehmensberatern –wie Hermann-Josef Zoche[71]- nicht umsetzen. Vermutlich trifft auch immer noch der Hinweis von Franz Xaver Kaufmann zu: „In dem Umfange, als die gesellschaftliche Wirklichkeit sich verändert und in dem die kirchlichen Wahrnehmungsmuster dieser gesellschaftlichen Wirklichkeit gleich

---

[68] Reinhard Marx, Das Kapital. Ein Plädoyer für den Menschen, München 2008, Seite 270.

[69] Jon Sobrino, Christologia desde América Latina, Mexiko, 2. Auflage 1977, Seite 34; zitiert nach: Sanhueza, Kreti, Gerechtigkeit und Frieden im Rahmen der lateinamerikanischen Christologie, in: Azcuy, Virginia, ʹ/Eckholt, Margit, (HG.), Friedensräume. Interkulturell Friedenstheologie in feministisch-befreiungstheologischen Perspektiven, Ostfildern 2018, SEITE ((:

[70] Ellacuria, Ignacio, Utopie und Prophetie, in: ders., HG., Mysterium Liberationis, Bd. 1, Luzern 1995, 383-431, hier: 388; zitiert nach: Zechmeister, Martha, Die vielen anonymen Märtyrer – und die Hoffnung, die sie uns schenken, in: Azcuy, Virginia, ʹ/Eckholt, Margit, (HG.), a.a.O., Seite 97.

[71] Hermann Josef Zoche, Die Jesus AG. Ein Unternehmensberater analysiert die älteste Firma der Welt, München 2002.

bleiben, ist zu vermuten, dass die Bischöfe ein unreales Bild von der Wirklichkeit haben, innerhalb deren Kirche empirisch wirksam wird."[72] Noch erschreckender ist die Beobachtung, dass die Soziallehre der Kirche und ihre Grundsätze in den Verwaltungen von manchen Diözesen so wenig Resonanz zu haben scheinen. Dies, obwohl diese Lehre in zahlreichen Enzykliken immer wieder erläutert und für den jeweiligen geschichtlichen Kontext präzisiert wurde, wie jüngst durch die Enzykliken „Evangelii Gaudium" und „Laudato si" von Papst Franziskus.[73]

Kriterien für den Umgang mit Geld und Kapital

Doch das Lamentieren über die Finanzskandale, –so notwendig auch hier die Transparenz kirchlichen Handelns ist-, bewirkt nur dann Veränderungen der Praxis, wenn auf der Grundlage der Botschaft des Evangeliums Kriterien für den Umgang mit Geld und Kapital sowohl in den Kirchenverwaltungen als auch bei den Gläubigen erarbeitet und plausibel gemacht werden. „Die Finanzen ersticken die Realwirtschaft. Man hat die Lektionen der weltweiten Finanzkrise nicht gelernt, und nur sehr langsam lernt man die Lektionen der Umweltschädigung. In manchen Kreisen meint man, dass die jetzige Wirtschaft und die Technologie alle Umweltprobleme lösen werden."[74] Erst dann könne sich eine Änderung im Verhalten entwickeln. Das aber ist ein Trugschluss. „Ein Kollaps ist eine reale Gefahr… Es ist möglich, dass die Menschheit den Zusammenbruch vermeidet. Aber damit das geschieht, gibt es eine Sache, die wichtiger ist als alles andere: eine neue Stoßrichtung oder auch ein neu-

---

[72] Franz-Xaver Kaufmann, Kirche begreifen. Analysen und Thesen zur gesellschaftlichen Verfassung des Christentums, Freiburg 1979, Seite 21.

[73] Reinhard Marx, Kapitalismus

[74] LS., Nr. 109.

es ‚Narrativ' oder noch tiefgründiger, eine Neue Aufklärung."[75] Diese neue Aufklärung bzw. das neue Narrativ „hebt die Bedeutung der Fürsorge, der Achtung der Menschenwürde hervor und zitiert die wissenschaftliche Erkenntnis, dass die Menschen nur dann überlebten, wenn sie sich für das Gemeinwohl zusammenschlossen."[76] Es gibt zwei Möglichkeiten, auf eine nahende Katastrophe zu reagieren. Die eine ist, man macht weiter wie gehabt und wartet, was passiert. Dem Papst schwebt eine andere Möglichkeit vor, nämlich, dass man sich der Ursachen eines kommenden Kollaps bewusst wird und Alternativen entwickelt, um den Kollaps zu vermeiden. Zu Letzterem macht Papst Franziskus gute Vorschläge. „Wir wissen nicht, wann und wie schnell der Kollaps kommt und welches Ausmaß er haben wird."[77] Es sollte uns die Nachricht vom Global Footprint Network von 2018 aufrütteln: „der 1. August ist Erdüberlastungstag 2018. Am 1.8.2018 wird die Menschheit das gesamte Ressourcenbudget des Jahres 2018 verbraucht haben."[78] Daher lohnt es sich, mit Franziskus Gegenmaßnahmen zu ergreifen und Alternativen entwickeln. Dafür gäbe es viele Möglichkeiten, z. B. bei den Dienstwagen der Deutschen katholischen Bischöfe: Nach einer Umfrage der Umwelthilfe fahren „nur zwei von 47 (20 protestantisch / 27 römisch katholisch) Kirchenoberhäuptern einen Dienstwagen mit realem CO_2 – Ausstoß im Einklang mit EU-Flottengrenzwert von 130g/km."[79] Barbara

---

[75] *Ernst* Ulrich von Weizsäcker, Anders Wijkman u.a., HG., Club of Rome: Der große Bericht. Wir sind dran. Was wir ändern müssen, wenn wir bleiben wollen. Eine neue Aufklärung für einen volle Welt, Gütersloh 2017, 194 f.

[76] von Weizsäcker, Ernst Ulrich / Wijkman, Anders, u.a., HG., Club of Rome: Der große Bericht. Wir sind dran. Was wir ändern müssen, wenn wir bleiben wollen. Eine neue Aufklärung für einen volle Welt, Gütersloh 2017, 197.

[77] Ugo Bardi, Der Seneca Effekt. Warum Systeme kollabieren und wie wir damit umgehen können, München 2017.

[78] http://blog.ethisch-oekologisches-rating.org/1-august-ist-erdueberlastungstag-20183394/

[79] Quelle: Deutsche Umwelthilfe 2018, zitiert nach Alt, Franz, Newsletter 8.12.2018.

Metz, stellvertretende DUH-Bundesgeschäftsführerin sagt dazu: „Gerade die Kirchen tragen eine gesellschaftliche Verantwortung zur Bewahrung der Schöpfung und sollten entsprechend auch bei der Wahl ihres Dienstwagens eine Vorbildfunktion ausüben. Es ist überaus erschreckend, dass auch in der aktuellen Umfrage noch immer auf Klimakiller gesetzt wird und obendrein noch über die Hälfte der Befragten mit einem Diesel unterwegs ist."[80]

Diesem Zweck sollen auch meine Träume über den Umgang mit Finanzen in der Kirche und mit Geld bei den Christen dienen. Diese Träume von Christen entstehen auf klaren Vorgaben des Alten und des Neuen Testaments und der kirchenrechtlichen Vorschriften. Im Kirchenrecht ist als vorrangige Verpflichtung der Kirche im § 2 des Canon 1254 festgehalten : „Die eigenen Zwecke sind vor allem: die geordnete Durchführung des Gottesdienstes, die Sicherstellung des angemessenen Unterhalts des Klerus und anderer Kirchenbediensteter, die Ausübung der Werke des Apostolats und der Caritas, vor allem gegenüber den Armen."[81]

Angesichts schlechter Nachrichten aus der deutschen Kirche über den Umgang mit Geld und Kapital, träume ich von einer Kirche, die die Schöpfung als Geschenk begreift, „das aus der offenen Hand des Vaters aller Dinge hervorgeht, als eine Wirklichkeit, die durch die Liebe erleuchtet wird, die uns zu einer allumfassenden Gemeinschaft zusammenruft...... Die Schöpfung ist in der Ordnung der Liebe angesiedelt. Die Liebe Gottes ist der fundamentale Beweggrund der gesamten Schöpfung."[82] Aus dieser liebevollen Zuwendung zu den Menschen und der Schöpfung sandte er uns seinen Sohn, der seinen Auftrag bei seinem ersten Auftritt in der Synagoge so kennzeichnete: „Der Geist des Herrn ruht auf mir, er hat mich gesalbt und mich gesandt, Armen eine frohe

---

[80] Ebd..
[81] Codex des kanonischen Rechtes, Bonn 1983, Seite 549.
[82] LS., Nr. 76 und 77.

Botschaft zu bringen, Gefangenen Freilassung zu künden, Blinde sehend zu machen, ..." (Lk 4, 18).

Dank als Antwort auf das Geschenk der Schöpfung

So ist eine erste Antwort auf das Geschenk der Schöpfung und der Liebe des Schöpfers und der Botschaft des Sohnens, Dank. „Als Jünger Jesu", heißt es im Dokument von Aparecida, „fühlen wir uns gedrängt, für das Geschenk der Schöpfung Dank zu sagen."[83] Wie wir vom Geschenk der Schöpfung leben, so „finden wir eine ganz klare Ausrichtung: nicht so sehr die reichen Freunde und Nachbarn, sondern vor allem die Armen und die Kranken, diejenigen, die häufig verachtet und vergessen werden, die es dir nicht vergelten können' (LK 14,14).... Heute und immer gilt"[84]: ‚Die Armen sind die ersten Adressaten des Evangeliums'[85]. Und Papst Franziskus fährt fort: „Brechen wir auf, gehen hinaus, um allen das Leben Jesu Christi anzubieten! Ich wiederhole hier für die ganze Kirche, was ich viele Male den Priestern und Laien von Buenos Aires gesagt habe: Mir ist eine verbeulte Kirche, die verletzt und beschmutzt ist, weil sie auf die Straßen hinausgegangen ist, lieber, als eine Kirche „ die aufgrund ihrer Verschlossenheit und ihrer Bequemlichkeit, sich an die eigenen Sicherheiten zu klammern, krank ist."[86] Im Grunde ist das vom Beginn der Gemeindebildung an eine klare Maxime, die in

---

[83] Dokument von Aparecida – Schlussdokument der 3. Generalversammlung des Episkopats von Lateinamerika, und der Karibik, 2007, 470.

[84] EG., Nr. 48.

[85] Benedikt der XVI., Ansprache anlässlich der Begegnung mit den brasilianischen Bischöfen in der Kathedrale von Sao Paulo, Brasilien, 11.5.2007, 3: AAS99(2007), 428. Zitiert nach EG, Nr. 48.

[86] EG., Nr. 49.

der Predigt des Apostels Paulus für die Armen in Jerusalem deutlich wird.[87]

Franziskus zitiert als Bestätigung Johannes Chrysostomus: „Die eigenen Güter nicht mit den Armen zu teilen bedeutet, diese zu bestehlen und ihnen das Leben zu entziehen. Die Güter, die wir besitzen, gehören nicht uns, sondern ihnen."[88] Die „Option für die Armen wird von der ganzen Tradition der Kirche bezeugt."[89] Selbst das Zerbrechen, das Einschmelzen und den Verkauf der gottesdienstlichen Gefäße hat Ambrosius gerechtfertigt, wenn es darum geht, Armen und Gefangenen Gerechtigkeit zukommen zu lassen.[90] Franziskus präzisiert weiter: „Unser Einsatz besteht nicht ausschließlich in Taten oder in Förderungs- und Hilfsprogrammen; was der Heilige Geist in Gang setzt, ist nicht ein übertriebener Aktivismus, sondern vor allem eine Zuwendung zum anderen, indem man ihn ‚als eines Wesens mit sich selbst betrachtet'".[91]

„Die Notwendigkeit, die strukturellen Ursachen der Armut zu beheben, kann nicht warten, nicht nur wegen eines pragmatischen Erfordernisses, Ergebnisse zu erzielen und die Gesellschaft zu ordnen, sondern um sie von einer Krankheit zu heilen, die sie anfällig und unwürdig werden

---

[87] Georgi, Dieter, *Der Armen zu gedenken: die Geschichte der Kollekte des Paulus für Jerusalem*. 2. Auflage, Neukirchen-Vluyn 1994.

[88] Johannes Chrysostomus, De Lazaro conciones II,6:PG 48,992D, zitiert nach EG, Nr. 57.

[89] Johannes Paul II., Enzyklika Sollicitudo rei socialis (30.September 1987), 42: AAS 99 (2007), 450, zitiert nach EG, Nr.198.

[90] Ambrosius von Mailand, in Bibliothek der Kirchenväter, Ausgewählte Schriften des Ambrosius Band III, Kempten und München 1917, XXVIII. Kapitel, Vom Nützlichen, übersetzt von Joh. Ev. Niedernhuber, Seite 195-199: „Erforderlich ist, dass einer ein solches Handeln in reiner Absicht und aus offensichtlicher Fürsorglichkeit vollbringt. In der Tat, wenn jemand Aufwendungen zu seinem Vorteil macht, so es ein Verbrechen; wendet er es für die Armen auf, kauft er einen Gefangenen los, so ist es Barmherzigkeit."

[91] EG., Nr. 199.

lässt und sie nur in neue Krisen führen kann."[92] „Wir müssen zugeben, dass wir Christen den Reichtum, den Gott der Kirche geschenkt hat, nicht immer aufgenommen und weiterentwickelt haben."[93]

Natürlich gilt das auch für die deutsche Kirche. Sie hätte längst eine Entwicklung im Sinne der Pastoralkonstitution „Kirche in der Welt von heute" aufnehmen müssen. Paul Zulehner zitiert die Predigt von Papst Franziskus anlässlich eines Geburtstags von Benedikt dem XVI. in der es heißt: „Der Heilige Geist drängt zum Wandel, und wir sind bequem...Um es klar zu sagen: Der Heilige Geist ist für uns eine Belästigung. Er bewegt uns, er lässt uns unterwegs sein, er drängt die Kirche, weiterzugehen....Wir wollen, dass der Heilige Geist sich beruhigt, wir wollen ihn zähmen. Aber das geht nicht. Er ist die Kraft Gottes und ist wie der Wind, der weht, wo er will. Er ist die Kraft Gottes, der uns Trost gibt und auch die Kraft, vorwärtszugehen. Es ist dieses ‚Vorwärtsgehen', das für uns so anstrengend ist. Die Bequemlichkeit gefällt uns viel besser."[94]

Und ein weiterer Aspekt ist Papst Franziskus wichtig: „Es gibt nicht zwei Krisen nebeneinander, eine der Umwelt und eine der Gesellschaft, sondern eine einzige und komplexe sozio-ökologische Krise. Die Wege zur Lösung erfordern einen ganzheitlichen Zugang, um die Armut zu bekämpfen, den Ausgeschlossenen ihre Würde zurückzugeben und sich zugleich um die Natur zu kümmern."[95] Das ist eine klare Erweiterung der Katholischen Soziallehre. Heute muss die Lehre der Kirche den Zusammenhang von sozialen, ökologischen, kulturellen und interkulturellen Gegebenheiten und Entwicklungen gleichwertig mitberücksichtigen.

---

[92] EG., Nr. 202.

[93] Laudato si, Nr.216.

[94] Zitiert nach Paul M. Zulehner, „Ich träume von einer Kirche als Mutter und Hirtin", Die neue Pastoralkultur von Papst Franziskus, Ostfildern 2018, Seite 14.

[95] LS., Nr. 139.

Wir brauchen einen neuen Gesellschaftsvertrag

„Wir können die erste Generation sein, der es gelingt, die Armut zu beseitigen, ebenso wie wir die letzte sein könnten, die die Chance hat, unseren Planeten zu retten,"[96] so formulierte es der UNO Generalsekretär Ban Ki-Moon.

Nie zuvor scheint die Zukunft unseres Planeten und auch die Zukunft der Menschheit so unsicher gewesen zu sein wie heute. Als Ergebnis seiner Forschungstätigkeit plädiert Gerhard Scherhorn für einen neuen Gesellschaftsvertrag: „Das ökonomische Problem des 21. Jahrhunderts ist nicht mehr die Produktion, sondern die Verteilung – die funktionale Verteilung zwischen den Produktionsfaktoren und damit auch zwischen Mensch und Umwelt... Denn die Aufkündigung des fordistischen Gesellschaftsvertrags kann nur dann zu einem neuen Gleichgewicht führen, wenn eine sozial, ökologisch und ökonomisch tragfähige Konzeption dahintersteht. Diese Konzeption kann nicht allein umweltorientiert sein, und sie kann nicht allein beschäftigungsorientiert sein. Sie muss aus der Erkenntnis erwachsen, dass Umweltzerstörung und Arbeitsplatzvernichtung die gleichen Ursachen haben und daher mit den gleichen Ansätzen zu behandeln sind."[97] Nachhaltigkeit auf allen Ebenen ist die Alternative zum Kapitalismus.[98] Die Frage nach einem neuen Gesellschaftsvertrag bedrängt uns nicht nur aufgrund der Aufkündigung des fordistischen Gesellschaftsvertrages. Mit der Digitalisierung ist eine neue Industrierevolution auf uns zugekommen, deren Fol-

---

[96] UNO Generalsekretär Ban Ki-Moon, August 2015; zitiert nach Weber, Thomas, Die globalen Nachhaltigkeitsziele als politische Menschheitserzählung, Berlin, Manuskript Dezember 2018, Seite 2.

[97] Scherhorn, Gerhard, Die Arbeit: Job oder Tätigkeit Für einen neuen Gesellschaftsvertrag, in: Derselbe, Wachstum oder Nachhaltigkeit. Die Ökonomie am Scheideweg, Erkelenz 2015, Seiten 234 f.

[98] Vgl. http://blog.ethisch-oekologisches-rating.org/also-ist-nachhaltigkeit-die-alternative-zum-kapitalismus/

gen und deren Ausmaß wir noch nicht einschätzen können. Wie bedroh-
lich die Situation gesehen wird, hat Hans Joachim Schellnhuber, der
Gründungsdirektor des Potsdam-Instituts für Klimafolgenforschung und
Professor für Theoretische Physik an der Universität Potsdam in einer
Talkshow im August dieses Jahres so ausgedrückt: „Ein Mann springt in
einem Hochhaus aus dem obersten Stock und sagt beim 1. Stock angekommen „bis jetzt ist alles gut gegangen".[99] Man kann unsere prekäre
Situation natürlich mit dem amerikanischen Komiker Bob Hope ironisch
zum Ausdruck bringen, der schon vor über 50 Jahren seiner Meinung
Luft machte, indem er rief: „Lord, let the world stop for a Moment, I
want to get off."[100]

Nach Rüdiger Fox „verursacht unser Wirtschaftssystem in immer
stärkerem Maße soziale Verwerfungen in Form von rapide zunehmender
Ungleichverteilung, deren Konsequenzen längst nicht mehr auf lokale
Arbeitsauseinandersetzungen begrenzt bliebe... Die mediale Transparenz dieser klaffenden Lücke zwischen den Lebensbedingungen hat das
Risiko wirtschaftlich motivierter Fluchtbewegungen und damit den
globalen Handlungsdruck deutlich verstärkt. Und auch innerhalb einer
steigenden Zahl von Ländern geht die Schere zwischen arm und reich
immer weiter auseinander und verstärkt massiv das innergesellschaftli-
che Konfliktpotential."[101] Die Ursachen dieses Wirtschaftssystems liegen in der Auffassung, „dass menschliches Eigeninteresse die vornehm-
liche Triebkraft ist, die zu wirtschaftlichen Handlungen motiviert, und
dass diese in Kombination mit Wettbewerb die bestmögliche Nutzung

---

[99] Vgl. dazu sein Buch: Schellnhuber, Hans Joachim, Selbstverbrennung. Die
fatale Dreieckbeziehung zwischen Klima, Mensch und Kohlenstoff, München
1.Auflage 2015.
[100] Zitiert nach: Marianne Gronemeyer, Die Grenze. Was uns verbindet, indem
es trennt. Nachdenken über ein Paradox der Moderne, München 2018, Seite 168.
[101] Fox, Rüdiger, Bionische Unternehmensführung. Mitarbeitermotivation als
Schlüssel zu Innovation, Agilität und Kollaboration, Wiesbaden 2017, Seite 5.

der verfügbaren Ressourcen sicherstellt."[102] Und Fox fährt fort: „Allerdings sind seine Wurzeln mitnichten in der menschlichen Natur zu finden, sondern waren getrieben von dem konstanten Bemühen, möglichst einfache mathematische Modelle zu erhalten – und diese fand man unschwer erkennbar in der Physik der Mechanik....Inzwischen leben wir in einem offenen, dynamischen System, dass ... dazu neigt, dass seine Entropie, das heißt das Maß der Unordnung, immer weiter zunimmt."[103]

Aus der ethischen Begleitung der Technikfolgenforschung und von Technikforschung im Entstehungsprozess in den 80er Jahren wissen wir natürlich, wie schwierig es ist, taugliche Zukunftsaussagen über gesellschaftliche Entwicklungen zu machen. Alle Technikentwicklungen haben Nebenfolgen, manche erkennen wir und können sie einkalkulieren. Es gibt aber immer auch Nebenfolgen, die wir nicht erkennen, die aber verheerende Konsequenzen entfalten können. „Man denke" – wie der Münchner Soziologe Nassehi es in Hinblick auf Stadtplanungen formulierte - „an die Utopie der autogerechten Stadt der 60er Jahre... Es ist ein simples Beispiel, aber das simple Beispiel zeigt eigentlich schön, dass die Projektion der autogerechten Stadt mit einer sehr selektiven Idee der Stadt gearbeitet hat."[104] Heute wird das „stadtgerechte Auto"[105] gefordert. Und Nassehi fährt fort: „Am besten wäre es doch, wenn die Industrie, nehmen wir nur die Automobil-Industrie, in der Lage wäre, ihre ganze Energie einzusetzen, um endlich das Elektroautomobil zu lösen. Wer das löst, wird ein ökonomisches Problem lösen. Wenn man mit Leuten aus der Autoindustrie redet, was ich zum Teil getan habe, dann hört man von denen den Satz: ‚Okay, das stimmt, aber wir müssten dafür aus dem Geschäftsbereich so viel Geld abziehen, dass die jetzigen

---

[102] Ders., ebd., Seiten 8 und 10.

[103] Ders., ebd., Seite 9.

[104] Armin Nassehi, Zukunft der Gesellschaft, in: zur debatte. Themen der Katholischen Akademie in Bayern, 4/2017, Seiten 18-21; hier: 18.

[105] Ders. Ebd., 18.

ökonomischen Herausforderungen, die vor allem etwas mit unseren Börsenpräsenzen zu tun haben und den Erwartungen unserer Eigentümer, nämlich der Aktionäre, damit nicht kompatibel sind. Weil wir in drei Monaten wieder ein Ergebnis darstellen und Dividenden auszahlen müssen, ohne die uns das Kapital abgezogen wird.‘“[106]

Als weiteres Beispiel nennt Nassehi die Wohnarchitektur. Hier hatte man nach dem 2. Weltkrieg die Idee, „unterschiedliche Funktionen so zusammenzusetzen, dass in Wohnmaschinen die wichtigsten Funktionen in einem Gebäude vereint sind…Heute sind diese Häuser interessanter Weise die Architektur, die wir mit sozialen Brennpunkten verbinden.“[107]

Das Problem bei der Vorhersage über Zukunft in Gesellschaften besteht nach Nassehi darin, dass es keinen Ort gibt, „von dem aus Sie diese Gesellschaft steuern können und von dem aus diese dann wie aus einem Guss reagiert. Die Komplexität dieser Gesellschaft besteht eben darin, dass diese niemals einheitlich reagiert, sondern im Sinne des Systems verteilter Intelligenzen ökonomische, politische, rechtliche, wissenschaftliche, mediale und andere Logiken je unterschiedliche Probleme lösen müssen und schwer koordinierbar sind.“[108] Wir sehen uns einer unglaublichen Problemvielfalt und einer ständig zunehmenden Informations- und Wissensdichte konfrontiert.

Dennoch kommen wir um die Frage eines neuen Gesellschaftsvertrages nicht herum. Auf Schritt und Tritt werden wir mit der Frage konfrontiert. Schon aufgrund der zunehmenden Digitalisierung müssen wir uns der Frage eines neuen Gesellschaftsvertrages stellen.

Bei Apple z.B. hat sich eine ungeheure Marktmacht gebildet. Apple ist das „erste private Unternehmen überhaupt, das einen Börsenwert von

---

[106] Ders. Ebd., 18.
[107] Ders., ebd., 18.
[108] Ders., Ebd., 20.

einer Billion Dollar erreicht hat.“[109] Dahinter steht Steve Jobs mit seinem „Ideenreichtum, der Fantasie und steter Innovation.“[110] So sein Biograf Walter Isaacson. „Allerdings sei die Marktmacht Apples weniger gefährlich als die Konzerne, die mit Hilfe dieser Daten das Verhalten der Menschen manipulieren.“[111]

Kein geringerer als Jaron Lanier, Tech-Guru und Vordenker des Internets macht genau darauf aufmerksam. „Es wird nicht mehr lange dauern, da werden sich die Menschen wundern, wie naiv und kurzsichtig die Vorstellung von der Natur der Informationen einst gewesen waren. Unser derzeitiger Informationsbegriff ist deshalb so eng gefasst, weil Bereiche wie Industrie, Energie, Gesundheitswesen und Verkehr noch nicht stark automatisiert oder netzwerkzentriert sind. Aber irgendwann wird ein Großteil der Produktivität ‚softwarevermittelt‘ ablaufen. Software könnte die letzte industrielle Revolution sein.“[112] Lanier warnt dabei u.a. vor den sogenannten Sirenenservern. Diese „sammeln Daten im Netzwerk, für die sie meist nichts bezahlen müssen. Die Daten werden mit den leistungsfähigsten Computern analysiert, die von Spitzenkräften gewartet werden. Die Ergebnisse der Analysen werden geheim gehalten, aber dazu genutzt, die übrige Welt zum eigenen Vorteil zu manipulieren.“[113] Offensichtlich sehen immer mehr Nutzer die mit Facebook, Google, Alphabet etc. einhergehenden Gefahren und praktizieren „Digital detox“. „Digitalen Entzug nennen das all jene, die ab und an

---

[109] Giesen, Christoph und Jung, Helmut-Martin, Der Weg des Erfolges. Als erstes privates Unternehmen ist Apple an der Börse mehr als einen Billion Dollar wert. Die Grundlage dafür hat vor allem einer geschaffen: Mitbegründer Steve Jobs, in: Süddeutsche Zeitung, 4./5. August 2018, Nr. 178, Seite 23.

[110] Isaacson, Walter. Steve Jobs. Die autorisierte Biografie des Apple-Gründers, 2. Aufl. München 2011, Seite 16.

[111] Giesen, Christoph und Jung, Helmut-Marzin, a.a.O., ebd.

[112] Lanier, Jaron, Wem gehört die Zukunft? Du bist nicht der Kunde der Internet-Konzerne, du bist ihr Produkt, Hamburg, 2. Aufl., Seite 29.

[113] Ders., ebd., Seite 88.

eine Pause einlegen vom ständigen Smartphone-Konsum.... Eine neue Umfrage des amerikanischen Pew Instituts dürfte deshalb das amerikanische soziale Netzwerk Facebook beunruhigen. Rund 42 Prozent der Nutzer in den Vereinigten Staaten geben an, in den vergangenen zwölf Monaten zumindest eine mehrwöchige Pause von Facebook eingelegt zu haben. Vor allem jüngere Nutzer im Alter zwischen 18 und 29 Jahren kehren laut der Umfrage dem sozialen Netzwerk den Rücken: 44 Prozent von ihnen geben an, die Facebook-App von ihrem Smartphone gelöscht zu haben.“[114]

Das ist ein gutes Zeichen dafür, dass Konsumenten auch im Kontext von Digitalisierung und Sirenen-servern Einfluss nehmen und Wirkung erzielen können. Auf dem Hintergrund solcher Entwicklungen bei Konsumenten ist die Situation für die Entwicklung einer zukunftsfähigen Informationsökonomie mit einem nachhaltigen Transaktionsmodell günstig. „Grundlage für nachhaltige Transaktionen ist eine Symmetrie zwischen Käufer und Verkäufer, damit die Transaktionen innerhalb eines Gesellschaftsvertrags harmonisch ablaufen.“[115] Aber das ist alles noch völlig ungeklärt. Lanier warnt daher davor, „wenn wir so weitermachen wie bisher, erwartet uns wahrscheinlich eine Zeit massiver Arbeitslosigkeit mit samt den damit verbundenen politischen und wirtschaftlichen Unruhen.“[116]

---

[114] Quelle: Frankfurter Allgemeine Zeitung vom 6.9.2018, Titel: Viele Amerikaner haben eine Pause von Facebook eingelegt. Vor allem junge Nutzer löschten sogar die App.

[115] Ebd., ebd., Seite 320.

[116] Ders., ebd., Seite 30.

Exkurs: Digitalisierung verändert grundlegend die Gesellschaft

Steffen Lange und Tilman Santarius zeigen am Beispiel Kodak, wie die Digitalisierung die Fotoindustrie revolutioniert hat.[117] Für die Beschäftigung nennen sie als gefährdete Berufe: „Büro- und Sekretariatskräfte; Berufe im Verkauf; Berufe im Gastronomieservice; Berufe in der kaufmännischen und technischen Betriebswirtschaft; Berufe für Post und Zustelldienste; Köch*innen; Bankkaufleute; Berufe in der Lagerwirtschaft; Berufe in der Metallverarbeitung und Berufe in der Buchhaltung."[118] Als ungefährdete Berufe nehmen sie „Berufe in der Kinderbetreuung und -erziehung: Berufe in der Gesundheits- und Krankenpflege, Bei Aufsichts- und Führungskräften, Unternehmensorganisation und -strategie; Berufe in der Maschinenbau und Betriebstechnik; Berufe in der Kraftfahrzeugtechnik; Berufe im Vertrieb (Einkaufs-, Vertriebs- und Handelsberufe); Berufe in der Sozialarbeit und -pädagogik; Berufe in der Altenpflege; Berufe in der Hochschullehre und -forschung; Berufe in der Bauelektrik."[119]

Das ist keine Schwarzmalerei, sondern wird von immer mehr Menschen auch als revolutionär und auch disruptiv wahrgenommen. „Mit einem Ruck würden sie Geschäftsfelder, Kommunikationsweisen, Herstellungsverfahren oder Konsumgewohnheiten erschüttern und umwälzen."[120] Wer heute sein Smartphone benutzt, „bekommt individualisierte und ständig optimierte Reize serviert, ...Was früher Werbung genannt wurde, muss heute als unaufhörliche Verhaltensmodifikation in giganti-

---

[117] Lange, Steffen / Santarius, Tilman, Smarte Grüne Welt? Digitalisierung zwischen Überwachung, Konsum und Nachhaltigkeit, München 2018, Seite 87.

[118] Dies., ebd., Seite 88.

[119] Ebd., Seite 88.

[120] Ebd., Seite 7.

schem Umfang verstanden werden."[121] Wir können uns nicht vorstellen und es ist uns keineswegs bewusst, mit welcher Perfektion die Verhaltensmodifikation bei jedem von uns funktioniert. Nach Lanier funktioniert das in den Social Media über die sogenannten BUMMER-Maschinen. BUMMER steht für „**B**ehaviors of **U**sers **M**odified, and **M**ade into an **E**mpire for **R**ent" (übersetzt: „Verhaltensweisen von Nutzern, die verändert und zu einem Imperium gemacht wurden, das jedermann mieten kann)."[122] Über Algorithmen wird aufgrund der persönlichen Daten, die wir freiwillig und kostenlos ständig über die Smartphones liefern, herausgefunden, wie wir in unserm Verhalten modifiziert werden können und was einem Nutzer auf seinem Gerät „vorgesetzt" wird. „BUMMER-Konzerne haben ganz stolz berichtet, wie sie damit experimentiert haben, Menschen traurig zu machen, die Wahlbeteiligung zu beeinflussen und Markentreue zu verstärken."[123] Google, Alphabet, Facebook und andere machen mit BUMMER-Maschinen Geschäfte. Dahinter steht ein „perverses Geschäftsmodell". Darüber sollten Christen sich austauschen und Medien nutzen und verbreiten, die Wahrheit fördern. Das ist für die Ermöglichung einer glaubhaften Weitergabe der Botschaft Jesu außerordentlich wichtig, weil damit die Wahrheit vernichtet und auch die Empathie-Fähigkeit der Menschen zerstört werden kann. „Facebook ist das erste börsennotierte Unternehmen, das von einem einzigen Menschen kontrolliert wird."[124] Bei den Wahlen in den letzten Jahren, „in der Türkei, in Österreich, in den USA, in Indien und anderen demokratischen Staaten sind autoritär angehauchte Führer gewählt worden, die ihre Macht auf Stammesdenken gründen…In all die-

---

[121] Lanier, Jaron, Zehn Gründe, warum du deine Social Media Accounts sofort löschen musst, 1. Auflage Hamburg 2018, Seite 13.

[122] Ders., ebd., Seite 43.

[123] Ders., ebd., Seite 49.

[124] http://fotune.com/2016/04/27/zuckerberg-fecebookcontrol/; zitiert nach Lanier, a.a.O., Seite 133.

sen Fällen hat BUMMER eine wichtige Rolle gespielt."[125] Mit BUM-MER ist es möglich -wie geschehen- „die gesamte Gesellschaft in einer koordinierten Aktion zu manipulieren."[126] Oder mit den Worten von Frank Schirrmacher gesprochen: „Heute geht es darum, mit den Modellen das Verhalten egoistischer Mitspieler vorherzusagen."[127] Damit Menschen davon nicht in ihrer Freiheit der Entscheidung beraubt werden, müssen wir als Christen und als Kirche auf der Hut sein und Netzwerke bilden in der Kirche, in den Kirchengemeinden aber auch mit allen Menschen in der Gesellschaft, denen ihre Freiheit, nach der Botschaft Jesu ihr Leben zu gestalten, wichtig ist.

Auf den Punkt gebracht: zum Anlageverhalten von kirchlichen Institutionen und von Christen

1. In die Verwaltungsräte auf pfarrlicher und diözesaner Ebene sind Fachleute für ökonomische, ökologische, soziale, digitale und kulturelle Nachhaltigkeit zu berufen.

2. Die Bischöfe und Diözesanverwaltungen sind den Gläubigen – nicht zuletzt den Kirchensteuerzahlern- zu Transparenz und Offenlegung aller Vermögensangelegenheiten (Immobilien, Stiftungen, Kapitalanlagen) verpflichtet.

3. Unternehmen, die den Diözesen oder anderen kirchlichen Institutionen gehören, müssen die Global Development Goals (GDPs) und die High-Level Expert Group on Sustainable Finance (HLEGs)[128] konsequent berücksichtigen.[129] Dazu gehört, dass

---

[125] Larnier, a.a.O., Seite 154.

[126] Ders., ebd. Seite 178.

[127] Schirrmacher, Frank, Ego, Das Spiel des Lebens, 2. Auflage München 2013, Seite 65.

[128] Schmidt, Michael, Deka Investment GmbH, Mitglied der HLEG Group on Sustainable Finance, Financing A Sustainable Europe Economy, Final Report 2018 by the High-Level Expert Group on Sustainable Finance. Secretariat pro-

sich Kirche aktiv und öffentlich für den Schutz der Menschenrechte und der Menschenwürde sowie für den Schutz der Schwächeren einsetzt.

4. Unternehmen, die den Diözesen oder anderen kirchlichen Institutionen gehören, dürfen keine Kosten auf das ökologische und soziale Gemeinwohl abwälzen, sondern müssen diese internalisieren.

5. Unternehmen, die den Diözesen oder anderen kirchlichen Unternehmen gehören, dürfen ihre Gewinne nicht in Steueroasen transferieren, sondern müssen die Steuern dort entrichten, wo sie produzieren bzw. wirtschaftlich tätig sind.

6. Geld- und Kapitalanlagen dürfen nur bei Banken/ Finanzdienstleistern / Unternehmen getätigt werden, die bei all ihren Geschäftspraktiken die GDPs anwenden und keine Kosten auf Gemeingüter abwälzen sondern internalisieren.

7. Kirchliche Institutionen dürfen nicht mit Banken zusammenarbeiten, „die mit Milliardenbeträgen die Herstellung von Atomwaffen finanzieren und sich so am weltweiten Wettrüsten beteiligen."[130]

8. Kirchliche Institutionen dürfen nicht in Firmen investieren, die Waffen herstellen oder damit Handel treiben.

9. Kirchliche Institutionen dürfen nicht mehr in US-Staatsanleihen investieren, da die USA im Juni 2018 aus dem UN Menschrechtsrat ausgetreten sind und im eigenen Land Menschenrechte

---

vided by the European Commission, 19. April 2018. Die HLEG on Sustainable Finance wurde Ende 2016 von der EU Kommission (DG FISMA) mit 20 Mitgliedern und 9 Beobachtern aufgesetzt.

[129] Näheres dazu: Schmidt, Michael, Fahrplan für ein nachhaltiges Finanzsystem in Europa, Fachbeitrag in: Absolut/impact. Nachhaltige Perspektiven für institutionelle Investoren, 01/2018, Seiten 16-21.

[130] Röder, Bettina und Grünfelder, Alice, Die Banken und das Bombengeschäft, in: Publik-Forum, Nr. 13 /2018, Seite 22.

verletzt hat, indem Kinder von ihren Eltern getrennt und in Käfige eingesperrt wurden. [131]

10. Kirchliche Institutionen dürfen nicht in fossile Brennstoffe investieren.

11. Kirchliche Institutionen dürfen nicht an Banken oder anderen Finanzinstitutionen oder Unternehmen kooperieren, die an CUM und CUM EX – Steuermanipulationen beteiligt sind.

12. Kirchliche Institutionen sollten bei ihren Immobilien auf energiesparende Renovierungen bedacht sein.

13. kirchliche Unternehmen und GmbHs sollten nach den Grundsätzen der Gemeinwohlwirtschaft und der Kreislaufwirtschaft arbeiten.

14. Kirchliche Institutionen müssen sich für die Erhaltung und Weiterentwicklung von Demokratie und Rechtsstaat engagieren.

15. Die ersten Adressaten des Evangeliums sind die Armen. Dieser Herausforderung muss sich eine reiche Kirche wie die deutsche ernsthaft stellen, um glaubwürdig zu sein.

Diese Thesen erheben nicht den Anspruch, eine umfassende Nennung aller Ausschlusskriterien zu geben. Anhand wichtiger Kriterien soll damit auf ein starkes Nachhaltigkeitsverständnis hingewiesen werden. Ethisch verantwortbar ist Substanzerhalt der ökonomischen, ökologischen, sozialen und kulturellen Gemeingüter und Ressourcen. Für Substanzerhalt müssen sich nicht nur die kirchlichen Institutionen einsetzen, sondern alle Christen sind dazu herausgefordert, ja alle Menschen.

Die folgenden Regeln sind für den alltäglichen Gebrauch als Anhaltspunkte für konkrete Handlungskontexte empfohlen, die mit Schülern eines Gymnasiums diskutiert wurden.

Wenn Du Deiner Mitwelt gegenüber verantwortlich handeln willst,

---

[131] Siehe dazu: Bergius, Susanne, Menschenrechte sind kein Spielball, in: Handelsblatt Business Briefing. Nachhaltige Investments, 13.7.2018, Nr.7, Seite 1.

wirst Du 1. beim Einkauf von Lebensmitteln und allen Konsumgütern fragen, sind die Produktionsbedingungen der Unternehmen, die diese Güter herstellen, ökonomisch, sozial, ökologisch und kulturell vertretbar? Wurden die Produkte fair gehandelt? Kann das Produkt aus der Region bezogen werden?

Wirst Du 2. - soweit wie möglich - die Einzelhandelsgeschäfte am Ort gegenüber den Märkten bevorzugen?

Wirst Du 3. Beim Einkauf immer eine Tasche oder einen Korb mitnehmen und darauf achten, möglichst umweltschädliche Verpackung zu vermeiden, z.B. in Plastik verpacktes Obst, Gemüse und Salat nicht kaufen?

Wirst Du 4. mit den begrenzten Ressourcen unseres Planeten bewusst umgehen und Energie sparen.

Wirst Du 5. Deinen Strom von einem Ökostromanbieter beziehen.

Wirst Du 6. Dich dafür entscheiden, -wo immer es geht-, mit öffentlichen Verkehrsmitteln, dem Fahrrad oder möglichst umweltfreundlichen PKW's zu fahren.

Wirst Du 7. Dein Geld solchen Banken verweigern, die ihr Kapital vorrangig in spekulativen Finanzprodukten anlegen.

Wirst Du 8. bei den Banken Dein Konto einrichten und Dein Geld einlegen, die das gesammelte Geld in Kredite für die reale Wirtschaft fließen lassen.

Wirst Du 9. den Banken Dein Geld verweigern, die über ihr Geschäftsgebaren keine hinreichende Auskunft geben und intransparent sind.

Wirst Du 10. Dein Geld bei den Banken einzahlen, die Dein Geld in Kredite für Unternehmen umwandeln, die ökologische, soziale und kulturelle Ziele bei ihren Produktionen und Dienstleistungen berücksichtigen.

Wirst Du 11. Dich nicht nur als Konsument behandeln lassen, sondern als verantwortlicher und kritischer Bürger, der um seine Verantwortung für den Erhalt der Schöpfung, der Mitwelt weiß und sich davon im Umgang mit Geld leiten lässt.

Dies sind ein paar Ideen. Mit Gelassenheit im Rucksack sollen sie uns dazu anregen, dass wir uns als Christen darauf einlassen und die Menschen unserer Gesellschaft auf diese Ideen aufmerksam machen, sich selbst Regeln für den Alltag geben, die der eigenen Lebenssituation angepasst sind. Sie stellen eine eigenständige Antwort auf die Verantwortung eines/r Jeden als Konsument und Bürger/in für ökonomische, ökologische, soziale und kulturelle Nachhaltigkeit dar. In Freundlichkeit und Humor lassen sich gute Gedanken vermitteln. In der Verantwortung dafür zeigt sich für Christen ihr Dank für das Geschenk der Schöpfung.

Die Angst mancher Bischöfe vor Machtverlust

Eine zweite Konsequenz auf das Geschenk der Schöpfung und der Liebe des Schöpfers, „seiner grenzenlosen Zärtlichkeit uns gegenüber"[132] ergibt sich für Papst Franziskus aus der Aussage Jesu angesichts des Streites seiner Jünger um die Rangordnung: „Ihr wisst, dass die Herrscher ihre Völker unterdrücken und die Mächtigen ihre Macht über die Menschen missbrauchen. Bei euch soll es nicht so sein, sondern wer bei euch groß sein will, der soll euer Diener sein" (Mt 20,25-26)[133]. Das Gegenteil ist in der deutschen Kirche der Fall. „Mit der bürokratischen Form der Erledigung bestimmter Geschäfte…ergeben sich jedoch charakteristische Defizite in den Beziehungen einer bürokratischen Organisation zu ihrem Personal und insbesondere ihrem Publikum."[134] Die gegenwärtige Umstrukturierung der Pfarreien, die organisatorische Zusammenlegung vieler kleiner Gemeinden zu Großgemeinden ist das

---

[132] Laudato si, Nr.84.

[133] Laudato si, Nr. 82.

[134] Franz-Xaver Kaufmann, Kirche begreifen. Analysen und Thesen zur gesellschaftlichen Verfassung des Christentums, Freiburg 1979, Seite 140.

beste Beispiel dafür, dass die personalen Beziehungen vor Ort verschwinden und damit die Tradierung der Botschaft des Evangeliums nicht mehr gelingt, weil die Weitergabe des Glaubens „personalisierte soziale Beziehungen voraussetzt."[135] Daraus zieht Kaufmann den Schluss: „Die Forderung nach einem innerkirchlichen Pluralismus hat also m.E. eine bisher kaum gesehene organisatorische Dimension, die wahrscheinlich von entscheidender Bedeutung für die Zukunftschancen des Christentums ist."[136] Dies hat Franz Xaver Kaufman im Jahr 1979 der deutschen Kirche dargelegt und empfohlen. Aber die Bischöfe haben sich darum nicht gekümmert. Erst jetzt im Zuge der Missbrauchskrise beginnen die Bischöfe über die Verbesserung synodaler Strukturen nachzudenken und zu diskutieren. Nach Michael Seewald, Professor für Dogmatik und Dogmengeschichte an der Universität in Münster „soll es das Ziel sein, eine ‚strukturierte Debatte' über drei Themen zu führen: Macht, priesterliche Lebensform und Sexualmoral. Andere Fragen, welche die Kirche umtreiben, etwa die Rechte der Frauen, bleiben ausgeklammert…. Eine Schlüsselfrage kommt die Frage nach ‚Macht, Partizipation und Gewaltenteilung zu, weil alles Weitere von ihr abhängt."[137] Diese Auffassungen teile ich und habe in der Sache auch einen offenen Brief einer Personalgemeinde in Paderborn mitunterzeichnet, in dem unter Anderem zu lesen ist: „Angesichts der weltweit offenkundig gewordenen Missbrauchsfälle in der katholischen Kirche und angesichts der offenkundig unzulänglichen Umgangsweise mit dieser Problematik durch die Kirchenleitung auf nationaler und internationaler Ebene sehen die Unterzeichner die Notwendigkeit, dass sich die noch in der Kirche verbleibenden Laien möglichst zahlreich zu Wort

---

[135] Ders., ebd., Seite 142.

[136] Ders., Ebd., Seite 144.

[137] Seewald, Michael, Lauthals. Die deutschen Bischöfe müssen einen Teil ihrer Macht an die Gläubigen abgeben und Kritiker anhören. Nur so kann die Kirche sich demokratisieren. In: Süddeutche Zeitung, 26.4.2019, Nr.97, Seite 5

melden und die ihrer Ansicht nach längst überfälligen Entscheidungen benennen. Sie gehen weiter davon aus, dass sich in der Kirche nichts ändern wird, wenn die Laien in dieser Kirche weiter schweigen. Wir melden uns, weil wir davon ausgehen, dass die verbrecherischen Missbräuche und deren z.T. bis heute andauernden Vertuschungsversuche Veränderungen in den Machtverhältnissen der Kirche verlangen. Wir nennen die Kernbereiche, in denen entscheidende Veränderungen nötig sind:

Die klerikal bestimmten Strukturen müssen verändert werden; und das ist nur möglich, wenn Frauen voll gleichberechtigten Zugang haben zu allen Ämtern und Funktionen. Das wiederum setzt voraus den Abschied von einer Sexualmoral, die als Instrument der Durchsetzung kirchlicher Macht eingesetzt wurde und deren Opfer im Laufe der Geschichte vor allem Frauen wurden.

Auch die sexuelle Orientierung der Menschen darf nicht weiter Gegenstand moralischer Bewertung sein.

Dass der Pflichtzölibat eine ursächliche Rolle bei vielen Missbräuchen spielt, stellt ernsthaft niemand mehr in Frage. Auch aus diesem Grund gehört er abgeschafft...."[138]

Da unsere Bischöfe aufgrund ihres Umgangs mit dem Missbrauchskandal in der Gesellschaft und in der Kirche einen schweren Vertrauensverlust erlitten haben, können diese nicht mehr wie bisher von oben herab bestimmen. Hier muss im Interesse der Weitergabe der Botschaft Jesu ein struktureller Umdenkungsprozess und Wandlungsprozess bei den Bischöfen erfolgen und die Basis mitbestimmen.

---

[138] Offener Brief einer Paderborner Personalgemeinde an die Deutsche Bischofskonferenz, Das Zentralkomitee der Katholiken, die Zeitschrift „Publik Forum" u.a. vom 13.3.2019.

Das Beispiel: Kommunionstreit

Joachim Valentin, Direktor der katholischen Akademie „Haus am Dom" in Frankfurt argwöhnt: „Es gibt Bischöfe und Kardinäle, die völlig anders denken als wir."[139] Die theologische Rückwärtsgewandtheit, dogmatische Kleinkariertheit und Selbstherrlichkeit sowie die pastorale Kurzsichtigkeit einiger Bischöfe unter der Führung von Kardinal Woelki ist ein Beispiel dafür, wie weit diese von der Praxis der Gläubigen entfernt sind. Letztere tun in der Frage der Kommunion das, was ihnen aus der Sicht der Botschaft Jesu angemessen erscheint. Dazu brauchen sie keine positiven oder negativen Anweisungen von durch dogmatische Spitzfindigkeiten geleitete bischöfliche Herrscher, denen es anscheinend mehr um die Macht als um die Botschaft Jesu geht, Angst vor Machtverlust haben und die deswegen hilflos wirken, wenn sie zur Stützung ihrer verklemmten Ansicht noch den Papst um Hilfe anrufen.[140] Der hatte ja auf eine diesbezügliche Frage eines befreundeten Pastors geantwortet: „Naja, es sind die Erklärungen, die Interpretationen… Das Leben ist größer als Erklärungen und Interpretationen. Beziehen Sie sich immer auf die Taufe. ‚ein Glaube, eine Taufe, ein Herr', so sagt uns Paulus – und daraus ziehen Sie die Konsequenzen. Ich werde nie wagen, eine Erlaubnis zu geben, das zu tun, weil das nicht meine Kompetenz ist. Eine Taufe, ein Herr, ein Glaube. Sprecht mit dem Herrn und geht weiter. Mehr wage ich nicht zu sagen." [141] Genau das ist ja inzwischen längst nicht nur bei Gläubigen konfessionsverbindender Ehen der Fall.

---

[139] Göpfert, Claus-Jürgen, Für eine Kirche ohne Angst. Joachim Valentin. Der Direktor des Hauses am Dom in Frankfurt kämpft energisch für Wandel und Öffnung des Katholizismus, in: Frankfurter Rundschau, 18.2.2019, Nr.41, Seite F10 / F11.

[140] Geyer, Christian, Ehen in Gefahr? Die Papsttreuen rufen den Kommunions-Notstand aus, in: Frankfurter Allgemeine Zeitung, 6.4.2018, Nr. 80, Seite 9.

[141] „Sprecht mit dem Herrn und geht weiter, Papst Franziskus zum Abendmahl in evangelisch-katholischen Ehen, in: KANN-ÖKI 47 (17.11.2015), Dokumenta-

Die Frage gemeinsamer Eucharistie- und Abendmahlfeiern hat in den Kirchen schon eine lange Geschichte. In der Würzburger Synode wurde (1971-1975) wurden die Kirchenleitungen aufgefordert, gemeinsame Abendmahls- und Eucharistiefeiern zuzulassen. Ich erinnere ferner an das Straßburger Modell von Bischof Elchinger im Jahr 1972. „Er ließ konfessionsverschiedene Ehepaare im Sinne einer eucharistischen Gastfreundschaft, d.h. einer offenen Kommunion zu. Er argumentierte: 1. Die Eucharistie ist für alle da, da Jesus Christus die getrennten Menschen vereinigt, und 2. Auch die anderen Christen gehören zum Leib Christi und haben Anteil an ihm."[142] Auf dem Evangelisch-Katholischen Studententag in Göttingen im Jahr 1965 bezeichnete Studentenpfarrer Kratz die Spaltung der Christenheit, die insbesondere in den getrennten Eucharistiefeiern sichtbar werde, als skandalös und sagte in seiner Predigt: „Solange die Christen sich nicht entschließen können, gemeinsam Leib und Blut, Leben und Sterben ihres Herrn zu empfangen, bleibt der Verdacht bestehen, dass sie ihren Herrn wirklich zu empfangen noch nicht bereit sind."[143]

Ich frage mich, ob unsere Bischöfe realisieren, dass Jesus Christus derjenige ist, der zum Mahl einlädt. Jesus Christus hat sich mit allen Menschen an den Tisch gesetzt, nicht nur mit seinen Freundinnen und Freunden sondern auch mit Zöllnern und Sündern. Inklusion nicht Ex-

---

tion X. hier zitiert nach: Orientierungshilfe der DBK „Mit Christus gehen – Der Einheit auf der Spur. Konfessionsverbindende Ehen und gemeinsame Teilnahme an der Eucharistie, 20.2. 2018, Seite 8.

[142] Hasenhüttl, Gotthold, Versöhnung statt Spaltung. Überlegungen zu Ökumene und Abendmahlsgemeinschaft, in: Theorie und Praxis, Die Zeitschrift Evangelischer Pfarrerinnen und Pfarrer, Heft 10 / 2013 / 113.Jg., Seite 567-572, hier: 568 f..

[143] Schmitter, Jürgen, Analyse der Hochschule: Meldungen aus der katholischen Welt. Aus dem deutschen Sprachgebiet, in: Herder Korrespondenz, Freiburg, Dezember 1965; hier zitiert nach: Hoffmann, Johannes / Klicker, Jochen, Studieren ist anders. Arbeitsbuch des Evangelisch- Katholischen Sudententages Göttingen 1985, Seite 160.

klusion war das Interesse von Jesus. Können Bischöfe getauften Christen, die der Einladung Jesu folgen wollen, die Teilnahme überhaupt verbieten. Das übersteigt ihre Kompetenz.

„Das ‚letzte Abendmahl' von Jesus mit seinen Lieben war der Höhepunkt aller Mahlgemeinschaften, die er während seiner Lebenszeit gehalten hatte, um so seine Solidarität mit allen Marginalisierten zu zeigen und ein Zeichen des kommenden messianischen Reiches zu geben.... So ist die prophetisch-symbolische Geste des Abendmahles sowohl ein Geschenk an die Menschheit als auch ein herausfordernder Ruf, die menschlichen und kosmischen Beziehungen vom Tod zum Leben zu verwandeln, von der Ungerechtigkeit zur Gerechtigkeit."[144]

Es ist unerlässlich, über die „Verbindung von Glaube und Macht" nachzudenken, die „Strukturen der Männerbünde, die sich nach außen abschotten", transparent zu machen und die „falschen Vorstellungen von Heiligkeit"[145] deutlich aufzuzeigen. Nach Dietmar Mieth „machen kirchliche Obere vielleicht ihr Gewissen geltend, wenn sie sich auf feste Normen berufen, die sie nicht an Veränderungen des moralischen Bewusstseins überprüfen wollen."[146] Ich kann mir nicht vorstellen, dass durch das Verhalten der Woelki-Gruppe unter den Bischöfen die Identifikation junger Menschen mit der katholischen Kirche gefördert wird. Doch genau darum müsste es gehen, damit Menschen in unserer Gesellschaft Mut gemacht wird, kreativ eine christliche Identität auszuprägen und in Kirche und Gesellschaft zu leben.

---

[144] Fernandes, John, Ungebahnte Wege. Theologische Reflexionen als Zeitzeugnis: An der Peripherie leben, Grenzen überschreiben, Brücken bauen. Narrative Missiologie, Berlin 2018, Seite 297 f.

[145] Drobinski, Matthias, Katholische Kirche. Am Abgrund, in Südd.Ztg., 19./20./21. Mai 2018, Seite 10.

[146] Mieth, Dietmar, Gewissen, in: Büchner, Christine / Spallek, Gerrit, HG., Auf den Punkt gebracht. Grundbegriffe der Theologie, Ostfildern 2.Aufl. 2018, Seite 77

Zum gegenwärtigen Konflikt in der Bischofskonferenz über die Kommunionfrage gefragt, sagt der Dogmatiker Prof. Dr. Michael Seewald: „Diese ärgerliche Geschichte hat drei Ebenen: Die Sachebene, die Kompetenz- und die Machtebene. In der Sache geht es um eine Klärung, wer unter welchen Umständen zur Kommunion gehen darf. Da hinein spielt zweitens das Problem: Wer soll das entscheiden dürfen? Der Papst, die nationalen Bischofskonferenzen, der einzelne Bischof oder gar das Gewissen der Betroffenen? Drittens stellt sich eine Machtfrage, in der es um Kontrolle und Kontrollverlust geht. Was bei dieser Problemmixtur herauskommt, ist ein ziemlich explosives Gemisch. Es gibt durchaus Lösungen, die ganz auf der Linie klassischer Dogmatik liegen. Zur Kirche gehört nicht nur, wer im konfessionellen Sinne katholisch ist, sondern jeder Getaufte. Evangelische Christen sind mit den katholischen, Teil der einen Kirche. Das Zweite Vatikanische Konzil ist da ganz klar. Das Problem ist nun, dass Katholiken und Protestanten nicht in ‚voller‘ Kirchengemeinschaft stehen, weil es weiterhin Lehrdifferenzen gibt. Bei konfessionsverschiedenen Ehen, und nur um die geht es ja in dem aktuellen Streit, werden die evangelischen Partner aber zu sakramentalen Akteuren innerhalb der katholischen Kirche. Sie spenden ihren katholischen Partnerinnen oder Partnern ein Sakrament, bemühen sich mit ihnen womöglich um eine christliche Erziehung ihrer Kinder und bilden so, wieder im Sprachgebrauch des Konzils eine Hauskirche. Die Bindung eines evangelischen Christen an die katholische Kirche kann in einem solchen Fall enger werden als die der meisten Katholiken. Was will man mehr?"[147] Die Kirche würde als „gottmenschliches Heilszeichen" in der Welt gewinnen, „wenn sie den Menschen nicht nur theoretisch, sondern auch praktisch zubilligte, aus der Gewissensverantwortung in Glaubens- und Sittensachen mitzudenken, mitzureden, mitzu-

---

[147] Seewald, Michael, Kritische Kinder der katholischen Kirche werden verketzert, im Interview mit Joachim Frank, in: Frankfurter Rundschau, 18.6.2018, Nr. 138, Seite 20, Feuilleton.

handeln."[148] In Evangelii Gaudium macht Franziskus darauf aufmerksam, dass „in allen Getauften, vom ersten bis zum letzten, die heiligende Kraft des Geistes, die zur Evangelisierung drängt, wirkt. Das Volk Gottes ist heilig in Entsprechung zu dieser Salbung, die es ‚in credendo' unfehlbar macht. Das bedeutet, dass es, wenn es glaubt, sich nicht irrt, auch wenn es keine Worte findet, um seinen Glauben auszudrücken. Der Geist leitet es in der Wahrheit und führt es zum Heil."[149] Damit haben wir einen Hinweis auf die Frage, wer im Besitz der Wahrheit ist. ‚Die Wahrheit hat recht' „besagt"-nach dem Verfassungsrechtler Ernst-Wolfgang Böckenförde- „daher konkret und in Anwendung auf die Ordnung des menschlichen Zusammenlebens betrachtet: nur die Kirche als die Instanz, die konkret über die Wahrheit entscheidet, und diejenigen, die ihr angehören, haben recht. Das aber ist keine Rechtstheorie mehr, sondern eine Machttheorie zur Begründung kirchlicher Ansprüche, und sie ist prinzipiell sozial unverträglich."[150] Mit der Absolutsetzung und Durchsetzung „ihrer Wahrheit" hat Kirche bei den Menschen schon viel Unheil angerichtet. Es gibt zu denken, wenn -wie bei der Kündigung des Chefarztes eines Caritas-Krankenhauses deutlich wurde-das Bundesarbeitsgericht die „auftrumpfende Selbstgerechtigkeit"[151] der kirchlicher Obrigkeit im Umgang mit dem kirchlichen Arbeitsrecht in Deutschland, das der Kirche im deutschen Staatskirchenrecht zugestanden ist, durch ein Urteil in die Schranken weisen muss. Heribert Prantl schreibt dazu in der Süddeutschen Zeitung: „Die Moral- und Sittenlehre der katholischen Kirche war und ist gespalten. Wenn es um das Verhalten von Laien geht, zumal der Laien, die in kirchlichen Einrichtungen

---

[148] Mieth, Dietmar, a.a.O., Seite 79.

[149] EG, Nr.119.

[150] Böckenförde, Ernst-Wolfgang, Religionsfreiheit als Aufgabe der Christen. Gedanken eines Juristen zu den Diskussionen auf dem Zweiten Vatikanischen Konzil; in: Kontexte, Band 1, Stuttgart 1965, Seiten 59-67, hier: Seite 64.

[151] Prantl, Heribert, Katholische Kirche. Recht und Doppelmoral, in Südd.Ztg.,21.2.2019, Nr. 44, Seite 4.

arbeiten, ist die Kirche von gnadenloser Strenge.... Wenn es aber um das Verhalten ihrer Priester geht, ist die Kirche von erschreckender, ja unverschämter Nachsicht: Deren sexuell Gewalttaten wurden jahrzehntelang flächendeckend und global vertuscht und verharmlost, die Opfer abgewimmelt."[152]

In beschämender Weise zeigt sich der Umgang mit Wahrheit der Bischofskonferenz mit dem Missbrauchsskandal in der katholischen Kirche in Deutschland. Christian Geyer hat in der Frankfurter Allgemeinen Zeitung dafür die richtigen Worte gefunden.[153] Die von den Bischöfen beauftragten Forscher weisen auf die methodischen Probleme hin. So habe die Bereitschaft zur Kooperation von Diözese zu Diözese erheblich variiert. Nach Christian Geyer: „Der kirchliche Apparat behält sich das letzte Wort vor, von der Durchsicht der Archive bis zur Schlussredaktion der Studienergebnisse.... Die Vertuschung dieser Vorgänge geht durch ihre propagierte Aufklärung nur in eine neue Runde."[154] Ich stimme dem Theologen Magnus Striet von der Freiburger Universität zu, wenn er feststellt: „Denn klar ist, nach diesem Jahr, dass Bischöfe doch zunächst einmal mit einer Institution identifiziert werden, die es nicht geschafft hat, von innen heraus, Aufklärung zu betreiben."[155]

In der letzten Sitzung der Vollversammlung des Zentralkomitees der deutschen Katholiken (ZdK) im Jahr 2018 ist den Mitgliedern der Kragen geplatzt. Zwei Äußerungen von Mitgliedern, die in der FAZ wiedergegeben wurden, können den Zorn und die Stimmung andeuten, die in der Sitzung zum Ausdruck kam. Wolfgang Thierse: „wer soll euch jemals noch ein Wort glauben, wenn ihr jetzt nicht die richtigen Konse-

---

[152] Ders., ebd.

[153] Geyer, Christian, Wider den Größenwahn. Mit Fakten irreführen: Statistiken über sexuellen Missbrauch in der katholischen Kirche verschleiern die persönlichen Verantwortlichen, in FAZ, 24.9.2018, Nr.222, Seite 9.

[154] Ders., ebd.

[155] Magnus Striet im Gespräch mit Christiane Florin, in: Deutschlandfunk, Sendung „Tag für Tag", am 28.12.2018.

quenzen zieht?" und Klaus Mertes, der ehemalige Rektor des Canisius Kollegs in Berlin, erklärt „Monarchische Strukturen sind nicht geeignet zu Selbstaufklärung und -korrektur."[156] Beide Äußerungen wurden mit großen Beifall der Versammlung bestätigt.

Inzwischen hat sich die DBK in einer „Orientierungshilfe"[157] zum Kommunionstreit geäußert. Schon das Wort „Konfessionsverbindende Ehen" statt wie bisher konfessionsverschiedene Ehen ist erfreulich und wirkt auf Leser sehr positiv. Im Ergebnis gehen die Überlegungen der DBK davon aus, dass die gemeinsame Teilnahme von Gläubigen in konfessionsverbindenden Ehen an der Eucharistie unter bestimmten Bedingungen möglich ist. Fakt ist aber auch, dass Christen unabhängig von den durch die Orientierungshilfe angeführten Bedingungen bei entsprechenden Gelegenheiten Interkommunion praktiziert haben. Insofern könnte man den Eindruck gewinnen, dass diese Orientierungshilfe eher als Trost für die Bischöfe und Kleriker hilfreich ist, die eine dogmatische Gegenposition vertreten, weil sie die kulturell bedingte Bewusstseinsänderung von Gläubigen nicht sehen wollen.

Das Gewicht der faktisch gelebten Überzeugung von Gläubigen

Der faktisch mehrheitlich gelebte Glaube von Christen, die sich in ihrem Handeln auf das Evangelium und die Botschaft Jesu beziehen, hat

---

[156] Deckers, Daniel, Verdunstete Hoffnung, dass es einmal besser wird. Beim Treffen der katholischen Laien bricht sich Unzufriedenheit mit den Bischöfen Bahn, in: FAZ, 24-11-2018, Nr. 274, Seite 2 . vgl. auch Ders., Katholische Laien sehen ihre Kirche in Gefahr. ZdK: Aufarbeitung des Missbrauchsskandals entscheidend / Kritik an Machstrukturen. In: FAZ 24-11-2018, Seite 1. Und vgl auch: Ders., Und die Bischöfe ?, in FAZ, 14-11-2018, Seite 10.

[157]: Orientierungshilfe der DBK „Mit Christus gehen – Der Einheit auf der Spur. Konfessionsverbindende Ehen und gemeinsame Teilnahme an der Eucharistie, 20.2. 2018, Seite 8.

meines Erachtens größeres Gewicht als Verbote einiger Bischöfe. Diese haben aus der Wirkungslosigkeit z.B. der Enzyklika humane vitae noch nichts gelernt.[158] Hier wurden die lehramtlichen Forderungen des Papstes durch die faktisch gelebte Überzeugung praktizierender Katholiken mit überwältigender Mehrheit abgelehnt. Als dogmatisch versierte Bischöfe werden diese sicher auch wissen, dass die Gläubigen in ihrer Gesamtheit eine Bedeutung für die Inhalte des Glaubens haben. Den sensus fidelium haben auch Bischöfe zu respektieren. Das war -wie die Reaktion der Gläubigen auf humanae vitae zeigt-, und ist nicht folgenlos für das Vertrauen in die Kompetenz des kirchlichen Lehramtes. Wollen Kardinal Woelki und seine konservativen Mitbrüder im Amt das noch einmal provozieren und für eine noch stärkere Entfremdung zwischen Hierarchen und Basis verantwortlich sein, als es jetzt bereits durch die Finanz- und Missbrauchsskandale der Fall ist? „Die Kirche muss sich dem Thema Machtmissbrauch stellen". Es geht „um die Frage: Wer hat die Macht und wer kontrolliert die Macht."[159] In der Gestaltung eines Lebens in der Nachfolge Jesu sind alle Gläubigen in ihrem Gewissen herausgefordert und in der Taufe dazu berufen und mit Chrisam gesalbt, teilzuhaben am Priesteramt, Hirtenamt und Prophetenamt Christi.

Doch nicht nur im Zuge des Umgangs praktizierender Katholiken mit der Enzyklika Humanae Vitae (1968) zeigte sich der sensus fidelium. 1965 fand in Göttingen der erste Evangelisch-Katholische Studententag statt. Von der Katholischen Deutschen Studenteneinigung (KDSE) in Bonn und der Evangelischen Studentengemeinde in Deutschland (ESGiD), in Stuttgart wurde der Studententag gemeinsam vorberei-

---

[158]Hoffmann, Johannes, Praktizierende Katholiken zwischen Kirche und Gesellschaft. Ein Beitrag zu Problemen der Moralverkündigung, Düsseldorf 1973.

[159] Göpfert, Claus-Jürgen, Für eine Kirche ohne Angst. Joachim Valentin. Der Direktor des Hauses am Dom in Frankfurt kämpft energisch für Wandel und Öffnung des Katholizismus, in: Frankfurter Rundschau, 18.2.2019, Nr.41, Seite F10 / F11.

tet.[160] Unter dem Motto „Studieren ist anders" wurde die Frage diskutiert „Wir leben von den Spezialisten, aber wir sterben an ihren Monologen". Das Arbeitsbuch des Evangelisch-Katholischen Studententages vermittelt einen guten Einblick in die wissenschaftlichen Diskussionen und Überlegungen. Darüber hinaus zeitigte die Begegnung der Studierenden ein Bewusstsein für eine gemeinsame Gottesdienstpraxis. Ein Journalist hat dies meiner Meinung gut auf den Punkt gebracht, wenn er schrieb: „Der Evangelisch-Katholische Studententag ist an jene Front gelangt, an der sich die Selbstbestimmung der Christen heute vollziehen muss."[161] Die Position des Journalisten bezog sich besonders auf die Tatsache, dass die evangelischen Teilnehmer an der Eucharistiefeier teilnahmen und zur Kommunion gingen und auch die katholischen Teilnehmer am Abendmahl teilnahmen. Das hat den für die KDSE damals zuständigen Kardinal Lorenz Jäger sehr erregt. Für die Studierenden war das selbstverständlich. Die gemeinsame Arbeit für ein ganzheitliches Konzept von Wissenschaft und Forschung im Interesse der Bewahrung der Schöpfung hatte bei den Teilnehmern Beziehungen bewirkt, die ein neues Verständnis einer Kirche von Christen schufen, das ganz im Sinne der Botschaft Jesu mit großer Selbstverständlichkeit auch in gemeinsamem Dankgebet und an der gemeinsamen Abendmahl- und Eucharistiefeier ihren Ausdruck fand. Dogmatische Spitzfindigkeiten hatten hier keinen Platz. Dieser Erfahrungs- und Bewusstseinsprozess hat Schule gemacht und kann nicht mehr rückgängig gemacht werden.

---

[160] Federführend war Johannes Hoffmann, von 1964 – 1966 als Bildungsreferent der KDSE für die Vorbereitung und Durchführung zuständig.

[161] Klicker. Jochen R. / Hoffmann, Johannes, HG., Studieren ist anders. Arbeitsbuch des Evangelisch-Katholischen Studententages in Göttingen 1965, Bonn 1966, Seite 5.

Ein Blick in die geschichtliche Entwicklung

Wenn man sich die theologische und die pastorale Entwicklung z.B. des Verständnisses von Messe und Eucharistie anschaut, kann man beobachten, dass es im Laufe der Kirchengeschichte immer Anpassungen gegeben hat. In der Urkirche nannte man die Messe „Herrenmahl" und sprach vom „Brotbrechen" (1Kor 11,20). Und es gab auch unterschiedliche Entwicklungen im Orient und im Okzident etc. Im Laufe des ausgehenden Altertums setzte sich die römische Form mehr und mehr durch und erfuhr eine entscheidende Fixierung, „als Karl d. Gr. das um 785 aus Rom erlangte gregorianische Sakramentar in Aachen als verpflichtendes Musterexemplar auflegte."[162] Über weitere Stationen kam es unter Pius V. zu einer vom Tridentinum empfohlene Fassung. Doch blieb die Messe, was sie im Mittelalter geworden war: Klerusliturgie."[163] In diesen Messen beteten die Gläubigen den Rosenkranz, waren also in das Messgeschehen überhaupt nicht eingebunden, eigentlich völlig unbeteiligt.

Zu Beginn des 20. Jahrhunderts brachte die Liturgische Bewegung Impulse für eine stärkere Beteiligung durch die Gläubigen in den Formen der sogenannten ‚Gemeinschaftsmesse', der ‚Betsingmesse' und des ‚Deutschen Hochamtes'. Schließlich ergab sich durch das II.Vatikanische Konzil die Einführung der Muttersprache statt des obligatorisch Lateinischen. Das damit gegebene Verständnis ermunterte die Gläubigen zu Entwicklungen einer stärkeren Beteiligung, wie wir das beim Evangelisch Katholischen Studententag in Göttingen erlebt haben. Die Unzufriedenheit mit der starken Kleruszentriertheit der Liturgie ermutigte zu Versuchen und Experimenten, der Erzählung vom Abendmahl andere Ausdrucksformen zu verleihen. Auch in dieser Sache wird

---

[162] Lexikon für Theologie und Kirche, 7. Band, 2. völlig neu bearbeitete Auflage, Freiburg 1962, Spalte 324 f..

[163] Ebd., Spalte 326.

deutlich, dass die Mehrheit der Bischöfe völlig allein entscheiden und die Mitbestimmung von Laien überhaupt nicht mehr berücksichtigen.

Die Entfremdung vieler junger Menschen von der Kirche nach der Erstkommunion und ganz besonders nach der Firmung hat auch eine Ursache darin, dass eine aktive Beteiligung und Mitbestimmung über alternative Formen der Ausgestaltung der Form der Erzählung vom Abendmahl nicht erfolgt. Thomas Frings macht das aus seiner dreißigjährigen Erfahrung in verschiedenen Gemeinden als priesterlicher Begleiter der Kommunionvorbereitung[164] und erst bei der Firmvorbereitung[165] deutlich. „Das Ziel der Firmvorbereitung ist," nach Ansicht von Frings- „nicht die Hinführung zur Teilnahme an der Sonntagsmesse. Aber mit kreativen Ideen, guten Katecheten und Nervenstärke, jungen Menschen in einer schwierigen Phase ihres Lebens eine Orientierung zu geben aus dem Evangelium und dem Leben der Kirche, das ist eine herausfordernde und zutiefst sinnvolle Aufgabe."[166]

Das wird in einer Studie der Universität Tübingen mit dem Titel: „Religion nein – Glaube ja" im Grunde bestätigt. So sagen z.B. „52 Prozent, dass sie an Gott glauben,… 22 Prozent bezeichnen sich als ‚religiös', …rund 70 Prozent der jungen Leute haben Interesse an Sinnfragen, während nur 8 Prozent der Ansicht sind, es lohne sich nicht, über ein Leben nach dem Tod nachzudenken." Im Rahmen der Studie wurden von einem Team um den evangelischen Theologen Friedrich Schweitzer und den katholischen Theologen Reinhold Boschki 7.000 Menschen zwischen 16 und 24 Jahren in Baden-Württemberg mehrfach befragt.[167] Diese Entwicklung bei jungen Menschen zeichnete sich in der katholischen Kirche seit der Zeit des II. Vatikanischen Konzils ab. In der Diö-

---

[164] Frings, Thomas, Aus, Amen, Ende? So kann ich nicht mehr Pfarrer sein, Freiburg 2017, Seiten 82-92.

[165] Ders., ebd., Seiten 93-96.

[166] Ders., ebd., Seite 93.

[167] Quelle: Evangelischer Pressdienst (epd), 15. 04. 2018 / Gesellschaft.

zese Limburg gab es im Jahr 2017 gemessen an der Mitgliederzahl nur noch 9,5 Prozent, die zum Gottesdienst kamen.[168]

Die Geschichte der Kirche zeigt doch, dass es immer wieder liturgische Veränderungen gegeben hat, die auf die gesellschaftlichen und kulturellen Bewusstseinsänderungen reagiert haben. Heute sind wir in einer Situation, in der die priesterzentrierte Form und häufig als die magisch empfundene Form der Messe nicht mehr als angemessene Form der Erzählung vom Abendmahl wahrgenommen wird. Das sollte geändert werden. In der frühen Kirche sah das ganz anders aus, wie Paul Hoffman anhand seiner Forschungen aufzeigt. „Die christlichen Gemeinden verstehen sich, als eine tempel-, priester- und altarlose Gemeinde"[169] natürlich in Absetzung zur Synagoge. Und Paul Hoffmann fährt fort: „Vom Testfall Eucharistiefeier her formuliert: Nirgendwo wird erkennbar, dass ihre Leitung schon einem spezifischen Geist- oder gar Amtsträger vorbehalten gewesen wäre, es dazu einer besonderen Weihe bedurft hätte. 1 Kor 10,16 bezieht Paulus die ganze Gemeinde in das ‚wir' ein, wenn er vom ‚Becher, den wir segnen', vom ‚Brot, das wir brechen' spricht."[170] In der Taufliturgie ist nach meiner Sicht dieses Verständnis rudimentär erhalten geblieben, dass alle Getauften Anteil am Königtum, Priestertum und Hirtenamt Christi zugesprochen wird. Im 1. Petrusbrief heißt es im 2. Kapitel Vers 5: „Auch Ihr selbst, wie lebendige Steine- aufbauen lasst euch zu einem geistigen Haus, zu einer heiligen Priesterschaft, um geistige, Gott willkommene Opfer durch Jesus den Messias darzubringen."[171] Abschließend Paul Hoffmann: „Der wahre Gottesdienst wird nicht in heiligen Bezirken durch ein dafür ausgesondertes Kultpersonal mittels Opferritualen vollzogen, sondern in dem

---

[168] Bistum Limburg, Jahresbericht 2017, September 2018, Seite 126 f.

[169] Hoffmann, Paul, Jesus von Nazareth und die Kirche. Spurensicherung im Neuen Testament, Stuttgart 2009, Seite 140.

[170] Hoffmann, Paul, ebd.

[171] Zitiert nach: Das Neue Testament, übersetzt von Fridolin Stier, München 1989, Seite 503.

von Glaube und Liebe bestimmten Leben aller Christen in der Profanität der Welt. Aus dem Neuen Testament ist daher ein ‚Amtspriestertum‘ nicht ableitbar. Die Anfänge für ein sacerdotales Amtsverständnis lassen sich erst im dritten Jahrhundert beobachten.... Insofern ist diese Verfassungsform der römischen Kirche weder göttlichen Rechtes noch unabänderlich, sie ist vielmehr Produkt einer höchst komplexen geschichtlichen Entwicklung, die von soziokulturellen Kompromissen -etwa dem Patriarchalismus und Androzentrismus der antiken Gesellschaft – und bestimmten historischen Konstellationen abhängig war."[172] Darum ist es sehr hilfreich, dass Papst Franziskus nicht gleich den Hardlinern Recht gibt und alles dogmatisch festschreibt, sondern Spielräume für Diskussion, Neuorientierung und Experiment lässt. Kirche wird dadurch wieder geöffnet, wie das II. Vatikanische Konzil es wollte. Da schon gleich das Gespenst Spaltung an die Wand zu malen, ist der Sache unangemessen. Kirche „dümpelt nicht unentschlossen vor sich hin."[173] Ganz im Gegenteil bedeutet Öffnung für ein Engagement vieler Christen, in vielfältiger Weise für die Weitergabe der Botschaft Jesu Christi in einer pluralen Gesellschaft Zeugnis abzulegen. Es ermuntert dazu, zu experimentieren, Versuche der Verkündigung zu gehen, die anziehend wirken. Wem die Weitergabe der Botschaft Jesu in der Moderne ein Anliegen ist und wer erkennt, dass eine bestimmte Form von Kirche und Eucharistiefeier hinderlich ist, wird sich auf eine Pluralität von Formen einlassen können. Angesichts der Probleme, mit denen die Gesellschaften in der Welt konfrontiert sind, ist es uns nicht erlaubt, einfach den Status quo für unveränderbar zu halten. Leider ist das aufgrund des Klerus zentrierten Eucharistieverständnisses nur schwer zu ändern. Aber dagegen müssen wir um der Weitervermittlung von Abendmahl und Eucharistie argu-

---

[172] Hoffmann, Paul, a.a.O., Seite 142.
[173] Schrom, Michael, Gefährlicher Schlingerkurs. Reformen verursachen oft Spaltungen. Das muss Franziskus in Kauf nehmen und Führungsstärke zeigen, in: Publik-Forum Nr. 17, 2018, Seite 10.

mentieren. Hinzu kommt noch das von Hans Urs von Balthasar enggeführte und auch Klerus zentrierte Verständnis.[174] Damit kann sich vermutlich kein Jugendlicher oder einfacher Christ, der in der Kirche eine Gemeinschaft sucht, die sich an der Botschaft Jesu orientiert, irgendetwas anfangen.

Christliche Gemeinden werden sich der Weitergabe der Botschaft Jesu neu stellen. Sie wollen ihre Sinne für den Geist Gottes öffnen, die Zeichen der Zeit zu erkennen und in gegenseitigem Respekt in Solidarität in der Kultur der Moderne zu leben versuchen. 1 Kor. 12 bietet treffliche Hinweise, wie das auf den Weg gebracht werden kann. Es ist ein Trugschluss, wenn die Hierarchen sich die Zukunft der Kirche als eine Durchrationalisierung des ‚wie es immer war' planen. Die fortgesetzten Austritte aus der Kirche belegen das Gegenteil.[175] Christen wollen nicht mehr nur stumme Elemente kirchlicher Buchführung sein. Das ist unter ihrer Würde als gläubige Frauen und Männer. Sie wollen keine unmündigen Opfer hierarchisch-klerikaler Verordnungen und institutioneller Verkrustungen sein, sondern auf Augenhöhe mit den Bischöfen und Pfarrern mitentscheiden.

Sensible Seelsorger haben auf die Bewusstseinsänderungen immer schon reagiert und sich mit den jungen Menschen auf liturgische Experimente eingelassen. Einer davon war Pfarrer Harry Haas aus Holland. Auch hier gilt es, darauf zu achten, inwieweit liturgische Formen in einer von Pluralität geprägten Gesellschaft für die Lebensorientierung und Lebensgestaltung von Menschen erfahrbar sind. Sie suchen im Gottesdienst eine Kommunikation, die ihnen dabei hilft, ihre Probleme zu verstehen. Sie wollen Anhaltspunkte finden, um sich in pluraler und volatil verändernder Komplexität zurechtzufinden. Unter der Überschrift

---

[174] Vgl. die Arbeit vom Limburger Bischof: Bätzing, Georg, Die Eucharistie als Opfer der Kirche nach Hans Urs von Balthasar, Einsiedeln 1986.

[175] Vgl. Gronemeyer, Marianne, Die Grenze. Was uns verbindet, indem es trennt. Nachdenken über ein Paradox der Moderne, München 2018, Seite 191.

„Auf dem Weg zur Entscheidungsgemeinde" gibt Thomas Frings gute Impulse für eine den Bewusstseinslagen von Christen in der Gegenwart ausgerichtete Gemeindeentwicklung.[176] In seinem Vortrag beim Tag der Priester und Diakone im Bistum Limburg verwies Bischof Bätzing auf das Beispiel von Thomas Frings und sagte: „Für mich ist das ein Zeichen...Er wirft nicht einfach die Brocken hin und klinkt sich aus. Das macht für mich seine schonungslose und mit vielen Beispielen illustrierte Beschreibung der kirchlichen Situation in den Pfarreien und in der Gemeindeseelsorge noch relevanter."[177] In den ersten beiden Heften der Zeitschrift „NETZ – Neue Wege im Bistum Limburg"[178] habe ich über die Überlegungen, Ideen und Vorschläge von Thomas Frings keinen Hinweis gefunden.

Liturgische Experimente im Reallabor Kirche

Harry Haas, ein Priester aus Holland habe ich als Pionier bei der Vermittlung liturgischer Formen mit Studierenden aus allen möglichen Ländern, die in Deutschland studierten, erlebt. Als Seelsorger indonesischer Studenten/innen in den Niederlanden (1952-1957), afrikanischer und asiatischer Studenten/innen in der Bundesrepublik (1957-1958) und ab 1963 wiederum als Seelsorger für ausländische Studenten/innen bei der Katholischen Deutschen Studeneinigung (KDSE) war Harry Haas tätig, -und wie er schreibt-, hatte er sein „ganzes Leben als Priester mit der Frage der ‚Anpassung' der Liturgie an nicht-westliche Situationen gerungen. Erst nach meiner Rückkehr aus Asien nach Europa im Jahr

---

[176] Frings, Thomas, a.a.O., Seiten 145-170.

[177] Bätzing, Georg, Kundschafter des Übergangs. Priestersein in anfordernden Zeiten, Vortrag beim Tag der Priester und Diakone im Bistum Limburg, 18. September 2017, Seite 3.

[178] Netz, Hrsg., Bistum Limburg, Bischöfliches Ordinariat Limburg, Informations- und Öffentlichkeitsarbeit, Ausgabe 2 (Dezember 2018), Auflage 8000 Stück. Netz erscheint zweimal im Jahr.

1963 war mir klar geworden, dass auch die hier im Westen gewachsene katholische Liturgie sehr einseitig, ja in mancher Hinsicht verfremdend praktiziert wird. Die internationale Atmosphäre, in der ich mich bewegte, und die ‚Kaderbildung‘, mit der ich mich vorzugsweise beschäftigte, zwangen mich, eine systematische Auseinandersetzung mit diesem Problem anzustreben.“[179] Als Ergebnis seiner Begegnungen mit ganz unterschiedlichen konfessions- und religionsverschiedenen Studierenden, reflektierte er seine bisherige Seelsorgspraxis und begann, in Kommunikation mit den Studierenden liturgische Experimente zu entwickeln. In dieser Zeit war ich ebenfalls bei der KDSE als Bildungsreferent tätig und habe sowohl bei manchen dieser Experimente teilhaben können und auch selbst bei der Haustaufe eines unserer Söhne im Kreise der Verwandten mitgewirkt. Wie aus seinem Bericht über die Haustaufe zu entnehmen ist, war diese Taufe eine sehr intensive liturgische Erfahrung. [180] Nach Harry Haas „bietet die gut erforschte liturgische Tradition den Gelehrten wenig Material für eine ‚demokratische‘ Bewegung in der Liturgie. Auch der übliche kirchliche Stil bietet dafür verhältnismäßig wenig Ausgangs- und Anknüpfungspunkte. Und schließlich: Die Demokratisierung der Gesellschaft schreitet zwar verhältnismäßig schnell voran, die praktizierenden Christen aber neigen dazu, den liturgischen Bereich doch auszuklammern.“[181] Im Resumé über seine Erfahrungen mit liturgischen Experimenten hebt Haas hervor: „Es ist wiederholt festgestellt worden, dass das, was man allgemein ‚Liturgieerneuerung‘ nennt, nicht viel mehr als eine Restauration des Bestehenden ist.... Die reizvolle Aufgabe, Liturgie aus den verschiedenen Kulturen, Subkulturen und Situationen hervorwachsen zu lassen, müsste erst in Angriff

---

[179] Haas, Harry, In seinem Namen versammelt. Erlebnisberichte lebendiger Liturgie, Graz/Wien/Köln, 1972, Seite 8.

[180] Ders., ebd., Seiten 58-60 (Haustaufe in Bayern).

[181] Ders. Ebd., Seite 10f..

genommen werden."[182] Haas beklagt: „Infolge der Versteinerung der liturgischen Formen ist die schöpferische Kraft des Volkes Gottes unterentwickelt geblieben...Die Aufrufe der kirchlichen Behörde, eine zeitgemäße, lebendige Liturgie zu schaffen, haben mehr Kommissionen als schöpferische Entwicklung ins Leben gerufen."[183] Insofern plädiert er schließlich dafür, dass mehr Eigenständigkeit bei denen angesiedelt sein muss, die sich zu einer liturgischen Feier zusammenfinden, dass mehr Gruppen- und Hausliturgieen gefeiert werden sollten, weil „dort die eigentliche Vitalität des liturgischen Lebens der Gesamtkirche liegt."[184] Es bedarf der Offenheit gegenüber den Teilnehmenden, die ja aus Menschen christlicher und auch nicht christlicher Prägung bestehen und diese entsprechend würdigen. Die Entfremdung vieler junger Menschen von der Liturgie einer Messe und ihrer Sprache sollte / müsste eigentlich dazu anregen, sich auf liturgische Experimente einzulassen, neue Gottesdienstformen entwickeln zu lassen, alternative Formen zur herkömmlichen Eucharistiefeier entwickeln und praktizieren zu lassen. Was wollen wir eigentlich vorrangig? Geht es uns mehr um die Beibehaltung der derzeitigen Strukturen von Kirche und der pfarrerzentrierten Liturgie oder um die Weitergabe der Botschaft Jesu. Wenn uns die Weitergabe der Botschaft Jesu das entscheidende Ziel ist, dann kann man auch in der Liturgie nicht beim derzeitigen Stand kirchlicher Lehre stehen bleiben, sondern muss sich aufs Experimentieren einlassen. Eine Transformation hin zu Gottesdienstgestaltungen, in denen die Lebensentwürfe, Lebenssituationen und Lebenserfahrungen der Menschen den Ausganspunkt für liturgische Gestaltung bilden und das christliche Narrativ eines Mahles erkennbar wird für die Erfahrung Gottes im Miteinander und in der Begegnung von Menschen, ist doch geboten. Harry Haas hat in seinem Buch über liturgische Experimente eine Fülle an Material zusammenge-

---

[182] Ders., ebd., Seite 159.
[183] Ders., ebd., Seite 163.
[184] Ders., ebd., Seite 173

tragen. In seinem Buch mit dem Titel „In seinem Namen versammelt" hat er unter den Überschriften „Mündig", „Im kleinen Kreis", „Politisch", „Asiatisch", „Ökumenisch", „Kultlos", „Wenn zwei sich die Hände reichen" über viele liturgische Experimente berichtet.

Natürlich hat er sich damit auch Anzeigen in Rom eingehandelt. Diese wurden an Kardinal Frings, Erzbischof der Diözese Köln, zur Prüfung weitergegeben. Wie mir Harry Haas nach dem Gespräch mit Kardinal Frings berichtete, hatte Frings dafür großes Verständnis gezeigt, ihn aufgefordert, in diesem Sinne weiter zu machen und vor ihm den Beschwerdebrief aus Rom zerrissen.[185]

Leider sind Entwicklungen in dieser Richtung seitens der katholischen Kirche nicht gefördert worden. Im Gegenteil: Die Erfahrungen, die ich aus den liturgischen Experimenten mitbekommen habe, machen mir deutlich, dass wir heute angesichts der durch die Zusammenlegung von Gemeinden und der damit wachsenden Anonymisierung nur durch eine Intensivierung der Beziehungen von Christen untereinander gemeinsames Leben in der Kirche bewirken können. Das Engagement der Christen für die Menschen und die Mitwelt muss mit ihrer Kirche in den liturgischen Formen erkennbar und erfahrbar sein. Wir müssen endlich begreifen, dass z.B. im Mittelalter entwickelte Liturgien heute vielen Gläubigen nicht mehr verständlich sind. Sie sind auch für viele Kirchgänger weder kognitiv noch emotional nachvollziehbar. Vor allem auch junge Menschen wollen ihren Glauben in Formen zum Ausdruck bringen, in denen sie mit Jesus und seiner Botschaft in Beziehung treten können. Der Kirche stehen besonders Jugendliche kritisch gegenüber. Sie wünschen sich „geistige und geistliche Freiheit, wollen diskutieren und selber entscheiden ... und die gehen, wenn ihnen etwas nicht

---

[185] Als ich das Buch seines Großneffen, Thomas Frings, a.a.O., las, hatte ich das Gefühl, dass er von der Parräsia seines Großonkels etwas geerbt haben muss.

passt".[186] Wir werden lernen, miteinander und mit allen Menschen guten Willens, mit denen wir vielleicht ganz zufällig zusammenkommen oder in kleinen Gruppen zusammenarbeiten, miteinander zu beten und Eucharistie zu feiern. Hier werden wir ganz neue und einladende Möglichkeiten zur Weitergabe der Botschaft in unseren Gesellschaften entdecken.

Priestermangel überwinden

Ergänzend möchte ich dazu noch mit einem Beispiel aus der eigenen Erfahrung erzählen und den Exkurs zum Thema Experiment und sensus fidelium abrunden. In den achziger Jahren habe ich mit Lehrerinnen eine Wochenendtagung zu einem moralpädagogischen Thema in einer diözesanen Bildungsstätte des Bistums Limburg mitgestaltet. Am Sonntag war eine Eucharistiefeier als Tischfeier mit einem Priester vorgesehen. Wir hatten die Eucharistiefeier inhaltlich gut vorbereitet und auf dem Tisch Kelch und Brotschale bereitgestellt. Unmittelbar vor Beginn der Eucharistiefeier wurde uns mitgeteilt, dass der Priester aus irgendeinem Grund nicht kommen könnte. So beschlossen wir, die Eucharistiefeier gemeinsam auch ohne Zelebranten zu feiern. Wir fühlten uns als getaufte Christen dazu ermächtigt. Darüber hinaus spürten wir den Drang, am Ende unserer gemeinsamen Arbeit Gott um die Kraft zur Realisierung unserer Ergebnisse zu bitten und in einer Eucharistiefeier darüber mit Christus zu kommunizieren. Da wir gemeinsam gut vorbereitet waren, war das für uns kein Problem. Den Einsetzungsbericht haben wir gemeinsam gesprochen und anschließend Kelch und Schale von einer zur anderen gegeben. Alle Mitfeiernden hatten die feste Überzeugung, dass jede/r ganz real Christus begegnet ist und sich jede/r mit ihm gewandelt und auf die Herausforderungen für die eigene Lebensgestaltung gestärkt erfuhr.

---

[186] Drobinski, Mathias, Die Bindung bröckelt. In: Südd. Ztg., 23.1.2019, Nr. 19, Seite 5.

Warum sollte eine solche religiöse und liturgische Experimentier-praxis nach gemeinsamer Arbeit in der ökumenischen Erwachsenenbil-dung, in der Arbeit von Diakonie und Caritas, in der Öffentlichkeitsar-beit, nach dem Engagement für ökologisches, soziales und kulturelles Gemeinwohl etc. etc. nicht möglich sein? Auf diese Weise entstehen Gemeinden von Christen, die in die Gesellschaft ausstrahlen und von ihr wahrgenommen werden. Menschen, die in diesem Engagement durch Kirche ermutigt und gefördert werden, werden dies auch im Rahmen der Kirche tun.

Wer an einer Entwicklung der Kirche interessiert ist, sollte nicht beim Managen des Status Quo stehen bleiben, sondern über Ermöglich-ungen nachdenken. Mit status quo Forderungen werden keine Ent-wicklungen angestoßen, die die notwendigen Änderungen herbeiführen. Die gegenwärtige Praxis der Bischöfe, immer mehr Ortsgemeinden zu großen Pfarreien zusammenzuschließen sind für die Entwicklung aktiver christlicher Gemeinden ganz und gar ungeeignet. Die Rahmenbedingun-gen sollten so geändert werden, dass sich sowohl die noch praktizieren-den Katholiken als auch die der Kirche Fernstehenden in ihrer Verant-wortung als auch in ihrer Kreativität für die Weitergabe der Botschaft herausgefordert fühlen.[187] Strukturen, die das ermöglichen, sind ange-sagt. Eine isolierte Fixierung auf die derzeitigen Strukturen, die starre Liturgie einer Messfeier und die im heutigen gesellschaftlich-kulturellen Kontext für vor allem junge Menschen befremdliche Sprache sind ur-sächlich dafür, dass auf die Kultur der Gesellschaft zu wenig Impulse im Sinne der Botschaft Christi ausgehen. Das ist ein großer Verlust für die Gesellschaft, weil dieser dadurch für die Wertentwicklung wichtige

---

[187] Vgl. dazu: Wilhelm Kempf, Für Euch und für alle. Brief des Bischofs von Limburg zur Fastenzeit 1981 an die Gemeinden des Bistums, besonders an ihre sogenannten Fernstehenden, in: Ders., Auf Dein Wort hin. Briefe des Bischofs von Limburg an die Gemeinden des Bistums zur österlichen Bußzeit 1972-1981, Limburg 1981, Seiten 169 – 267.

Impulse entgehen. Die Gesellschaft ist darauf angewiesen. Die Mitverantwortung für den Bestand und die Stärkung des kulturellen Ord-
nungswissens in unseren Gesellschaften ist von Christen und Institutionen wie der Kirche gefragt. Werte wie Wahrhaftigkeit, Vertrauen etc.
sind Voraussetzung wirtschaftlichen Handelns, die vom Wirtschaftssystem selbst nicht erzeugt, wohl aber beschädigt werden können.[188] Als
Konsequenz ergäbe sich für die deutsche katholische Kirche und für ihre
Gläubigen, der Praxis der gelebten Überzeugungen der Glaubenden
mehr Gewicht zu geben. Die Ermutigung zu neuen, den Herausforderungen angemessenen Experimenten ist Gebot der Stunde. So könnten
sich Reallabore, Experimentierräume spontan entwickeln, in denen
Leben aus dem Glauben heute angesichts der Pluralisierung des religiö-
sen Marktes in extrem volatiler und undurchsichtiger Komplexität in
Wirtschaft und Gesellschaft gestaltet werden kann. Hier brauchen die
Menschen Kommunikationsmöglichkeiten, die ihnen zu einer Orientie-
rung in der eigenen Lebensgestaltung hilft. Es ist eine Schande, dass die
Kirche sich in ihrer institutionellen Praxis und in ihren liturgischen
Formen in einer Weise präsentiert, die zunehmend viele Gläubige eher
zu Kirchenaustritten animiert als zu aktiver Zusammenarbeit mit den
Bischöfen. In einem Interview mit Tobias Rösmann von der FAZ hat
Ansgar Wucherpfennig, Rektor der Phil.-Theol.-Hochschule in St Geor-
gen auf die Frage „Wie soll denn einen Institution wie die katholische
Kirche, die schon intern dermaßen schlecht kommuniziert, die Gläubigen von ihrem Angebot überzeugen?" geantwortet: „Die Gefahr besteht,
dass sich die Kirche, zumal in ihren lehramtlichen Äußerungen, sehr
weit entfernt von den Menschen, denen sie eigentlich die Frohe Botschaft zu verkünden hat. Ein Freund von mir gebraucht immer das Bild

---

[188] Darauf Hat Ernst Wolfgang Böckenförde, der ehemalige Präsident des Bun-
desverfassungsgerichtes immer wieder hingewiesen.

vom Raumschiff Enterprise – Lichtjahre entfernt von der Lebensrealität und dem Alltag der Glaubenden."[189]

„Die Vorgaben von Paulus in 1 Kor 12 und Röm 12 und von Matthäus in 23, 8-11 hätten" -nach Paul Hoffmann- „demokratisch-bruderschaftliche Verfassungsformen eher entsprochen."[190] Über die Umsetzung dieser biblischen Vorgaben in unserer Zeit sollte sich die Deutsche Bischofskonferenz einmal Gedanken machen.

Schutz der Güter der Allgemeinheit

Ganz grundsätzlich gilt, dass Christen und die Kirche als Ganze in all ihren Handlungen und Vollzügen dem Schutz des Gemeinwohls verpflichtet sind, damit die Güter des Gemeinwohls, die ökonomischen, ökologischen, sozialen und kulturellen Güter der Allgemeinheit für alle Menschen in der Gegenwart und für zukünftige Generationen verfügbar bleiben. Darüber sind immer wieder Hinweise in Publikationen der Katholischen Soziallehre und des 2.Vatikanischen Konzils zu finden und erneut in Oeconomiae et pecuniariae questiones: „Prinzipiell sind alle Systeme und Mittel, welche die Märkte nutzen, um ihre Verteilungska-pazitäten zu vermehren, moralisch zulässig, insofern sie die Menschen-würde und die Ausrichtung auf das Gemeinwohl achten. Ebenso offen-sichtlich ist aber auch, dass das mächtige Triebwerk der Wirtschaft, nämlich die Märkte, nicht imstande ist, sich selbst zu regulieren. Denn die Märkte können nicht die Voraussetzungen schaffen, die ihren ord-nungsgemäßen Ablauf garantieren (sozialer Zusammenhalt, Aufrichtig-keit, Vertrauen, Sicherheit, Gesetze, usw.), und auch nicht die Wirkun-gen und Ausdrucksformen korrigieren, die der menschlichen Gesell-

---

[189] Lichtjahre entfernt von der Lebensrealität der Glaubenden: Interview von Tobias Rösmann mit Ansgar Wucherpfennig; in: FAZ 29.11.2018, Nr. 278, Seite 34.

[190] Hoffmann, Paul, a.a.O., Seite 169.

schaft zum Schaden gereichen (Ungleichheiten, Asymmetrien, Schädigung der Umwelt, soziale Unsicherheit, Betrug, usw.)."[191]

In Deutschland sind dazu alle Menschen und alle Institutionen (gemäß BverfG: Güter der Allgemeinheit) verpflichtet. Nutzer von Gütern der Allgemeinheit haben die Pflicht, für die Erhaltung (Regeneration, Wiedergewinnung, ggf. Ersatz) zu sorgen. Grundlage dafür sind die Bestimmungen des Grundgesetzes der Bundesrepublik, nämlich: Artikel 14,2 GG = Sozialpflichtigkeit des Eigentums und der Artikel 20a GG = Schutz der natürlichen Lebensgrundlagen. In der Bayerischen Verfassung verlangt Artikel 151: „Alle wirtschaftliche Tätigkeit dient dem Gemeinwohl." Das sind sehr wichtige grundlegende Forderungen im Grundgesetz und in Verfassungen. Allerdings begründen die grundgesetzlichen Forderungen noch kein subjektives Recht. Es muss gesetzlich geregelt werden.

„Wie nie zuvor in der Geschichte der Menschheit fordert uns unser gemeinsames Schicksal dazu auf, einen neuen Anfang zu wagen … Lasst uns unsere Zeit so gestalten, dass man sich an sie erinnern wird als eine Zeit, in der eine neue Ehrfurcht vor dem Leben erwachte, als einer Zeit, in der nachhaltige Entwicklung entschlossen auf den Weg gebracht wurde, als eine Zeit, in der das Streben nach Gerechtigkeit und Frieden neuen Auftrieb bekam, und als eine Zeit der freudigen Feier des Lebens."[192] Franziskus plädiert für eine grundlegende Änderung des Wirtschaftssystems, wenn er schreibt: „Ebenso wie das Gebot 'du sollst nicht töten' eine deutliche Grenze setzt, um den Wert des menschlichen Lebens zu sichern, müssen wir heute ein ‚Nein zu einer Wirtschaft der Ausschließung und der Disparität der Einkommen' sagen. Diese Wirtschaft tötet."[193] „Dem tödlichen System schleudert Franziskus ein vierfaches Nein entgegen: Nein zu einer Wirtschaft der Ausschließung; Nein

---

[191] Oeconomiae et pecuniariae questiones, Nr. 13
[192] Erd-Charta, Den Haag (29.Juni 2000), zitiert nach: Laudato si, Nr. 207.
[193] EG., Nr. 53.

zur neuen Vergötterung des Geldes; Nein zu einem Geld, das regiert, statt zu dienen; Nein zur sozialen Ungleichheit, die Gewalt hervorbringt."[194] Nach Heribert Prantl „nimmt Franziskus dieses Evangelium so ernst, dass es all denen blümerant wird, die es bisher als theologisches Poesiealbum betrachtet haben, Franziskus proklamiert ein Konzept der solidarischen Ökonomie – auf der Basis des Evangeliums."[195]

Nach Einschätzung von Papst Franziskus, „ist die ökologische Umkehr, die gefordert ist, um eine Dynamik nachhaltiger Veränderung zu schaffen, auch eine gemeinschaftliche Umkehr. Diese Umkehr setzt verschiedene Grundeinstellungen voraus, die sich miteinander verbinden, um ein großherziges und von Zärtlichkeit erfülltes Umweltmanagement in Gang zu bringen. An erster Stelle schließt es Dankbarkeit und Unentgeltlichkeit ein, das heißt ein Erkennen der Welt als ein von der Liebe des himmlischen Vaters erhaltenes Geschenk."[196] Um das ins Werk zu setzen, nennt er vier Prinzipien, nämlich die „Grundpfeiler der kirchlichen Soziallehre (Menschenwürde, Gemeinwohl, Subsidiarität, Solidarität).[197] Nach Ansicht von Franziskus „obliegt die Pflege und die Förderung des Gemeinwohls der Gesellschaft …Dennoch begleitet die Kirche gemeinsam mit den verschiedenen Kräften die Vorschläge, die der Würde der Person und dem Gemeinwohl am besten entsprechen können."[198] Und Franziskus präzisiert: „Die Würde des Menschen und das Gemeinwohl sind Fragen, die die gesamte Wirtschaftspolitik strukturieren müssten."[199]

---

[194] Kuno Füssel und Michael Ramminger, Dem Kapital an die Wurzel, Publik-Forum, 8.12.2013 / Thema / Seite 10.

[195] Heribert Prantl, Kapitalismus tötet?, in Südd. Ztg.,7./8. 12.2013 Nr. 283, Wirtschaft, Seite 22.

[196] LS., Nr. 219 f..

[197] EG., Nr.221.

[198] EG., Nr. 240 f.

[199] EG., Nr.203.

Davon sind immer mehr Menschen, ganz besonders auch junge Menschen, überzeugt. Nach einer Studie der Bertelsmann-Stiftung aus dem Jahr 2010 sind 88% der Deutschen für eine neue Wirtschaftsordnung.[200] „Neun von zehn Menschen sind reif für den Wandel. Sie erkennen mehr und mehr, dass die Finanzkrise, die Klimakrise, die Verteilungskrise, die Sinnkrise, die Demokratiekrise und die Wertekrise Symptome einer ‚ganzheitlichen' Systemkrise sind."[201] Daher sollte sich Kirche, sollten sich Christen, auf eine Änderung des vom Kollaps bedrohten derzeit herrschenden kapitalistischen Wachstumsmodells neoliberaler Marktwirtschaft lösen und Alternativen suchen. Ziel ist ökologische, soziale, kulturelle und interkulturelle Nachhaltigkeit als Alternative zum Kapitalismus. Dafür gibt es eine Reihe von Vorschlägen, die hier kurz angedeutet werden sollen.

Die Gemeinwohlökonomie

In ihrem Buch „Ecommony. UmCare zum Miteinander" beschreibt die Berliner Historikerin und Wirtschaftswissenschaftlerin Friederike Habermann verschiedenste Formen des gemeinwohl-orientierten Wirtschaftens. Sie sieht „Ecommony" als Alternative zur kapitalistischen Marktwirtschaft. Für sie sind eine Reihe von Prinzipien maßgebend, nämlich „Besitz statt Eigentum, (Für)Sorge statt Profit und Offenheit und Freiwilligkeit statt Konkurrenz und Zwang zum gesellschaftlichen Gegeneinander."[202]

Christian Felber ist hier als Beispiel für die Entwicklung einer Alternative zum Kapitalismus zu nennen. Er hat eine Gemeinwohlökonomie für Unternehmen und Gebietskörperschaften entwickelt. „Es ist ein

---

[200] Zitiert nach: Felber, Christian, Gemeinwohlökonomie, München 2018, Seite 7.

[201] Felber, Christian, a.a.O., Seite 7.

[202] Habermann, Friederike, Ecommony. Umcare zum Miteinander, 2016.

Wirtschaftsverständnis, in dem das Gemein-wohl das übergeordnete Ziel für die Wirtschaft darstellt."[203] Inzwischen kann er auf die Verwirklichung der Idee durch 2300 Unternehmen in 45 Staaten verweisen. Es arbeiten im Sinne der Gemeinwohlökonomie zahlreiche Regionalgruppen, PionierInnen-Gruppen, AkteurInnen-Kreise und RechtsträgerInnen. Auf der internationalen Website www.ecogood.org sind Berichte und Hinweise zu finden.

Nach Felber „kann eine Marktwirtschaft, die auf Gewinnstreben und Konkurrenz beruht, nicht als ,freie' Wirtschaft bezeichnet werden."[204] Im Gegensatz zur herrschenden Ansicht ist Wettbewerb nicht die effizienteste Methode für Wirtschaftsentwicklung. Als Beleg führt Felber eine Metastudie an, die 369 Studien zur Frage, ist „Wettbewerb die effizienteste Methode ist, die wir kennen.?" Das Ergebnis: „eine Mehrheit von 87 Prozent kommt zu dem Befund, dass Konkurrenz nicht die effizienteste Methode ist, die wir kennen, sondern Kooperation. Der Grund liegt darin, dass die Kooperation anders motiviert als die Konkurrenz."[205] Das bedeutet, dass die Wirtschaft umgepolt werden müsste. Unter Konkurrenz erzeugte Gewinnmaximierung mit der Folge eines ständigen Wirtschaftswachstums muss ersetzt werden durch ein intrinsisch motiviertes gemeinwohlorientiertes Handeln. Genau das entspricht den oben angeführten Bestimmungen unseres Grundgesetzes. Um das Ziel zu erreichen, benötigt man eine Gemeinwohlbilanz, mit der das verfassungsgemäße Handeln der Unternehmen festgestellt und die Einhaltung „von Menschenwürde, Solidarität, Gerechtigkeit, ökologische Nachhaltigkeit und demokratische Mitentscheidung"[206] geprüft werden kann.

---

[203] Eigentum verpflichtet! Christian Felber im Gespräch über das Gemeinwohl als das Ziel der Wirtschaft. Interview durch Martin RamB, in: Eulenfisch. Limburger Magazin für Religion und Bildung. Arbeit und Kapital, Nr.20 / 2018, Seiten 43-47, hier: 43.

[204] Felber, Christian, a.a.O., Seite 18.

[205] Ders., ebd., Seite 19.

[206] Ders., ebd., Seite 33.

„Um die Gemeinwohl-Bilanz anschaulich zu machen", erläutert Felber, „haben wir eine Gemeinwohl-Matrix erstellt, in der die fünf Grundwerte auf der waagrechten X-Achse aufgetragen werden und die Berührungs-gruppen auf der senkrechten Y-Achse. In den Schnittflächen stellen und bewerten wir anhand von zwanzig Gemeinwohl-Themen ethische Fra-gen und deren Erfüllung."207 Die Anwendung der Gemeinwohlökono-mie durch Unternehmen hat noch keine rechtliche Verankerung, aber immerhin wurde sie vom Europäischen Wirtschafts- und Sozialaus-schuss als ein „nachhaltiges Wirtschaftsmodell für den sozialen Zusam-menhalt" bezeichnet.208 Die Gemeinwohlökonomie möchte die Mes-sung des volkswirtschaftlichen Erfolgs nicht in Größen des Wirt-schaftswachstums messen, sondern in Größen der Lebensqualität. Damit sich das Bewusstsein in der Gesellschaft darauf einstellen kann, gilt es bereits in der Erziehung und in der Bildung darauf hinzuwirken. In die-ser Intention „schlägt die Gemeinwohlökonomie sieben Unterrichtsin-halte als Teil der Grundschulausbildung vor: Gefühlskunde, achtsame Kommunikation, Wertekunde, Demokratiekunde, Naturerfahrung, Kör-persensibilisierung und Kunsthandwerk."209 Natürlich gibt es auch Kritik. So veröffentlichte die Wirtschaftskammer Österreich am 27. August 2013 eine „umfassende und kritische Analyse" mit dem Titel „Gemeinwohl-Ökonomie auf dem Prüfstand". Hauptkritikpunkte waren im Vergleich zum österreichischen Modell der Ökosozialen Marktwirt-schaft

- die Gemeinwohl-Ökonomie gehe von Wertungen aus,

---

207 Ebd.. Die Gemeinwohlmatrix ist auf Seite 36 und 37 zu finden.

208 Zitiert nach: Dohmen, Caspar, Gemeinwohl-Ökonomie. Wenn der Gewinn nicht mehr der Maßstab für erfolgreiches Wirtschaften ist. Weniger wagen. Forscher haben sich elf Unternehmen angesehen, die dem Gemeinwohl dienen wollen. Das Ergebnis ist durchwachsen, in: Südd. Ztg., 4.5.2018, Nr. 102, Seite 16.

209 Ders., ebd., Seite 47.

- schränke Eigentums- und Freiheitsrechte ein,
- wolle Marktwirtschaft und Konkurrenz abschaffen,
- die Individuen einem Gemeinwohl-Gremium unterwerfen,
- sie sei bürokratisch und ineffektiv,
- außerdem nur weltweit durchsetzbar, nicht von einzelnen Ländern.

Die Wirtschaftskammer Steiermark brachte 2013 eine Broschüre ähnlichen Inhalts zu den Themen Wachstumskritik und Gemeinwohl-Ökonomie heraus. Felber setzte sich ausführlich mit den Kritikpunkten auseinander:

- Es gebe keine wertfreien Aussagen darüber, wie die Wirtschaftsordnung beschaffen sein soll. Auch das ökosoziale Modell gehe von Wertungen aus.
- Jede Wirtschaftsordnung müsse demokratisch legitimiert werden, diese Legitimation fehle gerade dem bestehenden liberalen System.
- Schrankenlose Freiheit sei keine sinnvolle Freiheit. Die größtmögliche Freiheit aller sei nur möglich, wenn sie begrenzt sei, um Machtkonzentration auszuschließen.
- Das Gemeinwohlprinzip sei in vielen Verfassungen festgelegt.
- Verpflichtung zu ethischem Verhalten sei keine unzulässige Einschränkung der Freiheit.

Solange aber die rechtlichen Rahmenbedingungen nicht gegeben sind, haben diejenigen im Wettbewerb Nachteile, die auf der Basis der Gemeinwohlgrundsätze ihr Unternehmen führen gegenüber denen, die im Interesse der Gewinnmaximierung ökologische, soziale und kulturelle Kosten auf die Gesellschaft abwälzen. Nach Felber „käme das Modell einer Ausweitung des kategorischen Imperativs ins Ökologische gleich: Wähle einen solchen Lebensstil, den alle Menschen nachahmen können, ohne dass dadurch die Freiheit unserer Kinder und Enkel, den Lebensstil zu wählen, eingeschränkt wäre."[210]

Dennoch wäre es ganz im Interesse der Gemeinwohlorientierung der Kirchen sehr hilfreich, wenn die kirchlichen Unternehmen und GmbHs nach den Grundsätzen der Gemeinwohlwirtschaft arbeiten würden. Das Beispiel wäre sicher ein Beitrag für eine Humanisierung der Wirtschaft sowie für eine notwendige ökologisch und kulturell nachhaltige Marktwirtschaft. „Zentraler Punkt: Das Gemeinwohlprodukt wird nur dann steigen, wenn der absolute Ressourcenverbrauch zurückgeht – genau umgekehrt wie beim BIP."[211] Darüber hinaus würde Kirche dadurch besonders von Männern und Frauen der jungen Generation geschätzt.

Nachhaltigkeit als Alternative zum Kapitalismus gesetzlich stärken

Die Chancen der Realisierung der Gemeinwohlökonomie würden durch gesetzliche Regelungen deutlich verbessert, wie sie von der Forschungsgruppe Ethisch Ökologisches Rating (FG EÖR) vorgeschlagen werden. Die FG EÖR hat nämlich genau die rechtliche Situation in Deutschland in Hinblick auf die Frage des Gemeinwohls untersucht.[212] Sie stellt dabei ein beachtliches Defizit fest. Artikel 14 Absatz 2 des Deutschen Grundgesetzes (ähnlich auch Art. 17 und 34 der Grundrechte-Charta der EU) verpflichtet den Gesetzgeber zwar, die gesetzlichen Regelungen zu erlassen, die nötig sind, um den privaten Haushalten, Unternehmen, Behörden und Vereinen einen nachhaltigen Umgang mit den Gemeingütern vorzuschreiben. Gemeingüter *(Commons)* sind die Lebens- und Produktionsgrundlagen, namentlich die von der *Natur*

---

[210] Felber, Christian, a.a.O., Seite 214.

[211] Ders., ebd., Seite 211.

[212] Johannes Hoffmann, Systemänderung oder Kollaps unseres Planeten, Erklärung der Forschungsgruppe Ethisch-Ökologisches Rating der Goethe-Universität Frankfurt- Arbeitskreis Wissenschaft, Altius Verlag, Erkelenz 2016.

gegebenen Rohstoffe und Ökosysteme sowie die von der *Gesellschaft* gestalteten Bedingungen für Gesundheit und Teilhabe. Sie sind gemeint, wenn Art. 14.2 GG vorschreibt: „Eigentum verpflichtet. Sein Gebrauch soll zugleich dem Wohle der Allgemeinheit dienen." Denn diese Güter sind für alle da, gleich ob sie im Privateigentum oder im Gemeineigentum stehen oder als „freie" Güter betrachtet werden.

In der Realität aber werden die Gemeingüter übernutzt, weil die Wettbewerbsordnung noch immer zulässt, dass sie weitgehend ungezügelt verbraucht werden, ohne dass in ihre Wiederherstellung bzw. ihren Ersatz reinvestiert wird. So bereichert man sich an ihnen, indem man Kosten auf sie abwälzt, die man selbst tragen müsste. Daraus entsteht nicht nur Umweltzerstörung, sondern auch gesellschaftliche Desintegration, denn die Bereicherung kommt vor allem einer Minderheit zugute, während die Mehrheit der lebenden und erst recht der künftigen Menschheit zunehmend in ihren Chancen benachteiligt wird. Auch der Club of Rome „sieht die öffentlichen Güter weit stärker gefährdet als die Privatgüter. Wir sehen die Gefahren für die öffentlichen Infrastrukturen, das System der finanziellen Gerechtigkeit und den Rechtsstaat. Im Rahmen des internationalen Wettbewerbs um die niedrigsten Steuern (Anziehen von Investoren) werden die öffentlichen Güter vernachlässigt und unterfinanziert."[213]

Das Privateigentum wird nicht verantwortlich gemacht. Das Bürgerliche Gesetzbuch garantiert dem Eigentümer die beliebige Verwendung seines Privateigentums, es sei denn, Rechte Dritter stehen dem entgegen. Das bedeutet, dass er aus seinem Eigentum heraus auch auf Gemeingüter zugreifen kann: aus seinem Garten auf den Boden und das Grundwasser darunter, die Vegetation darauf und den Luftraum darüber; aus seinen Schiffen auf die Fischbestände, aus seinen Produktionsanlagen

---

[213] Ernst Ulrich von Weizsäcker, Anders Wijkman u.a., HG., Club of Rome: Der große Bericht. Wir sind dran. Was wir ändern müssen, wenn wir bleiben wollen. Eine neue Aufklärung für eine volle Welt, Gütersloh 2017, 187.

auf die Atemluft, die Atmosphäre, die Gesundheit usw. Und dabei wird er, von Ausnahmen abgesehen, eben *nicht* durch die Pflicht eingeschränkt, verbrauchte Gemeingüter, die sich nicht selbst regenerieren, wiederherzustellen oder zu ersetzen.

Kosten auf Gemeingüter abzuwälzen, gilt leider als Marktleistung. Verschafft sich ein Unternehmen dadurch einen Wettbewerbsvorteil, dass es seine Produkte günstiger (billiger oder größer, schneller, komfortabler, kostbarer) anbietet als es könnte, wenn es in die verbrauchten Gemeingüter reinvestierte, so gilt das *nicht* als unanständig, sondern als normaler, erwünschter Wettbewerb. Doch in Wahrheit diskreditiert es die Wettbewerbsordnung, dass sie es erlaubt, Produkte durch Raubbau an Gemeingütern günstiger anzubieten – und den Abnehmern vorzuspiegeln, dass sie das einer überlegenen Marktleistung verdanken.

Vereinbarungen zur Erhaltung der Gemeingüter werden verhindert. Will ein Unternehmen die Kosten der Reinvestition selbst tragen, so hat es einen Nachteil gegenüber den anderen, die das nicht tun; versucht es sich dagegen abzusichern, indem es mit den anderen Unternehmen vereinbart, dass *alle* die Kosten internalisieren, so wird das als unzulässige Wettbewerbsbeschränkung betrachtet; denn bis jetzt gilt das Kartellverbot auch für Verabredungen zu nachhaltigem Verhalten.

Unternehmen und Investoren sind nur der Kapitalrendite verpflichtet. Nach dem Aktiengesetz hat der Unternehmensvorstand die Pflicht, das Vermögen der Aktionäre zu erhalten, aber *nicht* auch die in Anspruch genommenen Gemeingüter; im Gegenteil kann er von Aktionären verklagt werden, wenn er den Gewinn dadurch schmälert, dass er z.B. Umweltschutzinvestitionen anordnet, Arbeitsbedingungen verbessert oder durch Arbeitszeitverkürzung Entlassungen vermeidet. Banken und Investmentfonds brauchen die Kapitalanleger nicht darüber zu informieren, inwieweit ihre Anlageprodukte natur- und sozialverträglich sind. Banken brauchen bei der Vergabe von Krediten nicht auf ökologisch und sozial nachhaltige Kreditverwendung zu achten. Kapitalanlagegesellschaften sind nicht zu nachhaltiger Geldanlage verpflichtet. Die Gemeingüter müssen gesetzlich geschützt werden. §903 des Bürgerlichen Gesetzbuchs (BGB) bestimmt in Satz 1: „Der Eigentümer einer Sache kann, soweit nicht das Gesetz oder Rechte Dritter entgegenstehen, mit der Sache nach Belieben verfahren und andere von jeder Einwirkung ausschließen." Eine einzige Ausnahme (Tierschutz) steht in Satz 2, einige weitere Ausnahmen finden sich z.B. im Mietrecht oder Umweltrecht. Generell aber ist die Rücksicht auf die Gemeingüter in das Belieben des Eigentümers gestellt. Anders als 1896, als das BGB eingeführt wurde, darf es jedoch heute dem Eigentümer nicht mehr überlassen sein, auf Gemeingüter, auf die er Zugriff hat, Rücksicht zu nehmen oder nicht. Art. 14 Abs. 2 des Grundgesetzes trägt dem Gesetzgeber seit langem auf, das freie Belieben an den Erfordernissen des Allgemeinwohls enden zu lassen.

Den freien und nachhaltigen Wettbewerb müssen wir schützen. Dass ein Gut besonders günstig angeboten wird, weil der Anbieter durch Raubbau an Gemeingütern Kosten einspart, ist nicht weniger unlauter als z.B. irreführende Werbung; in beiden Fällen wird der Abnehmer über die Leistung des Anbieters getäuscht. Deshalb muss Externalisierung in die verbotenen Wettbewerbshandlungen des Gesetzes gegen den unlauteren Wettbewerb (UWG) aufgenommen werden. Und auf der anderen Seite müssen Vereinbarungen zwischen Unternehmen, die einander eine Internalisierung bestimmter von ihnen bisher unterlassener Reinvestitionen zusichern, vom Kartellverbot des Gesetzes gegen Wettbewerbsbeschränkungen (GWB) ausgenommen werden. So wird erreicht, dass die Wettbewerbsfreiheit nur für den *nachhaltigen* Wettbewerb gilt.

Unternehmen, Banken, Fonds sind auf Nachhaltigkeit zu verpflichten. Im Aktiengesetz (AktG) müssen die Unternehmensvorstände auch auf den Schutz der natürlichen und der sozialen Gemeingüter verpflichtet werden, die das Unternehmen nutzt. Das Gesetz zur vorläufigen

Regelung des Rechts der Industrie- und Handelskammern sollte die Kammern auch auf den Schutz der Gemeingüter verpflichten. Entsprechende Verpflichtungen sollten auch für andere berufsständische Körperschaften des Öffentlichen Rechts wie die Handwerks- und Architektenkammern gelten. Im Kreditwesengesetz (KWG) und im Investmentgesetz (InvG) müssen Banken und Investmentfonds verpflichtet werden, Kapitalanleger darüber zu informieren, inwieweit ihre Anlageprodukte natur- und sozialverträglich sind, und sich dabei an den Nachhaltigkeitsbewertungen anerkannter Ratingagenturen zu orientieren. Sie sollten auch selbst zu nachhaltiger Geldanlage verpflichtet werden; Banken sollten Kredite nur für nachhaltige Zwecke vergeben. Nicht zuletzt muss die Eigenkapitalunterlegung der Bankkredite höher, müssen Derivate börsenpflichtig sein, muss das Investmentgeschäft von den traditionellen Bankgeschäften getrennt und muss bei allen Finanzmarkttransaktionen die vollständige Transparenz der Risiken gesichert werden.

Für die FG EÖR gilt: Den Schutz der Gemeingüter verwirklicht die Marktwirtschaft -durch Substanzerhaltung statt Substanzverzehr. Bisher gehen Leistungen der Marktwirtschaft zu Lasten der Gemeingüter, weil der Marktpreis nicht transparent ist: er ist um die externalisierten Aufwendungen zu niedrig, und die sind, weil sie ja unterlassen werden, auch sonst nirgends ausgewiesen. Was fehlt, ist die *Erhaltung des Potentials der genutzten Gemeingüter,* die durch die in den oben skizzierten Vorschriften verwirklicht werden können. Erst dadurch wird die Marktwirtschaft in die Nachhaltige Entwicklung eingebettet, denn erst dann sind alle Marktteilnehmer veranlasst, in die Erhaltung der Gemeingüter ebenso zu reinvestieren wie heute in die Erhaltung/den Ersatz der privaten Produktionsanlagen.

Wir müssen für mehr soziale statt mehr materielle Befriedigungen Sorge tragen. Die Pflicht zur Erhaltung muss sinngemäß für den Umgang mit *allen* Gemeingütern gelten – nicht nur mit den *natur*gegebenen, auch mit den *gesellschaftlich* gestalteten Gemeingütern wie der

Gesundheit, dem Internet, den Finanzmärkten oder den Globalisierungsregeln, die bisher z.B. den Standortwettbewerb und die Steuerausweichung fördern. Ist Externalisierung ausgeschaltet, so wird nur noch so viel produziert und konsumiert, wie bei Erhaltung der Lebensgrundlagen erforderlich ist.

Wir müssen uns für mehr Verteilungsgerechtigkeit statt Kapitalakkumulation einsetzen. Zu allen Zeiten beuten Menschen andere Menschen aus, wenn sie die Macht dazu haben. Die Ausbeutung der Lohnabhängigen schien in den entwickelten Industrieländern durch die Gegenmacht der Gewerkschaften schon fast überwunden; sie ist wiederaufgelebt, seit diese Länder sich in einen Standortwettbewerb mit Niedriglohnländern verwickeln lassen. Zugleich hat der weltweite Drang zur Kapitalakkumulation die Abwälzung von Kosten auf Gemeingüter verstärkt, zumal zu den sozial gestalteten Gemeingütern neue hinzugetreten sind, von den „innovativen Finanzprodukten" bis zum Internet, die neue Möglichkeiten der Externalisierung von Kosten eröffnet haben. Wird diese im Ursprung verhindert, wird der Standortwettbewerb der Staaten durch Schutz gegen Lohndumping beendet und wird die Steuerprogression wirksam verstärkt, so verteilen sich die Einkommen und Vermögen gleichmäßiger und mildert sich die Spaltung in zwei Klassen, die auch in den Industrieländern auf Dauer zur sozialen Zerreißprobe werden muss.

Teilhabe ist notwendig statt Ausgrenzung. Das deutlichste Zeichen dieser Spaltung ist die Dauerarbeitslosigkeit vieler Erwerbswilligen, die „überflüssig" werden, nicht weil die Arbeitsproduktivität schneller zunimmt als die Güternachfrage, sondern weil Renditeansprüche der Kapitaleigner Arbeitszeitverkürzung verhindern. Diese Tendenz würde durch Gemeingüterschutz aufgehoben. Was an Arbeitsplätzen in der industriellen Produktion infolge höherer Kosten und Preise wegfällt, kommt durch die Reinvestition in natürliche und soziale Gemeingüter wieder hinzu. Im Bereich der Arbeit am Menschen (Bildung, Beratung, Pflege usw.) wird zusätzliche, aufgewertete Beschäftigung notwendig. Und wenn überdies durch höhere Progression der Einkommens- bzw. Verbrauchsbesteuerung den unteren Schichten mehr vom Volkseinkommen verbleibt, ist selbst bei den untersten Einkommen noch Spielraum für eine flexible Verkürzung der Erwerbsarbeit im Lebenszyklus durch Job Sharing, Teilzeitarbeit, Elternzeit, Sabbatjahre, Altersteilzeit usw., so dass man auf einen verringerten Arbeitsumfang kommen kann, der eine neue Vollbeschäftigung ermöglicht. Denn Vollbeschäftigung ist auch mit dem „qualitativen" Wachstum möglich, das sich erschließt, wenn der Substanzverzehr an den Gemeingütern beendet wird.

Gemäß den Überlegungen von Papst Franziskus kämen auf die katholische Kirche in Deutschland auf diesem Hintergrund folgende Aufgaben zu:

Zunächst darf sie bei ihren Geldanlagen nur in solche Unternehmen investieren, die keinerlei Kosten auf die ökologischen, sozialen und kulturellen Gemeingüter abwälzen.[214] Darüber, wie das geschehen kann, haben wir weiter oben ausführlich hingewiesen. Damit würde sie ein Zeichen im Sinne der Botschaft Jesu und den Forderungen von Papst Franziskus entsprechen, die er in den Enzykliken Evangelii gaudium und Laudato si erläutert hat. Das bedeutet, dass die im Juli 2015 von der Deutschen Bischofskonferenz und dem Zentralkomitee der deutschen Katholiken veröffentlichte Orientierungshilfe für Finanzverantwortliche in der katholischen Kirche zum ethisch-nachhaltigen Investment revi-

---

[214] Informtionen darüber, welche Unternehmen Kosten externalisieren, sind von Nachhahltigkeitsagenturen zu bekommen. Bei der eokom reseach AG habe ich nachgefragt und es wurde mir bestätigt, dass die Externalisierungen bei unternehmen festgestellt werden. Allerdings nimmt die Oekom keine Monetarisierung der externalisierten Kosten vor. Das ist aber auch nicht unbedingt erforderlich. Die genauen Kosten der Externalisierung errechnet Trucost in London.

diert werden muss.[215] Denn in dieser Orientierungshilfe wird von einem sehr relativen Nachhaltigkeitsverständnis ausgegangen und nicht von der Definition „Nachhaltigkeit ist Substanzerhalt", die Abwälzung von Kosten auf das Gemeinwohl ist unzulässig.[216] In diesem Zusammenhang ist es gerade auch auf dem Hintergrund der Enzyklika „Laudato si" eine sehr erfreuliche Nachricht, dass katholische Gruppen -allen voran Caritas Internationalis- zum Tag der Erde 2018 angekündigt haben, wenigstens „nicht mehr in fossile Brennstoffe zu investieren"[217]

Eine weitere Aufgabe der Kirche wäre es, die vorgeschlagenen Änderungen beim Wettbewerbs- und Eigentumsrecht politisch zu unterstützen. Die FG EÖR hat in etlichen „Runden Tischen" mit Unternehmern, Managern, NGOs und Politikern unterschiedlicher Parteien diskutiert. Als Ergebnis erhielten wir überall Zustimmung allerdings mit einer Einschränkung: Die Vorschläge müssen EU und WTO-kompatibel sein. Inzwischen wurde uns in Fachgutachten von zwei Anwaltskanzleien die EU und WTO-Kompatibilität bestätigt. Unsere Vorschläge sind auch auf der Homepage der Bundesregierung zu finden hier der Link[218].

Auf dem Hintergrund dieser Vorarbeiten wäre es sicher sehr hilfreich und erfolgversprechend, wenn sich die DBK und auch das ZdK in der Sache politisch engagieren.

---

[215] *Zentralkomitee der deutschen Katholiken/Deutsche Bischofkonferenz* (Hg.), Ethisch-nachhaltig investieren. Eine Orientierungshilfe für Finanzverantwortliche katholischer Einrichtungen in Deutschland, Bonn 2015.

[216] Johannes Hoffmann, Ethisch-nachhaltig investieren mit DBK und ZdK, in: Paul-Chummar Chittillappilli, HG., Horizonte gegenwärtiger Ethik, Festschrift für Josef Schuster SJ, Freiburg 2016, Seiten 468-480.

[217] Quelle: Sonnenseite. Ökologische Kommunikation mit Franz Alt, 23.4.2018

[218] https://www.bundesregierung.de/Content/DE/StatischeSeiten/Breg/ Nachhaltigkeit/Nachhaltigkeitsdialog-stellungnahmen/2016-06-23-forschungsgruppe.pdf?__blob=publicationFile&v=1

Unter der Überschrift „Politik und Wirtschaft im Dialog für die volle menschliche Entfaltung"[219] macht Franziskus deutlich: „Die Politik darf sich nicht der Wirtschaft unterwerfen, und diese darf sich nicht dem Diktat und dem effizienzorientierten Paradigma der Technokratie unterwerfen".[220] Dazu gehört es, „eine magische Auffassung des Marktes zu vermeiden, die zu der Vorstellung neigt, dass sich die Probleme allein mit dem Anstieg der Gewinne der Betriebe oder der Einzelpersonen lösen. Ist es realistisch zu hoffen, dass derjenige, der auf Maximalgewinn fixiert ist, sich mit dem Gedanken an die Umweltauswirkungen aufhält, die er den kommenden Generationen hinterlässt?"[221] Wir müssen uns stärker bewusst machen, dass wir eine einzige Menschheitsfamilie sind, [...] aus ebendiesem Grund gibt es auch keinen Raum für die Globalisierung der Gleichgültigkeit".[222] Wir haben uns derart in das Konzept einer Marktwirtschaft versteift, dass wir diese für alternativlos halten.[223] Das ist aber nicht der Fall.

Das Kreislaufmodell: Alternative zum herrschenden Wirtschaftsmodell bei Franziskus

Franziskus erwähnt meines Erachtens zwei Alternativen zum herrschenden Wirtschaftsmodell. Einerseits nennt er das Kreislaufmodell als mögliches alternatives Wirtschaftsmodell, wenn er ausführt: „Noch ist es nicht gelungen, ein auf Kreislauf ausgerichtetes Produktionsmodell anzunehmen, das Ressourcen für alle und für die kommenden Generationen gewährleistet und das voraussetzt, den Gebrauch der nicht erneuerbaren Reserven aufs Äußerste zu beschränken, den Konsum zu mäßigen, die Effizienz der Ressourcennutzung maximal zu steigern und auf

---

[219] LS, Kapitel IV.

[220] LS, Nr. 189.

[221] LS., Nr. 190.

[222] LS., Nr. 52.

[223] Diese Tendenz erkenne ich auch in dem Buch von Kardinal Marx.

Wiederverwertung und Recycling zu setzen."[224] Das trifft aber nicht ganz zu. Es gibt inzwischen Städte, die ein reines Kreislaufmodell mit Erfolg praktizieren. Als Beispiel kann die „Cradle to Cradle Hauptstadt 2017", nämlich die Stadt Venlo in Holland, als Modell künftiger Stadtentwicklung angeführt werden. Am 7./8. April haben vier Mitglieder der FG EÖR, nämlich Heribert Schmitz, Wolfgang Fischer, Tim Bruns und Johannes Hoffmann Venlo besucht. In einem zweitägigen Programm ging es darum, zu sehen, inwieweit das Beispiel Venlo für die Umsetzung der Nachhaltigkeitsüberlegungen der FG EÖR hilfreich ist, ob es sich als Transfer für eine nachhaltige Stadtentwicklung in der Bundesrepublik eignet, inwieweit das Modell Venlo für das Verständnis kultureller Nachhaltigkeit bedeutsam ist und ob wir das Konzept einer Kreislaufwirtschaft gesellschaftlichen und kirchlichen Institutionen empfehlen und wissenschaftlich begleiten können. Das Ergebnis war eindrucksvoll. Es funktioniert. Alle politischen Kräfte und die Bevölkerung stehen dazu. Es gibt kein Zurück. Und man höre und staune: Es gibt Anfragen von Unternehmen und aus der Industrie, die sich in Venlo unter den Bedingungen einer Kreislaufwirtschaft ansiedeln und produzieren wollen. Auf Nachfragen von unserer Seite wird der Erfolg der Kreislaufwirtschaft von der Stadt Venlo bestätigt. Venlo ist ein Erfolgsmodell.

Keine Frage, dass sich –ganz im Sinne von Papst Franziskus- die katholische Kirche innerhalb der eigenen Institution für die Umsetzung einer Kreislaufwirtschaft engagieren sollte. Sie könnte so auch hier Vorreiter für ein ökologisches, soziales und kulturell nachhaltiges Wirtschaftsmodell werden. Damit das geschehen kann, müsste sich die Kirche von der derzeit ständigen Selbstbespiegelung angesichts schwindender Mitgliederzahlen etwas lösen, die Zeichen der Zeit im Licht des Evangeliums deuten und sich stärker mit Zukunftsfragen unserer Gesellschaft befassen. Wenn sie in Ihren Einrichtungen und Unternehmen das

---

[224] LS., Nr. 22.

Kreislaufmodell umsetzen würde, dann würde sie sicher verlorene Glaubwürdigkeit zurückgewinnen und bei der jungen Generation Interesse und Engagement hervorrufen.

Das Modell der Wechselseitigkeit – ein weiteres alternatives Wirtschaftsmodell

Im Kontext seiner Interpretation von Gen 2,15 nennt Papst Franziskus den Begriff „Wechselseitigkeit" -also Reziprozität- als Schlüssel für den dankenden Umgang des Menschen mit dem Geschenk der Schöpfung: Er definiert: „Während ‚bebauen' kultivieren, pflügen oder bewirtschaften bedeutet, ist mit ‚hüten' schützen, beaufsichtigen, bewahren, erhalten und bewachen gemeint. Das schließt eine Beziehung verantwortlicher Wechselseitigkeit zwischen dem Menschen und der Natur ein."[225] Mit dem Begriff „Reziprozität" hat Franziskus ein Grundprinzip für ein alternatives Wirtschaftsmodell gemacht, das in der Geschichte der Menschheit bereits vor dem Tausch- und Marktwirtschaftsmodell praktiziert wurde. Karl Polanyi berichtet uns in seinem Buch „The Great Transformation, Politische und ökonomische Ursprünge von Gesellschaften und Wirtschaftssystemen"[226] darüber. Im Vorwort zu diesem Buch hebt R. M. MacIver die Bedeutung der Arbeit hervor: „Vor allem enthüllt Polanyi mit bemerkenswertem Scharfsinn die gesellschaftliche Bedeutung eines spezifischen Wirtschaftssystems, der Marktwirtschaft, die im 19. Jahrhundert ihren Höhepunkt erreichte. Nun ist die Zeit gekommen, in der rückblickend eine sinnvolle Gesamtbeurteilung möglich erscheint ….. Die unter dem Druck der Marktwirtschaft erfolgte Reduzierung des Menschen zur Arbeitskraft und der Natur zu Grund und

---

[225] LS., Nr.67.

[226] Karl Polanyi, The Great Transformation. Politische und ökonomische Ursprünge von Gesellschaften und Wirtschaftssystemen, 1. Ausgabe 1957, 11. Ausgabe 1971 bei Beacon Press und Rinehart & Company, Deutsche Rechte by Europa Verlag, Wien 1977.

Boden macht die Geschichte der Neuzeit zu einem Drama, in dem der gefesselte Held, die Gesellschaft, schließlich die Ketten sprengt."[227] Die Marktwirtschaft ist an ihre Grenzen gekommen.

„Seines gesellschaftlichen Ranges, seiner gesellschaftlichen Ansprüche und seiner gesellschaftlichen Wertvorstellungen [...] wird das Wirtschaftssystem in jedem Fall von nichtökonomischen Motiven getragen."[228] Also nicht von Gewinn- bzw. Profitinteressen gesteuert. Das kann man sehr gut anhand der Praxis in Stammesgemeinschaften verfolgen. „Die Aufrechterhaltung der gesellschaftlichen Bindungen ist von entscheidender Bedeutung. Erstens, weil sich der Einzelne durch die Missachtung des anerkannten Ehrenkodex [...] selbst aus der Gemeinschaft ausschließt und damit zum Ausgestoßenen wird, und zweitens, weil letztlich alle gesellschaftlichen Pflichten auf Gegenseitigkeit beruhen, und ihre Erfüllung den Interessen des einzelnen, deren Ausdruck das Prinzip ‚Geben und Nehmen' ist, am besten dient.... Der Vollzug sämtlicher Tauschakte in Form von Geschenken, wobei die Reziprozität erwartet wird, wenn auch nicht unbedingt vonseiten derselben Person, ist ein Vorgang, der genauestens ausgeklügelt ist."[229] Das in diesem Modell Produktion und Verteilung funktioniert, wird durch zwei Prinzipien, nämlich „Reziprozität und Redistribution, bewirkt. Polanyi nennt als ein Beispiel den „Kula-Kreis" in Westmilanesien. „Die Trobriandinseln gehören zu einem etwa kreisförmigen Archipel [...]. Güter werden weder gehortet noch gehen sie in beständiges Eigentum ein; die Freude an den erhaltenen Gütern beruht darauf, dass sie weitergegeben werden [...].Dennoch wird dieses komplizierte System ausschließlich nach dem Prinzip der Reziprozität abgewickelt. Ein verwickeltes, Zeit, Raum und Menschen umfassendes System, das sich über hunderte von Meilen und mehrere Jahrzehnte hinzieht, und hunderte von Menschen durch tausen-

---

[227] In ders., eba., Seite 11.

[228] Ders., ebd., Seite 68.

[229] Ders., ebd., Seite 69.

de spezifischer Einzelobjekte verknüpft, wird hier ohne jegliche Aufzeichnung oder Verwaltung, aber auch ohne Gewinn- oder Schachermotiv aufrechterhalten. Nicht die Tendenz zum Tauschhandel ist hier vorherrschend, sondern die Reziprozität sozialen Verhaltens."[230]

Dieses auf dem Prinzip der Reziprozität[231] gestaltete Wirtschaftsmodell scheint mir sehr geeignet für die Verwirklichung von Solidarität mit den Armen in der Welt durch die Katholische Kirche.[232]   Anhand des Prinzips der Reziprozität ist die Antwort auf die Schöpfung durch Gott und die Erfahrung mit Welt, Natur und Leben beschenkt zu sein, ein angemessener Dank.   Anhand dieses Prinzips kann sowohl innerdeutsche Solidarität unter den deutschen Diözesen geregelt werden, als auch ein solidarischer Umgang auf der Ebene der Weltkirche. Das Bischöfliche Hilfswerk Misereor könnte als Intermediär zur Gestaltung von Solidarität in der Weltkirche auf der Basis des Prinzips der Reziprozität eingesetzt werden.[233]

---

[230] Ders., ebd., Seite 73.

[231] Nach Wolfgang Stegemann „war das alltägliche Verhalten der landwirtschaftlichen Bevölkerung durch Reziprozität bestimmt, das heißt durch ein wirtschaftliches Verhalten auf Gegenseitigkeit, das ökonomisch ein Nullsummenspiel gewesen ist. Gewinn auf Kosten des Nachbarn zu erzielen, war im reziproken Verteilungssystem von Dorfnachbarn nicht vorgesehen." Zitiert nach Werner Schanz, Die Geldwirtschaft in der Heiligen Schrift, in: Hans Binswanger und Paschen von Flotow, HG., Geld und Wachstum: zur Philosophie und Praxis des Geldes, Stuttgart / Wien: 1994, 250-263, hier: 259.

[232] Dass es auch andere Vorschläge gibt, soll nicht verschwiegen werden. In „Der große Bericht" des Club of Rome wird die „Donut-Ökonomie" von Kate Raworth erwähnt (Seite 299 f.: Kate Raworth, Doughnut Economics. London 2017.

[233] Das Landrecht der IGBOS in Nigeria kann ebenfalls als Beispiel für eine Wirtschaft auf dem Prinzip der Reziprozität herangezogen werden. Ndidi Nnoli Edozien hat dies in ihrer Arbeit aufgezeigt. Titel der Arbeit: Ownership and Management Structures in the Economy. African Traditional Values Applied To Modern Issues Of Sustainability And The Corporate Governance Function, Enugu 2007.

Angesichts der katastrophalen Folgen unseres vorherrschenden Wachstumsmodels plädiert Charles Eisenstein für eine „Ökonomie der Verbundenheit".[234] Wie wir bereits beim Reziprozitätsmodell gesehen haben, entwickelt auch Eisenstein ein Modell einer Geschenkökonomie und spricht von „Heiligem Geld, das in Zukunft kein Tausch- sondern ein Schenkmittel sein wird."[235] Er nennt es als seine Absicht, „die Grundzüge dieser Wirtschaft der Getrenntheit zu identifizieren. Das soll uns ermöglichen, uns eine Wirtschaft der Wiedervereinigung vorzustellen."[236] Ähnlich wie bei dem von Polanyi vorgestellten Modell, ist es die Wahrheit unserer Existenz, dass uns unser Leben geschenkt wurde und daher Dankbarkeit unser Grundzustand sei. Während unser derzeitiges Wirtschaftssystem Selbstsucht und Gier belohne, sollte „stattdessen wie in manchen frühen Kulturen die Großzügigkeit belohnt werden."[237] Auch er bezieht sich wie Polanyi auf das Beispiel der Bewohner der Trobriand-Inseln. Die Bedingungen einer kommerziellen Geldtransaktion sind vertraglich geregelt und mit der Erfüllung der Vereinbarung auch abgeschlossen. Dagegen ergibt sich bei einer Transaktion auf der Basis des Schenkens „eine weiterbestehende Verbindung zwischen den Beteiligten."[238] In Anlehnung an Silvio Gesell plädiert er für eine Negativzinswährung: „Ein Negativzins aus Einlagen und eine Währung, die mit der Zeit an Wert verliert, kehren die Wirkung von Zinsen um. Das ermöglicht Wohlstand ohne Wachstum, begünstigt systematisch die gerechte Verteilung von Reichtum und beendet die Vorwegnahme künftiger Erträge, sodass wir nicht länger dazu gedrängt werden, zugunsten

---

[234] Charles Eisentein, Ökonomie der Verbundenheit. Wie das Geld die Welt an den Abgrund führte – Und sie dennoch jetzt retten kann. Mit einem Vorwort von Margit Kennedy, Berlin/München 2013.

[235] Ders., ebd., Seite 24.

[236] Ders., ebd., Seite 29.

[237] Ders., ebd., Seite 33.

[238] Ders., ebd., Seite 35.

kurzfristiger Gewinne Hypotheken auf unsere Zukunft aufzunehmen."[239] Und weiter erläutert Eisenstein: „In einer Schenkökonomie kann man nicht gut ‚Nein' sagen, wenn jemand um Hilfe bittet."[240] Eine Ökonomie der Verbundenheit könnte den drohenden Crash unseres Planeten verhindern. In den Worten von Eisenstein ist sie „egalitär, einschließlich, persönlich, knüpft Bande, ist nachhaltig und fördert das Fließen, nicht das Anhäufen. Eine solche Wirtschaft ist im Kommen."[241] Daher ist, Schenken und Dankbarkeit bewirken, die beste Investition. Wenn durch dieses Modell einer reziproken und inklusiv und gerechten die Beziehungen unter den Menschen fördernden Ökonomie der Kollaps unseres derzeitigen Systems überwunden werden kann, dann liegt schon darin für alle, die sich dafür einsetzen, der höchstmögliche Dank. Nichts Geringeres fordert Papst Franziskus, wenn er auffordert, „nach neuen Wirtschaftsmodellen zu suchen, die in höherem Maße inklusiv und gerecht sind. Sie sollen nicht darauf ausgerichtet sein, nur einigen wenigen zu dienen, sondern vielmehr dem Wohl jedes Menschen und der Gesellschaft. Und das verlangt den Übergang von einer flüchtigen (= liquid) Wirtschaft zu einer sozialen Wirtschaft."[242] Nach Zygmund Baumann ist „die Absicht hinter Franziskus' Botschaft, die Auseinandersetzung mit den Problemen des friedlichen Zusammenlebens, der Solidarität und Kooperation nicht dem verschwommenen und dunklen Bereich der ‚aus dem Fernsehen bekannten' hohen Politik zu überlassen, sondern sie auf die Strasse zu bringen, in die Werkstätten und Büros, Schulen und öf-

---

[239] Ders., ebd., Seite 347.

[240] Ders., ebd., Seite 369.

[241] Ders., ebd., Seite 377.

[242] Ansprache von Papst Franziskus anlässlich der Entgegennahme des Internationalen Karlspreises der Stadt Aachen, Rom, (6.Mai 2016); online verfügbar unter:
http://w2.vatican.va/content/francesco/de/speeches/2016/may/documents/papa-fracesco_20160506_premio-carlo-magno.html ; zitiert nach: Zygmunt Baumann, Retrotopia, Berlin 2017, Seite 202.

fentlichen Räume, in denen wir die gewöhnlichen Menschen, einander treffen und miteinander sprechen."[243] Wir befinden uns nach der vom Soziologen William Fielding Ogburn entwickelten Theorie des Cultural lag[244] in einer Lage, in der wir in Vorstellungen von Macht, Demokratie und in sonstigen Institutionen verharren, die den gegenwärtigen gesellschaftlichen, ökologischen und sozialen Entwicklungen nicht gewachsen sind, sondern kulturell hinterherhinken. Das gilt auch für die deutsche Bischofskonferenz.

Mit einem Wirtschaftsmodell auf der Basis von Geschenk, Reziprozität, Dank und Kreislauf-wirtschaft sollte die Katholische Kirche Deutschlands als Antwort für das Geschenk der Schöpfung Armen in der Welt in christlicher Solidarität beistehen.

Es dürfte deutlich geworden sein, dass das Solidargeschenk der deutschen Kirche nicht nur ein innerdeutscher Finanzausgleich der Diözesen sein kann. Vielmehr sind die armen Diözesen in der Einen Welt und über diese die Armen in der Welt zur Förderung einer angemessenen Lebensweise zu beschenken.

Es bleibt die Frage, welchen Umfang das Geschenk der katholischen Kirche Deutschlands gemessen an ihren Möglichkeiten haben sollte? Ein kurzes Schlaglicht kann erhellend wirken. Finanziell ist die Kirche gemäß Konkordatsverträgen hervorragend gestellt. Trotz sinkender Mitgliedszahlen aufgrund von Kirchenaustritten stiegen die Einnahmen aus Kirchensteuermitteln von Jahr zu Jahr bis auf den heutigen Tag. „Je nach Bundesland zahlt der Staat für Kirchturmuhren, Glocken, Orgeln,

---

[243] Zygmunt Baumann, Retrotopia, Berlin 2017, Seite 201.

[244] William Fielding Ogburn, Social Change with Respect to Culture and original Nature, New York New 1950 Edition. Dieses Buch erschien 1922 in erster Auflage und enthält ein Kapitel mit der Überschrift: The Hypothesis of Cultural Lag, Seite 100-391. Vgl. dazu auch Johannes Hoffmann, Praktizierende Katholiken zwischen Kirche und Gesellschaft. Ein Beitrag zu Problemen der Moralverkündigung, Düsseldorf 1973, besonders Kap. II,4.: Der Cultural Lag des kirchlichen Lehramtes der Kirche und der Gläubigen, Seiten 175-204.

Renovierungen, schießt Geld für die Bezahlung von Pfarren und Meß-
nern zu; der Freistaat Bayern zahlt laut Konkordat von 1924 zwei Erzbi-
schöfen und fünf Bischöfen das Gehalt, 12 Weihbischöfen, 60 Kanonikern und Domkapitularen sowie 33 Erziehern an bischöflichen Knaben-
und Priesterseminaren das Gehalt."[245] Und die Gehälter können sich
sehen lassen. „Ein katholischer Weihbischof verdient ab 6.600,00 Euro,
der Erzbischof einer großen Diözese wie München oder Köln bis zu
12.000,00 Euro im Monat [...]. Sie wohnen in großzügigen Häusern, oft
sind sie historisch bedeutend und manchmal auch kleine Paläste – der
des Münchner Kardinals Reinhard Marx ist gerade erst für 8,7 Millionen
Euro renoviert worden, 6,5 Millionen davon hat der Freistaat Bayern
bezahlt."[246]

Was macht die katholische Kirche mit ihrem Geld?

„Die Kirchen verwalten viel Geld und haben viel Geld, und das wird
auch so bleiben, wenn es einmal statt 50 Millionen evangelischer und
katholischer Christen in Deutschland vielleicht nur noch 40 oder gar 30
Millionen Mitglieder der großen Kirchen in Deutschland gibt. Die Kirchen werden auch dann eine wirtschaftliche Macht mit einiger ökonomischer Potenz sein,.... Aber sie könnten lernen, das Geld und den Besitz,
den sie haben, anders zu nutzen, als sie das bislang mitunter tun. Die
Kirchen nutzen ihr Geld bislang vor allem zur Sicherung und Bewahrung des Bestehenden und Eigenen. Ihre Ökonomie ist auf die Bestands-
sicherung der Institution ausgerichtet, auf die Absicherung der Gehälter,
Pensionen, Gebäudelasten. Das ist legitim und notwendig, aber auf Dauer ungenügend; der Mut, kreativ mit dem anvertrauten Gut umzugehen,
ist bislang noch unterentwickelt." So sieht das Matthias Drobinski.[247]

---

[245] Matthias Drobinski, Kirche, Macht und Geld, Gütersloh 2013, Seite 72.
[246] Ders., ebd., Seite 84.
[247] Matthias Drobinski, Kirche, Macht und Geld, Gütersloh 2013, Seite 201.

Wer die Zusammenlegung von Pfarreien zu Großgemeinden anschaut, kann das bestätigen. Diese Zusammenlegung hat seinen Grund darin, dass die Kirchen bei sinkender Zahl der Geistlichen das Recht der Gemeinden auf Eucharistie sichern wollen. In der Tat ist der Priestermangel inzwischen groß. Das „Durchschnittsalter des aktiven Klerus liegt eher bei 70 als bei 60 Jahren. Noch dramatischer verläuft die Kurve, die die Neupriester anzeigt. Da mehr als jeder zweite Kandidat aufgiebt, ist die Zahl der Priesterweihen seit dem Höchststand von 366 (1990) auf 58 im vergangenen Jahr gesunken – bei immer noch fast 24 Millionen Katholiken."[248] Daraus schließt Daniel Deckers: „für die katholische Kirche wäre daher manches gewonnen, wenn sich die Lebensbedingungen derjenigen änderten, die den Menschen in Gestalt der Sakramente das Heil vermitteln, das sie bezeichnen. Papst und Bischöfe haben es in der Hand, ob die Priesterweihe voraussetzt, dass man unverheiratet ist. Und sie haben es in der Hand, ob das Handeln ‚in persona Christi' Männern vorbehalten ist oder nicht... Ceteris paribus wird sich der Prietsermangel in Deutschland in den kommenden Jahren noch beschleunigen – und das so sehr, dass nach konservativen Schätzungen schon bald nicht einmal mehr die nach Kirchenrecht an das Priesteramt gebundenen Leitungspositionen in der Seelsorge und in der Verwaltung noch halbwegs qualifiziert besetzt werden können."[249]

---

[248] Deckers, Daniel, Kirche schafft sich ab, in: info Christinnenrechte 27 / 2018, Seite 4.
[249] Deckers, Daniel, ebd., Seite 5.

II

GEMEINDEN SIND ANDERS: ZUR ENTWICKLUNG DER KIRCHENGE- MEINDEN

Daher dreht sich zurzeit alle Sorge der Bischöfe und der Ordinariate vorrangig um die Zusammenlegung von vielen Kirchengemeinden zu Großpfarreien. „Es fehlt immer noch an Bereitschaft, sich den System- und Strukturfragen zu stellen. Sie liegen vor allem in der Sexualmoral der Kirche und in ihrer Organisation der Machtzuteilung, die nach wie vor männerbündisch und von Intransparenz geprägt ist."[250] Wenn es um die Weitergabe der Botschaft Jesu Christi geht, ist das Festhalten an veralteten Strukturen kein angemessenes Verhalten. Der Alt-Abt des Klosters Einsiedeln, Martin Werlen, sieht es richtig wenn er schreibt: „Wir verkünden nicht die Hoffnung, dass alles wieder so wird, wie es war, sondern eine Hoffnung, die durch alles trägt, auch durch den Tod. Dazu muss man aber erst einmal den Tod ernst nehmen. Übertragen auf die Kirche heißt das: Traditionen sterben lassen."[251] Traditionen ändern, scheuen aber unsere Bischöfe wie der Teufel das Weihwasser.

---

[250] Mertes, Klaus, im Interview mit Joachim Frank, in: FR, 1.3.2016, Nr. 51, Seite 34.

[251] Werlen, Martin, im Interview mit Wolf Südbeck-Baur, in Publik-Forum Nr.6, 2018, Seite 34.

Haben unsere Bischöfe Angst vor Machtverlust? Es sieht so aus, dass die Bischöfe wenig „Vertrauen in die Gläubigen, in deren Kompetenzen und Kräfte, in die Selbstregulierungskräfte"[252] haben. Da ist angesichts der Tatsache des fortschreitenden kirchlichen und gesellschaftlichen Wandels der Pfarrberuf massiven Veränderungen ausgesetzt. Angesichts des Priestermangels werden selbst-verständlich etliche der klassischen pastoralen Tätigkeiten zukünftig von ehren- und nebenamtlich Tätigen übernommen werden können und müssen. Das Proprium des Pfarrberufs wird im Zuge dieser Entwicklungen immer unklarer. Wenn die Entwicklung zu Großpfarreien von den Bischöfen so weiterbetrieben werden, dann werden Priester statt Seelsorger einer Ortsgemeinde zu sein, als Pfarrer immer mehr als Kommunikatoren und Organisatoren der Kirchenverwaltung fungieren. Das ist sowohl für die Gläubigen als auch für die Priester keine sinnvolle Perspektive. Die Seelsorgstudie der Deutschen Bischofskonferenz, die zwischen 2012 und 2014 in Auftrag gegeben wurde, macht über die Schwierigkeiten gravierende Probleme deutlich. Georg Bätzing, Bischof in Limburg, setzt sich aufgrund „persönlicher Wahrnehmungen" und aufgrund von „Rückmeldungen von Priestern" und von „Leitern der Priesterseminare" mit der Belastung von Priestern auseinander und kommt zu der Auffassung: „Auch bei den Kraftvollen geraten manche ins Schleudern. Ein bischöflicher Mitbruder berichtete von einem Besinnungstag mit jungen Priestern sinngemäß folgende Rückmeldung: ‚Die Starken machen Karriere, die Klugen steigen aus, die Schwachen gehen unter oder werden krank, die Schlichten verbleiben – mehr schlecht als recht- mit dem, was sie hält'".[253] Die Probleme sind bei sinkenden Priesterzahlen seit langem bekannt.

---

[252] Henkel, Gerhard, lasst die Kirche im Dorf. Katholische Bistümer und evangelische Landeskirchen lösen die bestehenden Pfarreien auf. Das ist ein Kulturbruch, in: Südd. Ztg., 27./28. September 2014, Nr. 223, Seite 2.

[253] Bätzing, Georg, a.a.O., Seite 8.

Rahner – Congar und die französische Bischofskonferenz

Theologisch hat sich Rahner bereits 1947 damit auseinandergesetzt. Und einige Jahre später hat Congar der französischen Bischofskonferenz fünf Bedingungen für die Existenz einer Gemeinde vorgestellt: Sie lauten: „…

1. Die Weise sich zusammenzufinden wird definiert: territorial oder nicht, gemäß dem Willen der Mitglieder, nach einem konstitutiven Prinzip, das eine Gruppe vereinigt.
2. Die Gemeinde wird errichtet: Das heißt, es gibt einen Gründungsakt, bei dem die Gründungsmitglieder, die Ziele und die Personen, die dazugehören, mit ihren Zuständigkeiten bestimmt werden.
3. Die Gemeinde wird offiziell anerkannt: durch eine kompetente Autorität. Hier muss die Anerkennung durch die anderen örtlichen Gemeinden hinzugefügt werden, damit die geschwisterlichen Beziehungen untereinander gestärkt werden.
4. Die zeitlichen Vorgaben der Gemeinde, d.h. Etappen und Schritte ihrer weiteren Entwicklung werden festgelegt.
5. Die Gemeinde hat eine Mission: Die Mission der Gemeinde ist zentral, denn von ihr her präzisiert sich der Inhalt ihrer Arbeit und der Aufgaben, die von den Mitgliedern gemeinschaftlich übernommen werden. Dieser Punkt bestimmt das Wesen der Gemeinde."[254]

---

[254] Rouet, Erzbischof em.Pére Albert von Poitiers, Theologische Überlegungen, in: zur debatte, Themen der Katholischen Akademie in Bayern, 4 / 2014, Seite 30.

Gemeindeentwicklung aus der Sicht von „Christ in der Gegenwart"

Aber auch aus Deutschland gibt es genügend Hinweise, wie man sich die Erneuerung des christlichen Glaubens und die Erneuerung der Kirche vorstellen kann. So hat „Christ in der Gegenwart" Neun Reformthesen vorgestellt, „Wie sich der christliche Glaube erneuern kann."[255]

Sie lauten:

- „These 1: Die Kirche braucht einen Sprachoffensive – nach innen und nach außen.
- These 2: Die Kirche muss verdeutlichen, dass die Bibel Gotteswort in Menschenwort ist.
- These 3: Wir brauchen mehr Gott und weniger Kirche.
- These 4: Ein neuer Sinn für Liturgie ist nötig.
- These 5: Christsein ist politisch.
- These 6: Die Kirche muss sich demokratisieren.
- These 7: Die Zukunft des Christentums ist ökumenisch – oder gar nicht. Die Ökumene bedarf der Taten – nicht nur der Worte.
- These 8: Das Christentum muss mit allen Religionen gemeinsam danach streben, die Vernunft zum Leuchten zu bringen, die dem Frieden dient, und Fanatismus bekämpfen.
- These 9: Es ist Zeit für ein Glaubenskonzil."

---

[255] Christ in der Gegenwart Aktuell Nr. 44/2017, Seite 1-4.

Gemeindeentwicklung aus der Perspektive der Kirchenkonferenz von 2017

Konkreter noch ist der „Aufruf der KirchenVolkskonferenz „Gemeinde geht nur mit den Menschen" vom 10./11.März 2017 in Würzburg. Titel: „Es ist höchste Zeit! Eckpunkte für eine neue Kirchenzukunft durch Gemeindeerneuerung". Zur Einführung in die 8 Eckpunkte heißt es: „Eine Kirche, die nicht prophetisch ist, verbaut sich selbst die Zukunft. Um den Erosionsprozess kirchlichen Lebens stoppen zu können, bedarf es dringend einer Kirchenwende, die sich an der Botschaft Jesu vom beginnenden Reich Gottes orientiert und auf der Ebene der Gemeinde ansetzt und beginnt. Die KirchenVolksKonferenz lädt im gegenwärtigen kulturellen Umbruch alle Kirchenmitglieder dazu ein, die vergessene jesuanische Vision von der Zukunft einer in Gerechtigkeit versöhnten Menschheit lebendig werden zu lassen und aus eigener Verantwortung konsequent an einer neuen Zukunft von Welt und Gesellschaft mitzuarbeiten."[256]

Die acht Eckpunkte lauten:

1. „Gemeinde ist der grundlegende Baustein christlicher Gemeinschaft und christlichen Lebens.

Die Gemeinschaft der Nachfolge Jesu beginnt mit einer Erwartung des Gottesreichs, die sich in Vergebung, Solidarität mit den bedürftigen, Gesellschaftskritik und gesellschaftlichem Engagement äußert. Auch innerkirchlich zeigt sich jedoch eine zunehmende Säkularisierung, die zur Abkehr von überlieferten Glaubensvollzügen sowie zu Individualisierungsprozessen führt. Deshalb braucht es zuvorderst eine zeitgemäße Theologie der Gemeinde.

- Der Erneuerung der Frage nach Gott und einer Antwort darauf kann sich die Gemeinde nicht entziehen, wenn sie in einer hete-

---

[256] Zit. nach: info ChristInnenrechte 27 / 2018, Seiten 6-9.

rogenen und individuell wahrgenommenen Welt glaubhaft sein will.

- Gemeinden werden weiterhin Basisorte von Glaubenserfahrungen und Glaubenspraxis bleiben.

2. Kirchliche Strukturen ergeben sich aus den Impulsen und Bedürfnissen der Gemeinde.

- Kirche ist Gemeinde ‚vor Ort‘ von Menschen für Menschen. Aus diesen einzelnen Gemeinden baut sich Stufe um Stufe die Gesamtkirche auf: Kirche als Gemeinschaft von Gemeinden und vielen kleineren Gemeinschaften. Die Bedeutung der kirchlichen Gemeinschaft entscheidet sich für die Gläubigen nicht an einer hierarchischen Struktur, sondern daran, wieviel Bedeutung die Gemeinschaft, deren Engagement und deren Feiern mit dem konkreten Leben zu tun hat.
- Die überschaubare und in konkreten Personen ansprechbare Gemeinde vor Ort muss erhalten wie auch in Gebäuden sichtbar bleiben.
- Eine Erneuerung der Kirche hat, wie ihre Entstehung, in den Gemeinden zu beginnen.

3. Die Individualität und Pluralität der Gemeinden ist wertzuschätzen und zu fördern.

Jede Gemeinde ist anders. Dies zeigen schon die Briefe von Paulus, die an die jeweiligen Gemeinden gerichtet waren. Diese Pluralität von Gemeinden ist zu fördern. Neben den territorialen Gemeinden sind auch Personalgemeinden aus sich überörtlich zusammenfindenden Mitgliedern zu fördern. Bischöfliche Ordinariate müssen dies ermöglichen, anstatt nur zu kontrollieren und Ressourcen zuzuteilen.

- Auf der Gemeindeebene werden Männer und Frauen letztverantwortlich die Dinge selbst in die Hand nehmen und handeln, wie es dem heutigen freiheitlich-demokratischen Grundempfinden entspricht. Das Subsidiaritätsprinzip muss auch innerkirchlich Anwendung finden.

- Gemeinde nimmt Verantwortung für die Welt und in der Welt wahr und bleibt auch immer für Außenstehende offen. Gemeinde ist nicht ein Ofen, der nur sich selbst wärmt.

4. Zur Organisation einer christlichen Gemeinde gehört der Dienst der Gemeindeleitung.

Das Prinzip ‚Gemeinde' ist ursprünglicher und wichtiger als Priesteramt und Zölibat. Jede Gemeinde hat das Recht und die Pflicht, Gemeindeleiterinnen und Gemeindeleiter zu berufen. Das Leitbild einer Priesterkirche, in der dem Priester die Gemeinde als Teil der Herde Gottes anvertraut ist, trägt nicht mehr – weder theologisch noch rein zahlenmäßig. Die Zahl der Priester im Amt kann und darf nicht maßgebend für kirchliche Strukturen sein. Modelle einer Pastoral, die sich nur als Versorgung z.B. auch mit ausländischen Priestern begreift, haben keine Zukunft.

- Übergeordnete Kirchenleitungen sind danach zu beurteilen, ob sie die Gemeinden mit voller Kraft bei deren Selbstorganisation unterstützen.
- Gemeinsam wird ein anderes theologisches Kirchen- und Gemeindebild mit neuen Verantwortungsmodellen zu entwickeln sein, das den verschiedenen Kirchenregionen jeweils angemessen ist.

5. Fähigkeit der Gemeinden zur Versammlung und zur Feier des Danksagens gewährleisten.

Die regelmäßige Feier der Danksagung, der Eucharistie, ist eine wichtige Quelle der Gemeinschaftsbildung, der communio. Die Abwesenheit eines nach römischem Modell ‚geweihten' Priesters tut der Qualität der Gemeindefeier keinen Abbruch. Gemäß Jesu Wort ‚Wo zwei oder drei in meinem Namen versammelt sind, da bin ich mitten unter ihnen' (Mt 18,20) ist der versammelten Gemeinde Jesu Gegenwart zugesprochen, sei es im Wort oder Gebet, sei es beim Teilen des Brotes und des Weines in einer Mahlfeier, um im Alltag als Christin und Christ zu wirken.

- Die Gemeinde ist Subjekt der Seelsorge, nicht Objekt. In ihrer Versammlung ist Christus gegenwärtig.
- Auch an Sonntagvormittagen können, der Nachfrage entsprechend, ökumenische Gottesdienste gefeiert werden.

6. Neue Kultur der Mitverantwortung und Mitentscheidung in allen Strukturen unserer Kirche.

Das regelmäßig bestätigte Ja zur eigenen Taufe, das tätige Bekenntnis zur prophetischen Botschaft Jesu und die Übernahme einer Mitverantwortung in einer Gemeinde bieten die Grundlage für alle weiteren möglichen Funktionen in der Kirche. Insofern haben alle Gläubigen ein Mitspracherecht bei der Bestellung von Leitungsverantwortlichen auf allen Ebenen. Es braucht echte Entscheidungsmöglichkeiten, die nicht vom Wohlwollen des örtlichen Pfarrers abhängen und an seinem Veto scheitern können. Auch die finanzielle Ausstattung der Gemeinde muss auf direktem Weg durch die Kirchensteuer erfolgen, und die Gelder müssen von der Gemeinde eigenständig verwaltet werden.

- Verschiedene Leitungsmodelle und Beteiligungsmöglichkeiten, die auch offen für neue Wege und Experimente sind, werden in der praktischen Umsetzung geprüft. Wie ‚Ehrenamtliche' und Hauptamtliche mit ihren jeweiligen Charismen zusammenarbeiten, ist vor Ort mit den Betroffenen zu überlegen.
- Damit die einzelnen Gemeinden in Verbindung bleiben, bedarf es regelmäßiger Synoden auf unterschiedlichen Ebenen mit Entscheidungskompetenz.

7. Gemeinsames Engagement in der Gemeinde, vor Ort und in globalem Ausmaß.

Die offizielle Statistik spricht immer noch von Gottesdienst-,besuchern' anstatt von Mitfeiernden des Gottesdienstes. Erste und vorrangige Messgröße einer christlichen Gemeinde und ihrer Mitglieder ist jedoch -weit mehr als die Erfüllung der Sonntagspflicht- der prophetische Einsatz für eine gerechte Gesellschaftsordnung vor Ort und in globalem Ausmaß. Gemeinde darf sich nicht nur um sich selbst drehen.

*   Gemeinden geben den nötigen Rückhalt für dieses Engagement und können gleichzeitig Modell dafür sein.
*   Dieses Engagement geschieht in ökumenischer Offenheit und gemeinsam mit anderen Gruppen der Zivilgesellschaft.

8. "Gemeinsam Kirche sein".

Damit Kirche in der aktuellen hochbrisanten Menschheitssituation ihre wichtige Stimme glaubwürdig und vernehmbar behält, muss sie vor Ort erlebbar bleiben. Die Kirchenaustrittswellen zeigen, dass keine Zeit mehr zu verlieren ist, wirklich Neues zu denken und zu wagen. Strukturen sind nicht heilig und unantastbar, sondern haben den Menschen zu dienen. Dienste und Ämter sind geschichtlich gewachsen und damit veränderbar im Interesse der kirchlichen Gemeinschaft. Das gemeinsame Wort der deutschen Bischöfe zur Erneuerung der Pastoral ,Gemeinsam Kirche sein' vom 1. August 2015 greift zwar viele Impulse auf, die bereits das zweite Vatikanische Konzil gesetzt hat, ist aber noch lange nicht umgesetzt.

*   Über Aufgaben, Ämter und Zulassungsbedingungen zu ihnen müssen ergebnisoffene Diskussionen geführt werden, und zwar nicht nur in Rom.
*   Papst Franziskus hat gegenüber Bischof Erwin Kräutler gesagt ,Machen Sie mir mutige Vorschläge!' Machen wir sachbezogene

Vorschläge und beginnen wir unverzüglich mit ihrer Verwirklichung!"[257]

Meiner Ansicht nach sind das sehr ausgewogene Vorschläge für eine Gemeindeentwicklung, die der Implosion der Kirche entgegenwirken und den Gemeinden neue Impulse geben könnten. Hier können auch junge Menschen für ein Engagement in den Gemeinden wieder gewonnen werden.

Gemeindeentwicklung aus der Sicht von Papst Franziskus

Papst Franziskus sieht das ähnlich. In seiner Apostolischen Exhortation ‚Gaudete et Exultate' ist zu vernehmen: „Oftmals verwandelt sich das Leben der Kirche, dem Antrieb des Heiligen Geistes entgegen, in ein Museumsstück oder in ein Eigentum einiger weniger... Wenn wir denken, dass alles von der menschlichen Anstrengung abhängt, die durch Vorschriften und kirchliche Strukturen gelenkt wird, verkomplizieren wir unbewusst das Evangelium und werden wieder zu Sklaven eines Schemas, das wenige Poren für das Wirken der Gnade offenlässt."[258] Und weiter ist zu lesen: „Lassen wir uns anregen von den Zeichen der Heiligkeit, die uns der Herr durch die einfachsten Glieder dieses Volkes schenkt, das teilnimmt ‚an dem prophetischen Amt Christi, in der Verbreitung seines lebendigen Zeugnisses vor allem durch das Leben in Glaube und Liebe:"[259] Ganz stark weist er in diesem Zusammenhang auf den unentbehrlichen Dienst der Frauen hin: „In Bezug auf diese verschiedenen Weisen möchte ich eigens betonen, dass sich der ‚weibliche Genius' auch in weiblichen Stilen der Heiligkeit manifestiert, die unentbehrlich sind, um die Heiligkeit Gottes in dieser Welt widerzuspiegeln. Gerade auch in Zeiten, in denen die Frauen stark eingeschränkt waren,

---

[257] Zitiert nach ChristInnenrechte 27/ 2018, Seite 9.

[258] Exhortation Gaudete et Exultate, 19. März 2018, Nr. 58 und Nr. 59.

[259] Ebd., Nr. 8.

hat der Heilige Geist Heilige erweckt, deren Leuchtkraft zu neuen geistlichen Dynamiken und wichtigen Reformen in der Kirche geführt hat."[260]

Im Grunde hängt die Weitergabe der Botschaft Jesu Christi vom Glauben und von der Praxis der Christen ab. Darauf gründen auch die Empfehlungen von Papst Franziskus. Er hält weniger von Belehrungen und Vorschriften, die von oben gegeben werden.[261] Er hofft auf den Wagemut und den Antrieb der Christen.[262]

In vielen Kirchorten, die mit vielen anderen zu Großpfarreien zusammengeschlossen werden, wird inzwischen mehr und mehr die damit einhergehende Anonymität bewusst. Trotzdem klammern sich die meisten Bischöfe daran fest, obwohl es von der Basis der Gläubigen Vorschläge für Modelle gibt, die durchaus auf der Linie der Sichtweise von Papst Franziskus liegen.

Der Umfang des Geschenkes der deutschen katholischen Kirche im Rahmen einer Geschenkökonomie

Der Reichtum einer Kirche zeigt sich nicht vorrangig in dem, was sie an materiellen Gütern zur Verfügung hat. Sondern reich ist eine Kirche, „wenn in ihr die Pluralität und Integration der verschiedenen Dienste, Ämter und Charismen sichtbar werden"[263] und die Gläubigen, die Frauen und Männer der Kirche sich auf den Weg machen zu den Armen. Dann kann diese Kirche auch die Nöte und Ausweglosigkeiten der Armen wahrnehmen und solidarisch handeln. Christen beweisen das in unzähligen Projekten, die sie teils unabhängig von der Kirche aufgrund konkreter Begegnungen in Ländern der Einen Welt auf allen Kontinen-

---

[260] Ebd., Nr. 12.

[261] Ebd., Nr. 117.

[262] Ebd., Nr. 129.

[263] Leonardo Boff, Arme Kirche – reiche Kirche: wo ist sie? In: Rosel Termolen, Hg., Reiche Kirche - Arme Kirche, Grafing 1990, Seite 9.

ten mit Anteilnahme begleiten und mit ihrem eigenen Geld ermöglichen. Darin erweist sich Solidarität von Christen mit Christen und Gemeinden anderer Kulturen. Christen sind da sowohl mit Unterstützung kirchlicher Institutionen wie Misereor e.V., Brot für die Welt, Päpstliches Missionswerk der Kinder, Missio e.V., Adveniat, Caritas Internationalis, etc. etc. unterwegs. Aber zahlreiche Christen sind auch ohne Anbindung an kirchliche Institutionen in Werken der Barmherzigkeit und der liebevollen Zuwendung auch in säkularen Organisationen engagiert (z.B. bei Ärzte ohne Grenzen, bei investigativen Journalisten, bei Krankenhäusern und Altenheimen etc. etc.). Wieder andere haben auf Reisen in Länder anderer Kontinente Begegnungen gehabt, die sie zum Engagement veranlasst haben oder sie sehen sich mit Freunden, Bekannten aus dem eigenen christlichen oder auch nichtchristlichen Umfeld zum Einsatz im Sinne der Botschaft Jesu veranlasst.

Insofern leben Christen in vielfältiger Weise ganz im Sinne der Botschaft Jesu Solidarität und praktizieren eine Ökonomie des Schenkens.

Wenn ich das analog auf die Deutsche Bischofskonferenz hin denke, muss ich im Sinne einer Ökonomie des Schenkens den finanziellen Reichtum der deutschen katholischen Kirche ins Spiel bringen. Das bedeutet, *dass die Diözesen Deutschlands mindestens die Hälfte des Kirchensteueraufkommens den Armen in der Einen Welt schenken sollten.* Sicher geht das nicht von heute auf morgen. Aber eine Organisation der deutschen Kirche als eine Kirche für Arme ist möglich. Umdenken ist allerdings notwendig. Vielleicht lassen sich unsere Bischöfe und Kardinäle von dem anregen und beflügeln, was Papst Franziskus ein Herzensanliegen ist: „Wie sehr ich mir eine arme Kirche für die Armen wünsche. Jesus sagt im Evangelium, dass man nicht zwei Herren dienen kann. Entweder dienen wir Gott oder wir dienen dem Reichtum. Die große Versuchung, die durch die gesamte Geschichte hindurch spürbar war, für Christen, für Menschen überhaupt und auch für die Kirche, das war der Reichtum. Auch in der Kirche gibt es Männer, die dieser Versuchung erliegen oder ihr erlegen sind."[264] Und an einer anderen Stelle im Film sagt Franziskus: "Solange eine Kirche Hoffnung auf Reichtum setzt, ist Jesus darin nicht zu Hause. Ich wiederhole: In einer Kirche, die ihre Hoffnung auf Reichtum setzt, ist Jesus Christus nicht zu Hause."[265] Unabhängig davon wird die katholische Kirche in Deutschland in den kommenden Jahrzehnten durch Kirchenaustritte erheblich weniger Steuereinnahmen erzielen, was zu einer Reduktion der aufgeblähten Organisationsstrukturen zwingen wird.

Es geht um eine radikale Veränderung des Denkens und der Praxis einer Reichen-Kirche. Wenn die Armen die ersten Adressaten des Evangeliums sind, wenn der Mensch und nicht irgendwelche Werte das entscheidende Kriterium für Christen ist, dann gehört es zur Glaubwürdigkeit von Kirche, daraus in der Praxis Konsequenzen zu ziehen. Die Frage nach dem Armen und „die Frage nach dem Anderen kehrt sich um" - nach Emmanuel Lévinas- „in Verantwortung für *die Anderen ...* wird zur Furcht für den Nächsten und um seinen Tod"[266] Und Lévinas argumentiert weiter: „Die Nähe des Antlitzes ist Bedeuten des Antlitzes. Bedeuten, das von vornherein von jenseits der plastischen Formen her bedeutet, die das Antlitz beständig mit ihrer Gegenwart in der Wahrnehmung wie eine Maske bedecken. Das Antlitz durchbricht fortwährend diese Formen. Vor jedem besonderen Ausdruck – und unter jedem besonderen Ausdruck. Der, schon Pose und sich selbst gegebene Fassung, sie bedeckt und schützt – Nacktheit und Entblößung des Ausdrucks als solchen, das heißt, die äußerste Ausgesetztheit, die Wehrlosigkiet, die Verletzlichkeit selbst.... So wie das Gebot (liebe deinen

---

[264] Papst Franziskus im Film von Wim Wenders: „Papst Franziskus. Ein Mann seines Wortes." Zitiert nach der Mitschrift der Texte von Ursula Müller, Gemeindereferentin in St. Franziskus, Kelkheim, Seite 2f.

[265] Ebd., Seite 4.

[266] Lévinas, Emmanuel, Wenn Gott ins Denken einfällt. Diskurse über Betroffenheit von Transzendenz, Freiburg/München, 2. unveränderte Auflage 1988, Seite 169.

Nächsten, er ist wie du), durch das Gott in mein Denken einfällt, mit vom Antlitz des Anderen her bedeutet wird."[267]

Eine Änderung und radikale Verschlankung der bischöflichen Hofhaltung, der Verwaltungsstrukturen der Diözesen und der Deutschen Kirche ist unbedingt erforderlich, was, wie ich noch zeigen werde, ohne weiteres möglich ist. Ohne eine radikale Änderung der Kirchen- und Diözesanverwaltung wird das nicht gehen. Das aber ist unabwendbar, wenn wir die Zeichen der Zeit im Lichte des Evangeliums deuten. Kirche als Ganze hat die segnende, rettende, befreiende, erlösende, helfende und fürsorgende Gegenwart Gottes in unserer Gesellschaft, in der ganzen Welt und ganz generell in unserer Zeit zu bezeugen, und zwar mit all ihren zur Verfügung stehenden Mitteln, und zwar auch mit dem Geld, das sie hat und verwaltet. Das ist von der Botschaft Jesu her geboten. „Das Einzige, was nottut, ist, empfänglich zu sein für die Anwesenheit des Anderen, und das ist nichts, was man sich vornehmen kann; das geschieht, ausgelöst, ermöglicht durch den Anderen als Anderer."[268]

Im Grunde muss eine Demokratisierung in der Kirche durchgeführt werden, die Ordinariate verschlankt werden, die hierarchische Struktur gelockert werden, damit die Bischöfe mit den Glaubenden auf Augenhöhe kommunizieren. Wenn die Bischöfe in Deutschland das machen würden, würde ein solches Verhalten der Kirche bei den Menschen verlorene Glaubwürdigkeit zurückgeben. Das würde zugleich die Gebefreudigkeit der Gläubigen beflügeln und das Engagement der Gläubigen zur Mitwirkung und Mitverantwortung stärken. Darüber hinaus würde sie für die Weitergabe der Botschaft Jesu die Menschen dazu anregen, ihre Charismen in die Gemeinschaft einzubringen und ehrenamtlich in der Kirche tätig zu werden. In einer Ökonomie des Schenkens bringen sich alle in dem Maße ein, wie sie das können, weil sie sich sowohl mit den Hirten als auch mit den Menschen in der Gesellschaft in Beziehung

---

[267] Ders. ebd., Seiten 250 – 252.
[268] Gronemeyer, Marianne, a.a.O. Seite 206.

erfahren. Solidarität und Reziprozität bilden die Grundlage für gemeinsames Tätigsein und für Engagement für das Gemeinwohl sowie für ehrenamtliche Tätigkeiten in Gemeinde und Kirche. Damit das Wirklichkeit werden kann, bedarf es einer Zusammenarbeit „zwischen der Autorität der Lehre und der Autorität der gelebten Überzeugungen."

Die Ermöglichung von Engagement durch ein „Bedingungsloses Grundeinkommen" (BGE)

Für viele Menschen stiftet das BGE Sinn für ihre Lebensgestaltung. Gerade auch im Sinne einer Ökonomie des Schenkens wäre es hervorragend, wenn das bedingungslose Grundeinkommen eingeführt wird. Der ehrenamtlich Tätige dankt mit seiner Tätigkeit der Tatsache, dass er in einer Ökonomie des Schenkens sinnvoll tätig sein kann. Damit hat jede/er die Chance, „in einer sozial anerkannten Rolle aktiv am Leben dieser Gesellschaft teilzunehmen und zu ihrem Gedeihen"[269] einen sehr guten Beitrag zu leisten. Da Kardinal Marx im Rahmen des Modells der Marktwirtschaft argumentiert, steht er, wie er schreibt, „auch den Konzepten eines ‚Grundeinkommens ohne Arbeit' skeptisch gegenüber"[270], leider. Den Grund seiner Skepsis sieht er in dem Modell der Marktwirtschaft begründet. Aber das ist angesichts der Vielschichtigkeit und Komplexität in unserer sich rasant verändernden wirtschaftlichen und gesellschaftlichen Gegebenheiten kein hinreichendes Argument. Im Gegenteil: In seiner mit dem Deutschen Studienpreis ausgezeichneten Dissertation zu „Armutstrends in Deutschland und Großbritannien" hat Jan Brülle sehr klar aufgezeigt. „Um Armut zu bekämpfen, scheint aber die Ausweitung staatlicher Leistungen für diejenigen, die sie am meisten

---

[269] Reinhard Marx, Das Kapital, Ein Plädoyer für den Menschen, München 2008.
[270] Ders., ebd.

brauchen, der vielversprechendste Weg zu sein."[271] Im Grunde zeigt ja derzeit die Diskussion zum Thema „Hartz IV"[272], dass eine Grundsicherung erforderlich ist, um der Armutsentwicklung in Deutschland, vor allem um der Entwicklung der Kinderarmut zu begegnen. Mit einem BGE könnte nicht nur „Hartz IV" ersetzt werden sondern alle Sozialleistungen, was sowohl der Beseitigung von Armut dienen und auch dem Auseinanderdriften von arm und reich begegnen würde.

Vielleicht eröffnet die Diskussion darüber neue Perspektiven, das Modell Marktwirtschaft kritisch zu betrachten. Das Modell hat im 19. Jahrhundert seine Blütezeit erlebt und kommt im 20. Jahrhundert an seine Grenzen. Dafür gibt es zahlreiche Untersuchungen, die das bestätigen. So hat David Graeber deutlich gemacht, dass mit den Menschen, sprich der Arbeiterklasse, nach dem 2. Weltkrieg ein Deal gemacht wurde dergestalt, dass das Versprechen der sozialen Marktwirtschaft und das Versprechen, „die Löhne würden immer mit der Produktivität der Arbeit steigen" von 1970 an aufgekündigt wurde. Während von 1947 die Lohnentwicklung mit der Produktivitätsentwicklung parallel verläuft, geht die Entwicklung seit 1970 bis auf den heutigen Tag weit auseinander. Die Produktivität ist bis heute um mehr als das Doppelte gestiegen, während die Löhne auf dem Niveau von 1970 stehen geblieben sind. In einer aktuellen Studie des Instituts für Arbeitsmarkt- und Berufsforschung (IAB) und des Bundesinstituts für Berufsbildung (BIBB) heißt es: „Eine zunehmende Digitalisierung wird mit einer deut-

---

[271] Brülle, Jan, Wege aus der Armut. Der deutsche Wohlfahrtstaat muss sich grundlegend wandeln. Eine Reform von Hartz IV wird nicht reichen, in: Südd. Ztg., 22.1.2019, Nr. 18. Seite 2.

[272] Hagelüken, Alexander und Rossbach, Henrike, Hartz IV ist nicht genug. Forscher und Politiker debattieren in Berlin über die Grundsicherung – und machen Reformvorschläge. Einig sind sich die meisten, dass die Wirkung der Agenda 2010 auf den Arbeitsmarkt überschätzt wird, in: Südd. Ztg., 23. 1. 2019, Nr. 19, Seite 17.

lichen Umgestaltung der Arbeitswelt einhergehen."[273] Es werden ganze
Berufsfelder wegfallen und völlig neue Berufsfelder entstehen. Im Interview mit der „Wirtschaftswoche" erklärt der Digitalexperte Karl-Heinz
Land: „In 20 Jahren ist die Arbeit, so wie wir sie kennen, weg... In 15
bis 20 Jahren wird die Hälfte der Arbeit verschwunden sein. Die wenigsten werden dann einfach zuhause herumsitzen. Die Menschen werden vermutlich Ehrenämter oder Vergleichbares übernehmen. Es geht
dann bei der Beschäftigung nicht mehr darum, den Lebensunterhalt
damit zu verdienen, sondern Sinn zu stiften."[274] Nach Franz-Xaver
Kaufmann weist auf die Wohlfahrt schaffende Bedeutung von Handlungen, „die sich ‚diesseits von Markt und Staat' abspielen hin. Ihnen liegen keine entgeltlichen Beschäftigungsverhältnisse zugrunde, und die
entsprechenden Leistungen werden deshalb auch nicht in der Sozialpro-
duktrechnung registriert. Stichworte wie Haushaltsproduktion, dritter
Sektor, informeller Sektor, intermediäre Instanzen, non-profit Sektor,
nicht-professioneller Hilfesektor, assoziative Selbsthilfe, freiwillige
Fremdhilfe und soziale Bewegung lassen die Vielschichtigkeit des Ge-
genstandsbereichs erahnen."[275] Der Gesamtwert der Leistungen aus
unentgeltlichen Haushaltsaktivitäten, würde, wenn er denn Berücksich-
tigung fände, „mehr als die Hälfte des erfassten Sozialprodukts"[276] be-
tragen.

Schon jetzt erleben wir die Folgen dieser Entwicklung auf dem Arbeitsmarkt: „Generation Niedriglöhner, Generation Leiharbeiter, Generation befristeter Arbeitsvertrag, Generation ohne Kündigungs-

---

[273] Die Arbeitswelt wird sich komplett auf links drehen, in: EURACTIV.de
https://euractiv.de/sektion/Finanzen-und-wirtschaft/d...13.4.2018
[274] Ebd.
[275] Kaufmann, Franz-Xaver, Herausforderungen des Sozialstaates, Frankfurt,
1.Auflage 1997, Seite 99.
[276] Hilzenbrecher, M., Die schattenwirtschaftliche Wertschöpfung der Heimarbeit. I: Jahrbücher für Nationalökonomie und Statistik, 201 1986, Seite 107-130;
zitiert nach Kaufmann, Franz Xaver, a.a.O., Seite 101.

schutz."[277] In Deutschland bekamen im Jahr 2016 „etwa 2,7 Millionen Beschäftigte nicht mal den Mindestlohn."[278] „Laut einer Studie des Instituts für Arbeits- und Berufsforschung verdiente im Jahr 2010 knapp ein Viertel der Beschäftigten in Deutschland weniger als 9,54 EURO brutto, das sind mehr als 7 Millionen Menschen."[279] In diesem Zusammenhang sind auch die unentgeltlichen Leistungen der Familien zu nennen. Eheleute, die der Gesellschaft Kinder schenken, nehmen für die Reproduktion der Gesellschaft große Anstrengungen auf sich und stellen damit der Gesellschaft durch die Erziehung und kulturelle Einführung von Kindern das Humankapital der Zukunft für alle wirtschaftlichen und kulturellen Belange zur Verfügung. Um es in Zahlen auszudrücken: „Bezogen auf das Preisniveau von 1990 wird der monetäre Aufwand einer Zwei-Kinder-Familie für die Erziehung ihrer Kinder (bis 18 Jahre) auf gut 300.000 DM geschätzt. Hinzu kommt der zeitliche Aufwand für die Betreuung der Kinder und die unmittelbar auf Kinder bezogenen Haushaltsleistungen, berechnet aufgrund von Zeitbudgeterhebungen. Bewertet man diesen Stundenaufwand gemäß dem durchschnittlichen Bruttoverdienst einer Arbeiterin, so beläuft er sich auf fast 500.000 DM; bewertet man ihn zum Lohn einer qualifizierten Pflegekraft oder Kindergärtnerin, gelangt man auf nahezu 600.000 DM. Rechnet man diese familialen Investitionen, die im Laufe von 18 Jahren eine Höhe von 400.000 bis 450.000 DM pro Kind erreichen, auf die volkswirtschaftliche Kapitalbildung hoch, so beläuft sich der Beitrag der Familien zur Humanvermögensbildung bzw. zur Bildung der volkswirtschaftlichen Arbeitsvermögen auf ca. 15 Billionen DM."[280]

---

[277] Riederle, Philipp, Wie wir arbeiten und was wir fordern. Die digitale Generation revolutioniert die Berufswelt, München 2017, Seite 36 f.

[278] Franziskaner, Magazin für Franziskanische Kultur und Lebensart, Frühjahr 2018, Seite 10.

[279] Dohmen, Caspar, Profitgier ohne Grenzen. Wenn Arbeit nichts mehr wert ist und Menschenrechte auf der Strecke bleiben, Köln 2016, Seite 15.

[280] Kaufmann, Franz-Xaver, a.a.O., 1997, Seite 105.

„Eine weitere ganz wichtige Facette des heutigen globalen Arbeitsmarktes ist die zunehmende Bedeutung der atypischen Beschäftigung. Diese Jobs sind entweder in ihrer Vertragslaufzeit oder ihrem Stundenumfang begrenzt oder in anderer Hinsicht prekär. Die Zunahme solch unsicherer Beschäftigung hat nicht nur den Arbeitsmarkt stark verändert, sondern sie hat einen wichtigen Beitrag zum Anstieg der Ungleichheit in Löhnen und Einkommen in den vergangenen Jahrzehnten geleistet."[281] Viele sprechen heute von einem wachsenden Prekariat. „Prekariat bedeutet"-nach Meinung des Wirtschaftswissenschaftlers Nachtwey- „indessen weitaus mehr als die bloße Erosion des Normalarbeitsverhältnisses. Arbeit büßt sukzessiv ihre gesellschaftliche Integrationsfunktion ein, etwa wenn in den unteren Lohngruppen auch Vollbeschäftigung nicht mehr vor Armut schützt. Es wird deshalb zusehends schwieriger, überhaupt von einem Normalarbeitsverhältnis zu sprechen. Wenn ein Drittel der Beschäftigten in atypischen und häufig prekären Verhältnissen arbeitet, dann ist das Normalarbeitsverhältnis nur noch nominal majoritär."[282] Und in Evangelii Gaudium argumentiert Papst Franziskus ebenso deutlich.[283] Nicht zu vergessen ist die Situation der Pflegeberufe. Sie werden zu schlecht bezahlt und es werden aus Gründen der Gewinnmaximierung zu wenig Pflegekräfte eingestellt. Es ist nicht zu übersehen, dass heute „viele Menschen gerade nicht erfahren, dass Arbeit Medium ihrer Selbstverwirklichung ist, sondern dass sie zum eigentlich belastenden Teil ihrer Wirklichkeit wird."[284] Tobi Rosswog

---

[281] Fratzscher, Marcel, Verteilungskampf. Warum Deutschland immer ungleicher wird, München 2016, Seite 236.

[282] Nachtwey, Oliver, Der moderne Tagelöhner, in: Schauspiel Frankfurt, HG., Woyzeck, Spielzeit 2017/18, Seite 20.

[283] Franziskus, EG, Nr. 53.

[284] Becker, Uwe, Hauptsache Arbeit. Aristoteles würde sich wundern, dass wir ein Leben ohne Arbeit problematisieren. Aber genau das ist unser gesellschaftlicher Konsens: Arbeit definiert unser Leben. Eine Zeitreise zu maßgeblichen

zeigt in die gleiche Richtung und hinterfragt in seinem Buch „After Work" das System »Lohnarbeit« kritisch und vermittelt darin praxiserprobte Alternativen.[285] Arbeit, mit der man nicht einmal den Lebensunterhalt für sich und seine Familie sichern kann, ist eine Missachtung der Würde der arbeitenden Menschen und bedeutet eine Verletzung von Menschenrecht.

Die Diskussion um Sinn und Unsinn von Lohnarbeit ist nicht neu, doch sie trifft auf immer stärkere Resonanz. Momentan ist die voranschreitende Automatisierung einer ihrer Haupttreiber. In einer Studie vom Institut für Arbeitsmarkt- und Berufsforschung (IAB), die zusammen mit der Gesellschaft für Wirtschaftliche Strukturforschung (GWS) und dem Bundesinstitut für Berufsbildung (BIBB) durchgeführt wurde, wird aufgezeigt, dass allein durch die Umstellung auf Elektromobilität 100 000 Jobs verloren gehen werden.[286]

Das würde sich dann ändern, wenn das bedingungslose Grundeinkommen eingeführt würde. Jedem Menschen in einer Gesellschaft steht das Recht auf ein Grundeinkommen zu, das ihm ein Leben in Würde ermöglicht.

Doch die gewaltigen Veränderungen der Arbeitswelt sind nicht die einzigen Gefahren und Herausforderungen, die mit der Digitalisierung auf uns zukommen. „Mit großer Macht und Geschwindigkeit verändern digitale Technologien unsere Lebenswelt, unser Arbeitsumfeld, das soziale Miteinander und die Wirtschaftsstrukturen unserer Gesell-

---

Theorien der Arbeit hilft, gegenwärtige Denkmuster auch einmal zu hinterfragen, in: Eulenfisch Nr.20/2018 Seiten 20-27, hier 27.

[285] Rosswog, Tobi, After Work. Idee für einen Gesellschaft ohne Arbeit, München 2018.

[286] Weber, Enzo, 100 000 Jobs weniger. Die Umstellung auf Elektromobilität wird viele Arbeitsplätze kosten und das Wachstum bremsen. Aber man könnte gegensteuern, in: Südd. Ztg., 19.11.2018, Nr. 266, Seite 16.

schaft."[287] In ihrem Fazit kommen Lange und Santarius zu folgender Beurteilung: „Der Megatrend Digitalisierung wird -insbesondere so, wie er sich in den letzten fünf bis zehn Jahren entwickelt hat- keine der großen gesellschaftlichen Herausforderungen von sich aus lösen. Im Gegenteil besteht ungeachtet einiger Chancen die Gefahr, dass eine Digitalisierung unter den bestehenden ökonomischen und politischen Rahmenbedingungen viele gesellschaftliche Probleme eher noch verschärfen dürfte. Die Polarisierung von Einkommen, Unsicherheiten auf dem Arbeitsmarkt, Risiken von Überwachung und Einschüchterung sowie zunehmende Verbräuche von knappen Ressourcen und klimaschädlichen Energieträgern – dies alles kann durch die Digitalisierung noch forciert werden, wenn Politik, Zivilgesellschaft und NutzerInnen nicht zielgerichtet intervenieren."[288] Hier kommen Aufgaben auf die Kirchen und auf unsere Gemeinden zu, denen wir uns aus der Perspektive der Botschaft Jesu stellen müssen. Hier gilt es, die Zeichen der Zeit im Lichte des Evangeliums zu deuten und entsprechend zu handeln.

Folgen der ungerechten Strukturen für den Zusammenhalt der Gesellschaften

Die Folgen der ungerechten Strukturen zeigen sich in den Kosten der Ungleichheit. Richard Wilkinson und Kate Picket haben anhand offizieller Statistiken und anhand von Untersuchungen zahlreicher Wissenschaftler aus unterschiedlichen Denkrichtungen ein Gesamtbild über die Folgen großer Einkommensunterschiede erstellt und die gesellschaftlichen Kosten der Ungleichheit in den Industrienationen und darüber hinaus in den Bundesstaaten der USA herausgearbeitet und sie belegen das mit folgenden Aussagen: „In den Ländern mit mehr Ungleichheit,

---

[287] Lange, Steffen / Santarius Tilman, Smarte Grüne Welt? Digitalisierung zwischen Überwachung, Konsum und Nachhaltigkeit, München 2018, Seite 199.
[288] Dies., ebd., Seite 200.

sind mehr Menschen psychisch krank; ist der Konsum illegaler Drogen stärker verbreitet; geschehen mehr Morde; sitzen mehr Menschen im Gefängnis; ist die Säuglingssterblichkeit höher; ist die Fettleibigkeit Erwachsener und Jugendlicher höher; zeigen die 15-Jährigen schlechtere Ergebnisse in Mathematik und Lese-Schreib-Kompetenz; gibt es mehr Konflikte zwischen Kindern; treten mehr gesundheitliche und soziale Probleme auf; ist die soziale Mobilität geringer; recyclen die Menschen einen geringeren Teil ihres Abfalls; müssen die Menschen länger arbeiten.

Auf der anderen Seite heben sie hervor, dass in Ländern, in denen mehr Gleichheit herrscht, mehr Menschen bereit sind, ihren Mitbürgern zu vertrauen".[289] Hier wird die Aussage von Papst Franziskus bestätigt, es geht um den Menschen und um unser Menschenbild, um Gerechtigkeit.

Immer mehr Fachleute sprechen vom „Ende der Arbeitsgesellschaft" und weisen damit auch auf das Ende der „auf die Erwerbsarbeit gegründete Gesellschaftsordnung."[290] Ob es gelingt, die Erwerbsarbeit völlig neu zu gestalten, wie das dem „Sozialethischen Arbeitskreis Kirchen und Gewerkschaften" vorschwebt, wage ich zu bezweifeln. In Zukunft wird die Erwerbsarbeit nicht mehr im Mittelpunkt stehen. Auch wenn die Zukunft gesellschaftlicher Entwicklungen nicht vorhergesagt werden kann, weil nicht kalkulierbare Geschehnisse in dem hochkomplexen System Kultur auftreten können, die niemand vorhergesehen hat, so deuten gegenwärtig viele Indizien darauf hin, dass eine auf Erwerbsarbeit fußende Gesellschaftsordnung sehr fraglich ist.

Mir scheint daher das Modell des Bedingungslosen Grundeinkommens ein Vorschlag in die richtige Richtung zu sein. Ich stimme der

---

[289] Wilkinson, Richard / Picket, Kate, Gleichheit ist Glück, 4.Auflage Berlin 2012. Vgl. auch:

[290] zur Lippe, Rudolf, Plurale Ökonomie. Streitschrift für Maß, Reichtum und Fülle, Freiburg/München 2012, Seite 144; 155.

Einschätzung von Rudolf zur Lippe zu, dass „aus dem gesellschaftlich erwirtschafteten Reichtum für alle Mitglieder der Gesellschaft so viel aufzubringen ist, dass ihre Existenz grundsätzlich anerkannt wird und nicht auf Grund ihrer Erwerbsarbeit oder ihrer Arbeitslosigkeit oder anderer Kategorien eines speziell definierten Status."[291]

Michael Bohmeyers Verein „Mein Grundeinkommen e.V."

Auf die in der Gesellschaft positiven Wirkungen des BGE gibt es inzwischen Erfahrungen. Michael Bohmeyer ist Initiator „Mein Grundeinkommen e.V.". Sein Interesse war es herauszufinden, ob es Menschen gibt, die einem anderen ein BGE finanzieren und welche Veränderungen ergeben sich bei diesen Menschen? Er startete das Experiment 2014 mit einem Crowdfunding und „erhielt bereits in den ersten drei Wochen Spenden in Höhe von 12.000,00 Euro…und verloste das erste bedingungslose Grundeinkommen. Mittlerweile unterstützt ein Team aus 30 Mitarbeitern und Mitarbeiterinnen und über eine Million User die junge NGO, die bis heute bereits über 200 Grundeinkommen verlost hat."[292] Die Rückmeldungen der Begünstigten ist außerordentlich positiv. Sie berichteten von einem ‚neuen Selbstwertgefühl', „weil sie plötzlich Geld geschenkt bekommen. Das führt zu einer neuen Form von Eigenverantwortung, von Tatendrang, aber auch zu einer neuen Form von Gemeinschaftsgefühl, weil plötzlich muss ich mir überlegen: Was kann ich eigentlich Sinnvolles mit dem Geld machen? Was kann ich denn eigentlich gut? Was will ich den eigentlich?"[293]

---

[291] Ders., ebd., Seite 144.

[292] Quelle: hr-iNFO – Das Interview, 14.11.2018, 19,35 Uhr.

[293] Quelle: hr-iNFO, a.a.O.

Das Beispiel Finnland

2017 hat die finnische Regierung ein Experiment gestartet. „Sie will das bedingungslose Grundeinkommen testen, 2000 Teilnehmer hat die Sozialversicherung unter rund 200.000 Arbeitslosen ausgelost." Das Experiment will erkunden, ob die Menschen mit dem BGE fauler werden oder ob es zu Engagement stimuliert. Das Experiment wird in Finnland aufgrund der guten Erfahrungen positiv gesehen.

Auch Spitzenmanager der deutschen Wirtschaft sehen die Einführung eines BGE als sehr hilfreich und den kommenden Entwicklungen angemessen an.

Auf die Schwierigkeiten unserer gesellschaftlichen Situation gibt es natürlich zahlreiche ideengeleitete und / oder interessengeleitete Antworten aus ganz unterschiedlichen Perspektiven, von Forschern unterschiedlicher Disziplinen, von kompetenten nationalen und internationalen Institutionen, von Theoretikern und Praktikern in Kirche, Wirtschaft und Politik, von zivilgesellschaftlichen Initiativen, von Kirchen und Religionen, in ganz unterschiedlichen gesellschaftlichen Subsystemen etc..

Der in unserem Wirtschaftssystem angelegte Substanzverzehr bewirkt, dass Menschen ungefragt an ihrer Gesundheit geschädigt werden, dass die betroffene Gesellschaft ungefragt mit Defensivausgaben belegt wird, dass die natürliche Mitwelt in ihrer Funktionstüchtigkeit beeinträchtigt wird, weil die Externalisierung die künftigen Dienste der Ökosysteme oder die künftige Verfügbarkeit von naturgegebenen Stoffen bzw. geeigneten Substituten gefährdet. Marktgängige Güter verdrängen marktfreie Güter, wie die Sehnsucht und das Bedürfnis nach selbstbestimmter Entfaltung, nach gesunder Lebensführung, nach menschlicher Zuwendung, nach sozialer Eingebundenheit und nach gemeinschaftsbezogenem Handeln. Ebenso werden die Bedürfnisse der eigenen Gesellschaft nach Chancen- und Verteilungsgerechtigkeit, künftiger Generationen nach Erhaltung des Potentials von Natur- und Sozialkapital, gering industrialisierter Länder nach gerechter Teilhabe von Welthandel, nach Schutz vor Auslagerung industrieller Umweltschäden und nach Respekt vor dem eigenen Entwicklungsweg verdrängt. Es entwickelt sich das Bewusstsein von der Notwendigkeit, gemeinsam der Banalität des Weitermachens durch kreative Veränderung zu widerstehen, Aufbruch in einer schwierigen Lage zu wagen und das heißt nicht nur „Exodus", Auszug aus dem „falschen" Leben, sondern meint immer auch Veränderung der Sichtweise und des Gesehenen und Änderung der je eigenen Praxis. Das BGE ist eine kreative Antwort auf die gegenwärtige und künftige Lage der Wirtschaft und der Gesellschaft. Die Kultur der Nachhaltigkeit begreifen, heißt: den Unterschied zwischen industriellem und nachhaltigem Fortschritt zu verstehen.

Vorschläge für die Finanzierung des BGE

Nicht selten werden Bedenken über die Finanzierbarkeit des BGE erhoben. Es gibt aber für die Finanzierung des BGE verschiedene Vorschläge, die durchaus alle als realistisch zu beurteilen sind. Die Finanzierung des bedingungslosen Grundeinkommens ist z.B. nach Götz Werner über eine Konsumsteuer ohne weiteres möglich. Eine Konsumsteuer wäre noch dazu sozial gerecht, weil diese entsprechend der Höhe der Wertigkeit der in Anspruch genommenen Güter und Dienstleistungen gestaffelt werden könnte. „Warum nicht Autos ab 200 PS oder ab einem Preis von 50.000 Euro viermal so hoch besteuern wie Klein- und Mittelklassewagen. Warum nicht auf Mieten und Reihenhäuser weiterhin keine oder künftig eine bescheidene Mehrwertsteuer erheben, auf Villen mit mehr als 10 Zimmern aber 100 Prozent..."[294]

Auch der Vorschlag von Richard David Precht scheint mir wirtschaftlich gangbar. Nach ihm „könne im Sinne ökonomischer Anreizformen nur eine ‚Mikrosteuer' von 0,05 Prozent auf jeden Geldtransfer

---

[294] Werner, Götz W., Einkommen für alle. a. a. O., Seite 285.

sein, der eben nicht an produktiver Arbeit hänge, sondern an der für den Finanzkapitalismus entscheidenden Bezugsgröße: an den Geldströmen"[295]

Hans Ruh plädiert für eine Finanzierung durch eine „Stiftung, gespeist durch alle Unternehmen, welche Daten erhalten, sammeln, verwenden und verkaufen. Man sagt nicht ohne Grund: Die Daten, meine Daten, sind die Rohstoffe der Zukunft. Meine These ist: Die Daten gehören dem Volk, und die Konzerne sollen für die Verwendung bezahlen und damit die Stiftung finanzieren. Solche Konzerne sind zum Beispiel Google, Facebook, Pharmaunternehmen, Banken, Telekom oder andere Großunternehmen im Finanzbereich.... Denkbar wäre auch eine Finanztransaktionssteuer, über die auch in Deutschland diskutiert wird."[296]

Diese Vorschläge zeigen, dass gerade in einer Geschenkökonomie das Bedingungslose Grundeinkommen der richtige Weg ist, um den Menschen ihren Wert und einen ihrer Würde gemäßen Status zu geben. Gleichzeitig erhalten sie damit die Möglichkeit, für das Geschenk der Grundsicherung der Gesellschaft mit ihrem Einsatz in den Bereichen zu danken, in denen sie sich in sozialer, ökologischer und kultureller Hinsicht involviert sehen. Das Beispiel von Michael Bohmeyer mit seinem Verein „Mein Grundeinkommen e.V." ist doch ein Beleg dafür, dass sich das BGE auf das Zusammenleben der Menschen und auf den Zusammenhalt der Gesellschaft auswirken wird.

---

[295] Precht, Richard David, „Jäger, Hirten, Kritiker". Eine Utopie für die digitale Gesellschaft, München 2018. Hier zitiert nach: Nassehi, Armin, Und was machen wir dann den ganzen Tag? Mehr Freiheit durch digitalen Sozialismus: Richard David Precht trifft mit seiner Streitschrift für das Bedingungslose Grundeinkommen den Nerv, in: FAZ, 30. 6. 2018, Nr. 149, Seite 10.

[296] Kessler, Wolfgang, „Dividende für das gelingende Leben". Wie das bedingungslose Grundeinkommen auch theologisch zu begründen ist. Ein Gespräch mit dem Schweizer Sozialethiker Hans Ruh, in Publik-Forum, Nr. 17 / 2018, Seite 30 – 32, hier Seite 32.

Transformationseinkommen: Ein neuer politischer Vorschlag von Dr. Thomas Weber (BMJV)

Wenn wir den Fortbestand der Menschheit und der Welt ermöglichen wollen, müssen wir angesichts der nahenden Klimakatastrophe zu einer Transformation unseres Verhaltens zu einer drastischen Reduktion des weltweiten CO_2-Ausstoßes kommen. Wie ist das möglich? Wenn einerseits die Unternehmen nicht bereit sind die sozialen und Umweltkosten einzupreisen und die Konsumenten ihre Kaufgewohnheiten nicht radikal ändern, dann muss im Interesse der Vermeidung einer Umwelt- und Klimakatastrophe dies durch gesetzliche Bestimmungen sichergestellt werden.

Webers Vorschlag „setzt bei der Reduzierung der Freisetzung von bisher fossil gebundenem CO_2 an, weil die ökologische Notwendigkeit eine absolute quantitative Obergrenze und damit eine in Zukunft nahezu vollständige Beendigung dieser Freisetzung als Voraussetzung für alle weiteren Transformationsschritte verlangt....".[297]

„Ausgehend von der gegenwärtigen CO_2 Freisetzung dürfte das im Rahmen der Obergrenze zur Verfügung stehende globale CO_2 Budget - auch bei einer drastischen kontinuierlichen Reduktion - in spätestens 20 Jahren weitgehend erschöpft sein.

Der Vorschlag zielt daher auf eine Umsetzung in den nächsten 20 Jahren. Ziel des Vorschlages ist, die Transformation sozial so zu gestalten, dass sie der für die Akzeptanz der Transformation notwendigen Gleichheitsanforderung entspricht, indem allen Bürgerinnen und Bürgern ein gleiches CO_2- Budget – also ein gleicher Anteil an Naturbeanspruchung zur Verfügung gestellt wird und die Transformation nicht dazu führen soll, dass nur die Reichen noch CO_2 verbrauchen können,

---

[297] Weber, Thomas, Politischer Vorschlag zu einem „Transformationsvermögen"/ „Transformationseinkommen" als Gestaltungs- und Steuerungsinstrument in der unausweichlichen sozial-ökologischen Transformation. Zitiert nach Manuskript vom 21.2.2019

eine Umverteilung von Finanzmitteln vom „falschen" zum „richtigen" Konsum stattfindet. Dabei bedeutet „richtig" die Vermeidung von CO_2 freisetzenden Produkten und Dienstleistungen, den Bürgerinnen und Bürgern als Verbraucher ein Anreiz und die Möglichkeit gegeben werden, sich durch ein „richtiges" Verbrauchsverhalten ein positives Einkommen zu verschaffen, dadurch, dass die Bürgerinnen und Bürger die Möglichkeit eines Einkommens haben, die sie ohne diese Transformation nicht hätten, eine Voraussetzung für die Akzeptanz der notwendigen Transformation geschaffen wird.

Sowohl in der zeitlichen Begrenzung als auch mit dem finalen Anspruch der nahezu vollständigen Dekarbonisierung und mit der vorgesehenen Vermögensverteilung unterscheidet sich dieser Vorschlag von anderen entwickelten und zum Teil umgesetzten Ideen der CO_2-Bepreisung. Der Vorschlag formuliert ein politisches und qualitatives Gestaltungsprinzip. Die konkreten quantitativen Annahmen sind im Hinblick auf die Anwendung dieses Prinzips flexibel zu denken. Auch wenn der Vorschlag von Deutschland ausgehend formuliert ist, ist es klar, dass er schon wegen der Gleichheitsnotwendigkeit EU-weit und perspektivisch auch global zu erweitern, zu denken und zu realisieren ist. Die Arbeitsbegriffe „Transformationsvermögen"/ „Transformationseinkommen" etc. sind als Übergangsbegriffe („Transitionsbegriffe") zu verstehen. Sie können durchaus als Vorstufen für ein nach der Phase des Überganges zu bestimmenden „Naturvermögens", aus dem ein „Naturgrundeinkommen" finanziert wird, verstanden werden.

Der Vorschlag setzt beim CO_2-Ausstoss an, für den die Transformation eine nahezu vollständige Dekarbonisierung des Wirtschaftslebens vorsieht. Insofern kann für den konkreten Vorschlag auch von einem „Dekarbonisierungsvermögen"/ "Dekarbonisierungseinkommen" gesprochen werden. Ein künftiges Naturgrundeinkommen wird danach an der Gesamtnaturbeanspruchung bzw. an den Stoffflüssen ansetzen.

Neue Möglichkeiten für die ehrenamtliche Mitwirkung der Gläubigen bei der Kirchenverwaltung

Mit einem bedingungslosen Grundeinkommen kämen auch auf die Kirchen rosige Zeiten zu. Alle in der Kirche Beschäftigten, auch die Priester und Bischöfe bekämen ein Grundeinkommen. Die Personalkosten würden sich wesentlich verringern. Die längst fällige Organisationsstruktur in der Deutschen Kirche könnte viel leichter angegangen werden. Nicht nur an der Basis sondern bis in die Spitzenpositionen der Verwaltung könnten Ehrenamtliche oder auch Gläubige gegen geringes Salär zur Verfügung stehen. Aus christlicher Motivation könnten sich Frauen und Männer in Gemeinde, Kirche und Gesellschaft ehrenamtlich viel stärker engagieren, Familienmütter und -väter hätten wesentlich mehr Spielraum für ihre Familie und die Sorge um ihre Kinder und darüber hinaus noch Zeit, um in ihren Gemeinden Aufgaben zu übernehmen, weil sie vom Druck unerträglicher Arbeitsverträge und aus der Umklammerung prekärer Arbeitsverhältnisse durch das Bedingungslose Grundeinkommen befreit würden. Aus Dank für diese Befreiung werden sie sich für gemeinwohlfördernde Tätigkeiten zur Verfügung stellen, ohne die Gesellschaft und Wirtschaft nicht auskommen. Sie hätten wieder den Spielraum zum Austausch mit ihren Angehörigen, Freunden, Nachbarn, kirchlich engagierten über die inhaltlichen Vorstellungen über unser Wirtschaften und die Möglichkeiten eines guten Lebens zu kommunizieren. Natürlich müssen zum Gelingen die Möglichkeiten gegeben sein. Franz-Xaver Kaufmann fragt: „was Menschen motivieren kann, sich abgesehen von der ja im unmittelbaren Eigeninteresse liegenden Eigenhilfe oder Selbsthilfe in solchen wohlfahrtschaffenden Aktivitäten zu engagieren, so reichen ökonomische Überlegungen im heutigen Verständnis nicht hin. Wir haben es hier mit einer Art naturalwirtschaftlicher oder moralischen Ökonomie zu tun, die nicht auf isolierbaren Tauschprozessen, sondern auf dem wesentlich diffuser wirksamen Prinzip der Gegenseitigkeit (Reziprozität) beruht. Sympathie und Solidarität

erweisen sich hier als wichtige Motive, soziale Anerkennung und Miß-
billigung als wichtige Sanktionen, um diese Prozesse der Wohlfahrts-
produktion in Gang zu halten."[298]

Das ist keine Utopie: Darüber hinaus können sich unterschiedliche
Vernetzungen von Personen und Gruppen nicht nur in der Kirche, sondern ganz generell im gesellschaftlichen Kontext ergeben. In der au-
genblicklichen Arbeitsmarktlage ist das der Mehrheit der Beschäftigten
weder aus zeitlichen noch aus finanziellen Gründen möglich. Der
Zwang ausschließlich im vorherrschenden System zu funktionieren,
kann wesentlich eingegrenzt werden. Darüber hinaus ergäbe sich auf der
Basis des Grundeinkommens für viele Menschen eine willkommene
Möglichkeit teils gegen geringes Entgelt z.B. in Pflegeberufen eine
sinnstiftende Tätigkeit in unserer Gesellschaft anzunehmen und sich der
Förderung des ökologischen, sozialen und kulturellen Gemeinwohls zur
Verfügung zu stellen. Nach Schätzungen, „können in den Industrielän-
dern alle auf dem jetzigen Standard existieren, und nur ein Fünftel ihrer
Arbeitskraft wird selber benötigt."[299] Solidarität würde wieder als
grundlegendes Element der Lebensformen der Menschen realisiert.

Gemeinden sind anders

Das 2. Vatikanische Konzil steht für eine neue Pastorale Entwicklung der Glaubenswege. Sie ergeben sich einerseits aus der Erfahrung
von Perspektivlosigkeit und der Konsumorientiertheit der herkömmlichen Gestaltung der Großgemeinden. Andererseits entwickelt sich ein
plurales Verständnis religiöser und christlicher Lebensgestaltung. Nach
Knut Wenzel sollte Kirche im Sinne der Umsetzung der Vorschläge des

---

[298] Kaufmann, Franz-Xaver, a.a.O., Seite 107.
[299] Ders., a.a.O., Seite 64.

2. Vatikanums, „Kulturen der Autonomie"[300] fördern. Noch einmal: Es wird nicht erfolgreich sein, eine Neubelebung der Gemeinden durch eine von oben nach unten verordnete Struktur zu erreichen, die lediglich an der Zahl der noch zur Verfügung stehenden Priester ansetzt und schlicht in der Vergrößerung der Pfarreien im Interesse der Erhaltung der bisherigen Diözesan- und Gemeindestrukturen besteht. Zukunft kann nicht einfach als Fortsetzung der Vergangenheit gestaltet werden. Selbst die Katholiken, die noch regelmäßig zum Sonntagsgottesdienst kommen und an der Beibehaltung einer Service-Kirche interessiert sind, sind zunehmend unzufrieden, weil sie weitere Wege für alle Serviceleistungen auf sich nehmen müssen und mit der Zentralisierung eine wachsende Anonymisierung spüren. Gremiensitzungen (PGR / Ortsausschuss / Kirchenkreis / etc.) sind zahlreicher geworden. Die Gläubigen vermissen mehr und mehr die Verortung in ihrem vertrauten Umfeld. Die persönlichen Beziehungen schwinden, die die Erfahrung, in einer lebendigen Gemeinde zu leben, bewirkten und bedeuteten. Wie die aktuellen Zahlen der Kirchenaustritte zeigen, wirkt eine von oben nach unten erfolgende strukturelle Veränderung, die lediglich die Fortschreibung des Istzustandes anstrebt, kaum eine Stimulierung von Gläubigen, sich in den Entwicklungsprozess einzubringen und zu engagieren. Die neuen Zahlen über Kirchenaustritte im letzten Jahr sind kein gutes Zeichen. Die Gemeinden schrumpfen. Einerseits ist der demographische Wandel Ursache. Nach Ansicht von Prof. Gert Pickel, Religionssoziologe in Leipzig spielt andererseits der Säkularisierungsprozess eine Rolle: „Religion und Kirche spielen für viele Menschen maximal noch eine Nebenrolle im Leben."[301] Regelrechte Schübe von Kirchenaustritten werden durch die Skandale der Kirche ausgelöst. Einerseits haben die Finanzskandale

---

[300] Wenzel, Knut, Offenbarung, Text, Subjekt. Grundlegungen der Fundamentaltheologie, Freiburg 2016, Seite 155.

[301] Zitiert nach: Südd.Ztg., Kaum aufzuhaltender Schwund, EPD, 21./22. Juli 2018, Nr. 166, Seite 7.

Austrittsschübe bewirkt aber darüber hinaus das Bekanntwerden der Missbrauchsskandale und auch das Verhalten der Bischöfe im Zuge dringend erforderlicher Aufklärung. Nach der von der Bischofskonferenz in Auftrag gegebenen Studie gab es „3677 Opfer von sexuellem Missbrauch an Kindern und Jugendlichen und 1670 mutmaßliche Täter, 4,4 Prozent aller Kleriker der deutschen Bistümer waren mutmaßlich Missbrauchstäter."[302] Aber auch der Streit um die Zulassung wiederverheirateter Geschiedener zur Kommunion hat und wird weiter seine Spuren hinterlassen.

Immerhin haben im Jahr 2017 insgesamt 167 000 Katholiken ihren Austritt aus der Kirche erklärt. Es gab 2647 Eintritte und 6685 Wiederaufnahmen. Die starke Mobilität, von der heute aufgrund der wirtschaftlichen Anforderungen immer mehr Menschen betroffen sind, ist nach Pickel auch ein möglicher Grund für den Abbruch kirchlicher Bindungen. In der neuen Gemeinde, in die man umziehen musste, meldet man sich nicht mehr an, bleibt einfach der Ortskirche fern. Der Anteil der evangelischen und der katholischen Gläubigen, die noch den Kirchen angehören, machen insgesamt einen Anteil von 54 Prozent an der Gesamtbevölkerung aus. Es ist tröstlich, dass „immerhin noch vier von fünf Mitgliedern sind irgendwie ihrer Kirche verbunden. Doch die Bindung bröckelt. 41 Prozent haben schon einmal über einen Austritt nachgedacht, wenn auch die Hälfte davon angibt, höchstwahrscheinlich zu bleiben. Doch 7 Prozent sind fest zum Austritt entschlossen, 13 Prozent unentschieden.... Katholiken in Deutschland sind jedenfalls typischerweise ihrer Kirche in Kritik verbunden. Von den bundesweit 1369 Ka-

---

[302] Finger, Evelyn und Völlinger, Veronika, Kindesmissbrauch in der Katholischen Kirche. Das Ausmaß der Verbrechen. Über vier Jahre lang haben die deutschen Bischöfe sexuelle Gewalt in der Kirche systematisch erforschen lassen. Wir veröffentlichen erste Ergebnisse der Studie, in: Die Zeit, 13. September 2018, Nr.38, Seite 54.

tholikinnen und Katholiken, die das Heidelberger Sinus-Institut 2017 befragen ließ, rechneten die Forscher 45 Prozent dieser Gruppe zu."[303]

Diese Zahlen geben natürlich keine Auskunft darüber, dass es viele Christen gibt, die sich zwar bei ihren Kirchen abgemeldet haben, aber als Christen verstehen und in ihrer Lebensgestaltung Zeugnis für die Botschaft Jesu Christi geben wollen und geben. Genau das belegen die Ergebnisse einer aktuellen Studie, die von der katholischen Medien-Dienstleistungsgesellschaft (MDG) und dem Erzbistum München-Freising in Auftrag gegeben wurde. Ein wichtiges und ermutigendes Zeichen ist es, dass „zum Beispiel durch fast alle Milieus hindurch eine große Mehrheit der Befragten angegeben haben, dass ihnen der Glaube an Jesus Christus wichtig sei, dass dieser Glaube ihnen inneren Halt gebe – und dass doch viele wenigstens ab und zu in einen Gottesdienst gingen."[304] Daher ist der von den Bischöfen eingeschlagene Weg der Zusammenlegung von Gemeinden zu großen Pfarreien nicht der angemessene Weg für Gemeindeentwicklung. Vielmehr kommt es darauf an, auf allen Ebenen der Beziehung zu Jesus Christus den Vorrang zu geben. Dann wird auch die Institution Kirche wieder glaubwürdig.

Ich denke z.B. an Frauen und Männer, an Jungen und Mädchen, die in der Jugendarbeit etwa bei den Pfadfindern aktiv sind, Männer und Frauen, die sich in der Altenpflege ehrenamtlich für Gespräche zur Verfügung stellen, an Männer und Frauen, die ehrenamtlich bei der freiwilligen Feuerwehr Dienst tun, an Männer und Frauen, die Flüchtlingen beim Ausfüllen der Formulare helfen und diese zu Ämtern begleiten, an Männer und Frauen, die bei der Organisation der Tafeln mitwirken, die Amnesty International unterstützen und sich bei Aktionen zur Einhal-

---

[303] Dobrinski, Matthias, Die Bindung bröckelt. Soziale Einrichtung, Dienstleister bei Taufe und Hochzeit oder Bollwerk gegen den Islam? Eine Studie zeigt, was die Menschen in der katholischen Kirche hält – aber auch, wo die Zweifel an der Institution wachsen. In: Südd. Ztg., 23.1.2019, Nr. 19, Seite 5.

[304] Ders., ebd..

tung von Menschenrechten engagieren, die an der Basis in der Erwachsenenbildung ihre Fähigkeiten einbringen und nicht zuletzt solche Männer und Frauen, die in der politischen Arbeit und in der Bewusstseinsbildung ihr Christsein zum Ausdruck bringen, Widerstand gegen Fremdenhass organisieren, für den Schutz der Umwelt und gegen prekäre Arbeitsverhältnisse mobil machen etc. Diese Aktivitäten von Christen in ganz unterschiedlichen gesellschaftlichen Kontexten geben uns Hinweise über mögliche Inhalte, Ziele und Methoden von Gemeindeentwicklung der Zukunft. Es geht um den Erhalt und auch den Aufbau von Beziehungen, in denen über Orientierung in unübersichtlicher Lage kommuniziert werden kann. Gemeindeentwicklung hätte hier anzusetzen. Entwicklung wird nicht durch Verordnung von immer größeren Verwaltungsstrukturen oder als „fortgesetzte Optimierung des Gleichen"[305] gefördert. Gemeindeentwicklung von oben als reine Strukturänderung aufgrund von Priestermangel bedeutet, dass nur eine Perspektive im Blick ist. Sie ist zum Scheitern verurteilt, wird zur Implosion der jetzigen Kirchenstruktur führen, weil weder die Gläubigen auf Augenhöhe in den Entwicklungsprozess einbezogen werden, noch eine unserer pluralen gesellschaftlichen Situation angemessenen interdisziplinären, interkulturellen und transdisziplinären Forschung zu Rate gezogen wird. Ich frage mich immer wieder, ob unseren Kirchenleitungen die Pluralität, Volatilität und die Komplexität bewusst ist, in der Christen Orientierung und Gemeinschaft für ihre Lebensgestaltung suchen. Eine Kirche, die sich diesen Problemen stellt und mit den Gläubigen Orientierung vermittelt, wird gebraucht. Ihr werden sich die Menschen auch wieder zuwenden.

---

[305] Gronemeyer, Marianne, a.a.O., Seite 191.

Wie könnte Gemeindeentwicklung aus der Sicht von Papst Franziskus aussehen?

Papst Franziskus fordert in Evangelii Gaudium dazu auf, nach draußen und an die Ränder der Gesellschaften zu gehen. Er zitiert zur Verdeutlichung die Erklärung der lateinamerikanischen Bischöfe: „Wir können nicht passiv abwartend in unseren Kirchenräumen sitzen bleiben, sondern von einer rein bewahrenden Pastoral zu einer entschieden missionarischen Pastoral übergehen."[306] Wege der Inklusion müssen beschritten werden. Es geht Franziskus um Aufbruch der Kirche. Er erläutert: „Ich träume von einer missionarischen Entscheidung, die fähig ist, alles zu verwandeln, damit die Gewohnheiten, die Stile, die Zeitpläne, der Sprachgebrauch und jede kirchliche Struktur ein Kanal werden, der mehr der Evangelisierung der heutigen Welt als der Selbstbewahrung dient."[307] Dabei empfiehlt er, auch auf die Basis zu hören, „weil die Herde ihren Spürsinn besitzt, um neue Wege zu finden."[308] Daher ist „das bequeme pastorale Kriterium des ‚Es wurde immer so gemacht' aufzugeben. Ich lade alle ein, wagemutig und kreativ zu sein in dieser Aufgabe, die Ziele, die Strukturen, den Stil und die Evangelisierungs-Methoden der eigenen Gemeinden zu überdenken."[309]

Der Papst ermuntert zu Kreativität, zum Aufbruch, zur grundlegenden Neuausrichtung der Pastoral. Vor neuen Entwicklungen haben Institutionen Angst. Franziskus dagegen spricht alle Getauften an, sich ihrer Würde als Mensch bewusst zu werden. Wer getauft ist, hat Anteil erhalten am Hirtenamt und am Priesteramt. Alle haben durch die Salbung mit Chrisam Anteil am Königtum Christi erhalten. Das macht ihre Würde und ihr Christsein aus. Jeder hat Anteil an der in Christus geschenkten

---

[306] V. Generalversammlung der Bischöfe von Lateinamerika und der Karibik, Dokument von Aparecida (29. Juni) 548; zitiert nach EG Nr. 15.

[307] EG, Nr.27.

[308] EG, Nr. 31.

[309] EG, Nr.33.

Freiheit. Das will uns auch Paulus verdeutlichen, wenn er im Brief an die Galater schreibt: „Als aber kam die Fülle der Zeit, da sandte Gott seinen Sohn,… Damit er die unter dem Gesetz freikaufe, damit wir die Adoption zu Söhnen und Töchtern empfingen." (Gal 4, 5f.) Josef Bank, einer der bedeutendsten Exegeten der 2. Hälfte des vergangenen Jahrhunderts interpretiert diese Aussage des Paulus so: „Die eigentliche Freiheit besteht also in der Einsetzung der Menschen als ‚Söhne und Töchter Gottes' und in der damit gegebenen Unmittelbarkeit zu Gott, im Gottesverhältnis…. Die Glaubenden haben Anteil an der Gottessohnschaft Christi. Genau das macht ihre volle, unverkürzte Freiheit aus. Die ‚Freiheit eines Christenmenschen', …besteht darin, dass sie ihre eigentümliche Grundlage im innersten Freiheitsraum des dreifaltigen Gottes selber hat; dass sie im neuen Verhältnis zu Gott als Vater, in der Teilhabe an der Gottessohnschaft Christi und in der Begabung mit dem Gottesgeist besteht."[310] Christen, die aus dieser Freiheit heraus die Zeichen der Zeit im Licht des Evangeliums deuten und die Ermunterung zu Kreativität im Sinne von Papst Franziskus befolgen, werden neue Lösungen im Interesse der Weitergabe der Botschaft Christi entdecken und entsprechende Wege in Kirche und Gesellschaft zu gehen versuchen.

Kreative Veränderungen lösen Ängste vor dem Chaos aus. Davon sind sicher Vertreter der kirchlichen Institution ähnlich betroffen, wie auch manche Besucher des Sonntagsgottesdienstes. Angesichts der Zusammenlegung von Pfarreien zu Großpfarreien befürchten viele eine Reduktion der Serviceleistungen und reagieren beunruhigt. Nach Möglichkeit soll alles so bleiben, wie es immer war. Notwendige Änderungen sind nur möglich, wenn es dazu einen hinreichenden Diskurs mit und an der Basis der Kirchengemeinden gibt. Sonst lässt man sich auf

---

[310] Blank, Josef, Zu welcher Freiheit hat uns Christus befreit? Die theologische Dimension der Freiheit, in: Stimmen der Zeit, Heft 7 (Juli 1989, Seiten 460-472, hier: Seite 464.

Änderungen der Lebens- und Glaubensgewohnheiten erst ein, wenn es nicht mehr so weiter gehen kann und die Not zu Änderungen zwingt.

Wenn Bischöfe -wie der Aachener Bischof Helmut Dieser- aus Angst vor Veränderung und aus Mistrauen gegenüber synodalen Strukturen und Gremien versuchen, diese z.b. durch Ernennung von Regionalvikaren die gewählten Regionaldekane zu ersetzen, dann ermutigt das nicht zu kreativer Zusammenarbeit. Es kann passieren, dass Priester, die sich derart zurückgesetzt sehen zu der Ansicht kommen, dass ihr je eigenes Persönlichkeitsprofil nicht zum Profil der Diözesanleitung passt und über ihren Ausstieg nachdenken.

Wenn wir zurückschauen und uns unseren Integrationsprozess in unserer Gesellschaft vergegenwärtigen, werden wir feststellen: „Die Idee von Lernen und Bildung zielte darauf ab, stabile Identitäten herauszubilden, die ein ganzes Leben lang halten konnten.... ‚Lebenslanges Lernen' war jahrhundertlang eine Trivialität, ehe es von der Wall Street umgedeutet wurde und jetzt bedeutet: sich in jeder Sekunde auf neue Marktgegebenheiten einstellen."[311]

Kreativität bringt für alle Beteiligten Überraschungen mit sich. Genau das brauchen Menschen, wenn sie sich von Gewohnheiten lösen sollen. Es müssen entsprechende Erfahrungen möglich sein. Das gilt für alle Handlungsbereiche in der Kirche, natürlich auch für die Feier der Eucharistie. Es ist durchaus hilfreich, wenn besondere Gottesdienstgestaltungen etwa zusammen mit jungen Menschen mit und ohne Priester entwickelt werden.

Hier sind die Vorschläge des Limburger Bischofs Dr. Bätzing einmal anzuschauen, die er in seinem Hirtenwort zur Fastenzeit im Jahr 2017 mit dem Titel: „Im Glauben wachsen" empfohlen hat. Das Motto seines Briefes ist sehr zu begrüßen, aber wie stellt sich der Bischof denn das Wachsen im Glauben vor?

---

[311] Schirrmacher, Frank, EGO. Das Spiel des Lebens, 5. Auflage München 2013, Seite 173 f..

Er beginnt mit der Feststellung, dass er in den Bezirken, die er bisher besucht hat, „in großer Gemeinschaft Eucharistie gefeiert" hat und „bei den Begegnungen in einen ersten Austausch getreten" ist.

Als Ergebnis spricht er aus, was wir sicher alle auch so wahrnehmen: „Für die Kirche geht es nicht mehr so weiter wie bisher.... Die eingeübten Wege, den Glauben weiterzugeben, und die Art und Weise, wie sich Gemeinden gebildet und verstanden haben, sind an deutliche Grenzen gestoßen." Und obwohl er schreibt, „dass eine Strukturreform nicht mit Kirchenentwicklung verwechselt werden darf" sieht er in den Gemeinden neuen Typs eine Entwicklung, die es „den Synodalen Verantwortlichen gemeinsam mit Seelsorgerinnen und Seelsorgern" ermöglicht, „sich den Irritationen, Konflikten und Herausforderungen beherzt zu stellen".

Auf der Grundlage dieser Strukturänderungen fragt sich Bischof Dr. Georg Bätzing: „Wie werden sich unter dem Dach der Pfarreien an möglichst vielen Orten Gemeinschaften bilden, die das Evangelium mit dem Leben von Menschen in Berührung bringen?" Aus seiner Sicht wird das gelingen, wenn sich die Pfarrei neuen Typs zu einem Netzwerk mit unterschiedlichen Erfahrungen von Kirche entwickelt, die einander ergänzen und bereichern und er behauptet abschließend: „Ihre gemeinsame Mitte und Kraft finden sie in der Eucharistiefeier am Sonntag." Was ist mit denen, die gar nicht zum Sonntagsgottesdienst kommen? Der Bischof sieht zwar die Notwendigkeit für einen grundlegenden Perspektivenwechsel. Aber welche Möglichkeiten eröffnet er, dass Menschen diesen Perspektivenwechsel als einen erkennen, der ihnen beim Erkennen der Zeichen der Zeit im Licht des Evangeliums hilfreich ist, geschweige denn mitzugehen herausfordert?

Dass wir uns der konkreten Lebenswirklichkeit stellen müssen, dass wir uns der Botschaft des Evangeliums ganz neu öffnen müssen, ist nicht zu bestreiten. Aber es führt nicht weiter, einfach dazu aufzufordern, „die Feier der Heiligen Messe am Sonntag weiter hoch zu schätzen."

Wie soll das geschehen? Der Bischof gebraucht den Begriff „Messe" statt Eucharistie. Schon das ist ein Problem. Wenn ich „Messe" höre, denke ich an „Winkelmessen", die in Klosterkirchen an den Seitenaltären zelebriert wurden ohne Beteiligung von Gemeinde, allenfalls mit einem Klosterbruder als Ministranten oder auch ohne einen Ministranten. Hintergrund ist das Opferverständnis der Messe, das seinen Ursprung im Mittelalter hat.

„Eucharistein" kommt aus dem Griechischen und heißt „Danksagen". Damit ist klar: Eucharistiefeiern in diesem Sinne vorzustehen, sind alle Christen in der Taufe befähigt worden, weil sie dort gesalbt wurden zu Priestern und Propheten Jesu Christi.

Andererseits bezweifelt niemand: Eucharistische Versorgung durch einen Priester ist ein Auslaufmodell und kann den Kollaps unseres bisherigen kirchlichen Systems nicht verhindern. Das Recht der Gemeinde auf Eucharistie kann in der herkömmlichen Weise mit einem Priester nur so gesichert werden, dass immer größere Pfarreien nach dem Muster „Pfarrei neuen Typs" gebildet werden, was natürlich auf Kosten der Nähe zu den Menschen vor Ort geht. Dennoch plädiert der Bischof für diese Lösung. Diese Vorstellung beruht ausschließlich auf hierarchischen Denkmustern.

Außerdem ist spätestens seit dem II. Vatikanischen Konzil klar, dass die Bischöfe nicht mehr vertuschen dürfen, dass im Neuen Testament kein Hinweis auf ein Amtspriestertum zu finden ist.

Es wäre also hilfreich gewesen, wenn sich der Bischof klar für andere Formen der Eucharistie ausgesprochen hätte. Der Bischof verweist im Hirtenbrief darauf, dass sich „an Orten Gemeinschaften bilden, die das Evangelium mit dem Leben von Menschen in Berührung bringen." Gerade in diesen Gemeinden gibt es immer noch viele engagierte theologisch gebildete Frauen und Männer, die einer vielgestaltigen eucharistischen Praxis als Leiter zur Verfügung stünden. Wenn diese Leute wahrgenommen und entsprechend beauftragt würden, könnte sich eine Vielfalt von Gottesdiensten entwickeln. Vielleicht entstünde gerade dadurch ein Interesse an Beteiligung von Christen, weil hier Nähe am Ort und an der Basis erfahrbar wird. Leider nennt der Bischof weder die Möglichkeit von eucharistischen Wortgottesdiensten noch erwähnt er in seinem Brief diese engagierten Männer und Frauen. Damit werden Chancen für die Weitergabe der Botschaft des Evangeliums nicht wahrgenommen. Außerdem ist es eine Missachtung der engagierten Gemeindemitglieder und der pastoralen Mitarbeiterinnen und Mitarbeiter, wenn der Bischof nicht auf diese Menschen setzt, wenn sie spüren, dass sie in ihrer Würde und in ihrer je eigenen Identität als Gläubige nicht ernst genommen werden.

Die älteste Bezeichnung für Eucharistie heißt „Brot brechen". Es ging darum, mit anderen Gott dankend das Brot zu teilen.

In den Ostkirchen galt übrigens das „Vater Unser" als das Gebet, das im Zentrum der Eucharistie stand und nicht der sogenannte Einsetzungsbericht der lateinischen Kirche. Das Vater Unser ist ein eucharistisches Gebet. Das wird gleich bewusst, sofern man es einmal aus dieser Perspektive wahrnimmt. Hier haben wir es in klassischer auf Jesus selbst zurückgehender Formulierung zur Eröffnung einer eucharistischen Feier zu tun.

Im gegenwärtig vorherrschenden eucharistischen Verständnis sind wir immer noch viel zu stark auf die Wandlung der Gestalten von Brot und Wein fixiert. Das vermittelt nicht selten ein magisches Verständnis.

„Die ursprüngliche jesuanische Deutung: „Das ist mein Leib", bezieht sich gar nicht auf das Brot, sondern auf die Anwesenden."[312] Ihr gemeinsames Essen wird von Jesus als der symbolische Aufbau seines Leibes gedeutet. Wir werden in der Feier der Eucharistie „Leib Christi".

---

[312] Peter Trummer,"...dass alle eins sind!" Neue Zugänge zu Eucharistie und Abendmahl, 2. Auflage Düsseldorf 2003, 137.

Alles, was sich „über die früheste Deutung der Eucharistie ausmachen lässt, hat wohl niemand gemeint, im Brot Jesus oder Gott zu essen."[313] Jesu Handeln im Abendmahlssaal „bezog sich nicht auf zu verwandelnde Objekte, sondern auf die durch das gemeinsame Essen und Trinken entstehende christliche Gemeinschaft, welcher der Charakter eines leibhaftigen Bundes zugesprochen wird."[314] Ein solches Verständnis eröffnet vielen Menschen –besonders auch jungen Menschen- wieder neue Zugänge zur Botschaft Jesu und der Kirche. Vielleicht müssen wir uns heute, -wie das auch Jesus zur damaligen Zeit in der Kommunikation mit seinen Jüngerinnen und Jüngern getan hat-, wieder mehr Empathie für die jetzt existierenden menschlichen Schlüsselerlebnisse der Glaubenden entwickeln und danach forschen. Papst Franziskus hat doch dazu aufgefordert, mehr Phantasie zu zeigen, mutig zu experimentieren und im Vertrauen auf den Geist Gottes mehr auf die Fragen, die Erfahrungen und Hoffnungen der Glaubenden zu setzen. Es geht um mehr Inklusion von Menschen in den Kreis von Jüngerinnen und Jüngern.

Es gibt Situationen, in denen eine Eucharistiefeier auch ohne Priester möglich sein sollte. Eine wichtige Voraussetzung ist sicher, dass eine aufrichtige und vollständige Bilanz über die Nebenwirkungen der bisherigen Praxis mit den Gläubigen vorgenommen werden muss. Ein Beispiel aus meiner Erfahrung kann ich nennen. Bei einem Besuch in einem afrikanischen Land hat mir ein Generalvikar im Beisein seines Bischofs von einem Gebiet erzählt, in dem 1,5 Millionen Katholiken leben, aber kein Priester zur Verfügung steht. Hier haben Frauen die Leitung von Eucharistiefeiern in Eigeninitiative in die Hand genommen und niemand der Gottesdienstbesucher zweifelt daran, dass hier Christus ebenso realpräsent ist, als wenn ein Priester als Leiter mitwirken und die Wandlungsworte sprechen würde. Wenn sie sich aber auf eine neue Denkweise und eine neue Praxis eingelassen haben und ihre Tragfähigkeit Schritt

---

[313] Ders., ebd..
[314] Ders. Ebd..

für Schritt spüren, sind sie begeistert und freuen sich. Das spornt an, gemeinsam neue Wege zu beschreiten. Eine tragfähige Gemeindeentwicklung kann nur gelingen, wenn diese von der Basis angegangen und gestaltet wird. Christen, denen die Botschaft Jesu für ihre Lebensgestaltung wichtig ist, werden sich dann kreativ für eine Neubelebung christlicher Gemeinden einmischen. Wenn Sie sich dazu als Christen herausgefordert fühlen und in ihrer Verantwortung von den Hierarchen ernst genommen werden. Dann wird ihre Kreativität mobilisiert, Althergebrachtes hinter sich zu lassen und zu einer Neugestaltung christlicher Gemeinschaft und christlichen Gemeinden motivieren. Gottesdienst wird eine neue Belebung erfahren, wenn er aus gemeinsamer aktiver - besonders ehrenamtlicher- Arbeit in der Gemeinde wächst.

Gemeindeentwicklung konkret

Nach meiner Berufung an den Fachbereich Katholische Theologie der Goethe-Universität in Frankfurt hat sich unsere Familie mit drei Söhnen 1979 in Eppenhain, einem kleinen Dorf im Taunus niedergelassen. Eppenhain liegt in einer Mulde zwischen Rossert (516 m) Atzelberg und Hainkopf so eingebettet, dass Eppenhain von Süden und Westen mit Sonne reichlich beschenkt wird und herrliche Sonnenuntergänge zu erleben sind. Das Dorf ist von Wald umgeben und hat keine Durchgangsstrasse.

Zurzeit hat Eppenhain 1081 Einwohner (Stand 27. 9. 2018 gemäß Auskunft des Einwohnermeldeamtes in Kelkheim). Davon gehören 254 der evangelischen Kirche an, 313 der katholischen Kirche und 514, die keiner oder einer anderen Glaubensgemeinschaft angehören. Die Stadt Kelkheim zählt insgesamt 29551 Einwohner.

Durch unsere Kinder kamen wir sehr schnell mit Familien in Eppenhain in Kontakt. Einige Zeit nach unserer Ankunft waren Pfarrgemeinderatswahlen. Meine Frau Maria wurde gebeten, für den PGR zu kandidieren. Sie wurde gewählt und in der konstituierenden Sitzung auch noch zur Vorsitzenden. Seit dieser Zeit haben wir uns aktiv in die Entwicklung der Kirchengemeinde eingemischt. Bis 1988 hatten wir einen Inder als Pfarrer, der der deutschen Sprache nicht so mächtig war und der Schwierigkeiten besonders in der Kommunikation mit SchülerInnen und Jugendlichen hatte. Also haben meine Frau Maria und ich sowohl die Vorbereitung der Kinder auf die Erstkommunion und die Vorbereitung der Jugendlichen auf die Firmung übernommen. Aufgrund der konkreten pastoralen Gegebenheiten vor Ort habe ich mich 1984 von Bischof Kamphaus zum Diakon weihen lassen. Im Rückblick sehe ich in der Kommunikation mit den Familien in der Gemeinde den Grundstock für eine auch für uns heute noch tragende kleine christliche Gemeinschaft, die das Gemeindeleben befruchtet und füreinander da ist. Vielleicht sind daraus auch Hinweise für die Gemeindeentwicklung heute zu gewinnen.

Gemeindeentwicklung im Dialog mit der Bibel

Ich versuche ein paar wichtige Schritte darzulegen. Zunächst haben wir im PGR beschlossen, dass wir zu Beginn jeder Sitzung einen Text aus der Bibel lesen und darüber sprechen, was uns der Text sagt, wie die Zeichen der Zeit im Licht des Evangeliums gedeutet werden können.

Mit der Zeit hat sich jede/jeder an dem Bibelgespräch beteiligt. Als Texte wählten wir manchmal die Lesung oder das Evangelium des kommenden Sonntags. Manchmal haben wir eine Schrift des AT oder NT ausgewählt und Kapitel für Kapitel gelesen und uns über den Sinn für uns heute ausgetauscht. In der Regel nahmen wir uns für das Gespräch 45 Minuten Zeit. Das Bibelgespräch wurde für unsere Arbeit sehr wichtig.

Ein Beispiel: Bei einem Besuch von Bischof Kamphaus im PGR haben wir wie gewohnt zu Beginn einen Schrifttext besprochen. Nachdem jede/jeder in der Runde etwas dazu geäußert hatte, wollte ich das Bibelgespräch nach 30 Minuten beenden, damit wir noch Gelegenheit hatten, mit dem Bischof andere Dinge zu besprechen. Dagegen protestierte ein Mitglied und sagte: „Der Bischof hat noch nichts zu dem Text gesagt." Bischof Kamphaus, der es bei ähnlichen Gelegenheiten gewohnt war, als erster um seine Meinung gefragt zu sein, war davon sehr beeindruckt. Er hat seine Freude über diese Begebenheit auch im Priesterrat berichtet und gesagt, dass ihm das noch nie passiert sei.

Ein wichtiger Schritt für die Kommunikation in der Gemeinde war der Kauf der Gastwirtschaft Taunusblick als Gemeindehaus im Jahr 1984. Es ist das älteste Haus in Eppenhain, von dem der erste Keller und die ursprüngliche Eingangstür mit der Inschrift am Türbalken „Anno Domini 1614 Jörg Fritz" noch erhalten ist.[315] In dem Haus befinden sich zusätzlich zwei Wohnungen und Garagen, die vermietet sind. Damit trägt sich das Haus selbst. Die Räumlichkeiten mussten kaum verändert werden. Der Gastraum wird praktisch unverändert benutzt. Lediglich die Küche wurde modernisiert.

Neben den Veranstaltungen der Kirchengemeinde wird der Raum auch für private Feiern oder auch für den Bürgertreff von Eppenhain genutzt.

Entscheidend für die Entwicklung des kirchlichen Lebens und Zusammenlebens war es, dass Maria Hoffmann und Ursula Schaffrath seit nunmehr 40 Jahren gemeinsam die Sitzungen des Pfarrgemeinderats, Ortsausschusses und jetzt des Kirchenkreises vorbereitet und geleitet und maßgeblich die Entwicklung der Gemeinde St. Joseph befruchtet haben. Ohne ihre kontinuierliche Aktivierung der Gemeindemitglieder wäre die Gestaltung und Entwicklung des Gemeindelebens nicht denkbar gewesen. Darüber möchte ich jetzt etwas genauer berichten.

---

[315] Vgl.: Fischer, Franz Caspar, Eppenhain im Taunus. Beiträge zu seiner Geschichte, Frankfurt am Main 1985, Seite 19.

Die Familienwochenenden im Hans-Asmussen-Haus in Dalherda in der Rhön

Zentral für alle Aktivitäten in der Gemeinde waren die Gespräche im Pfarrgemeinderat. In den Bibelgesprächen im PGR entwickelte sich der Wunsch nach einem intensiveren Austausch zu Fragen, mit denen wir uns in unserer Gemeinde, in Kirche und Ökumene, in Gesellschaft und Wirtschaft konfrontiert sahen. Mit Fragen also, die uns im Alltag beschäftigten.

So beschlossen wir, Familienwochenenden in einem Selbstversorgerhaus in Dalherda in der Rhön durchzuführen. Als Zeit wählten wir die Tage von Christi Himmelfahrt bis Sonntag. Meine Frau Maria hat im Zusammenwirken mit Mitgliedern des PGR die Wochenenden inhaltlich und organisatorisch vorbereitet. Das erste Wochenende wurde 1984 durchgeführt zum Thema: …Heute muss ich in deinem Hause bleiben (Lk19,5) – Jesus Christus und unsere Gemeinde." Dabei haben die Erwachsenen dieses Thema -begleitet von einem Theologen- bearbeitet und reflektiert. Und die Jugendlichen befassten sich mit dem gleichen Bibeltext zusammen mit einer Studentin und einem Studenten der Theologie. Die Ergebnisse der Gespräche in beiden Gruppen wurden in einem Gottesdienst ausgetauscht und weitergeführt. Neben der Arbeit am Thema wurde gespielt, gesungen, gemeinsam gekocht, gewandert und gebetet. Alle empfanden das als eine Bereicherung und Vertiefung ihres Glaubens, der Entwicklung der Gemeinschaft, des Gemeindelebens und der je eigenen Lebenspraxis.

Die Begeisterung für diese Wochenenden in Dalherda wuchs von Mal zu Mal, sodass wir diese jedes Jahr über 20 Jahre hinweg durchführten, nämlich von 1984 bis 2004. Die räumlichen Möglichkeiten des Asmussen-Hauses wurden stets ausgeschöpft. Es waren immer rund 40 Personen (= Erwachsene, Kinder und Jugendliche), die teilnahmen. Noch heute wird darüber erzählt und der Wunsch nach Wiederaufnahme geäußert. Hier ereignete sich soziale und kulturelle Inklusion.

Da wir -wie bereits dargelegt- ziemlich eigenständig das Leben in unserer Gemeinde gestalten konnten, kreiste unser erstes Thema um Fragen, welchen Auftrag wir als Christen in der Nachfolge Christi haben. Was heißt das für uns in Eppenhain Zeugen für die Botschaft Jesu sein. Was können wir als Gemeinde eigentlich tun. Aus diesen Überlegungen entwickelte sich ein ganzer Strauß von Fragen. Die Fragen spiegeln die Entwicklung der Überlegungen in der Kirchengemeinde wider, vor die wir uns in unseren Bibelgesprächen gestellt sahen.

Unsere Überlegungen im PGR befassten sich zunächst mit unserer eigenen Gemeinde und ihrer Gestaltung. Was sind unsere konkreten Aufgaben hier vor Ort. Wo stehen wir in der Diözese und in der Weltkirche. Wie unterscheiden wir uns von den evangelischen Christen und unseren Nachbargemeinden. Andererseits interessierte uns die Frage, was macht das Evangelium mit Menschen in anderen Kulturen? Was können wir von deren Glaubenspraxis für unsere Lebensgestaltung aus dem Glauben, für unsere Praxis als Christen und Gemeinden lernen? Was können wir z.B. von den Basisgemeinden Lateinamerikas lernen? Was glauben Menschen anderer Religionen, worin zeigt sich ihr Verständnis von Gott und wo gibt es Unterschiede, wo Gemeinsamkeiten usw.

Folgende Themen wurden in den Folgejahren bearbeitet und diskutiert:

„Ihr werdet meine Zeugen sein bis an die Grenzen der Erde" (Apg 1,8): Gemeinde in der Nachfolge Christi." (1985).

„Menschwerden in Gemeinschaft" (1986).

„Ich bin nicht gekommen, Frieden zu bringen, sondern das Schwert (Mt 10, 34) – Wie gehen Christen mit Konflikten um?" (1987).

„Für alles gibt's eine Stunde, und jedes Geschäft unter dem Himmel hat seine Zeit" (Koh 3,1). Unser Umgang mit Zeit in Familie, Schule, Beruf und Freizeit. (1988)

„Nicht du trägst die Wurzel, sondern die Wurzel Israel trägt dich" (Röm 11,18) – Von unseren Glaubensquellen aus dem Judentum. (1989).

„Theologie der Befreiung – Option für die Armen. Gehen Basisgemeinden in Lateinamerika andere Wege als wir in unseren Gemeinden?" (1990)

„Mütter und Väter unseres Glaubens" – Wir lernen wichtige Personen aus dem Alten Testament kennen." (1991).

„Die Botschaft der Gleichnisse" – Evangelisierung in unserer Gemeinde. (1992).

„Zusammenleben von Christen und Muslimen – Christentum und Islam" (1993)

„Buddhismus und Christentum – Ihre inneren Bezüge." (1994)

„Jeder Teil dieser Erde ist meinem Volk heilig" Vom Glauben und Leben der Indianer. (1995)

„Neue Religiosität: Zwischen Science Fiction und vertrauter Religiosität. (1996).

„Tod und Auferstehung" (1998).

„Mehr Zeit für das Wesentliche" (1999).

„Alternative Lebensformen. Leben nach der Regel des Hl. Franziskus" (2001).

„Eucharistie – Gemeinschaftsmahl der Christen?" (2002).

„Heil und Heilwerden" (2004).

Der Blick über den Tellerrand: Die Ökumenischen Friedenswochen der Gemeinde St. Josef in Eppenhain

In den Bibelgesprächen im PGR zeigte sich auch sehr bald, dass wir als katholische Gemeinde nicht allein auf der Erde sind, sondern uns eingebunden in einer Gesellschaft und Wirtschaft und auch in einer Weltgemeinschaft von Christen anderer Konfession und anderer Religionen vorfinden. Es wurde uns bewusst, dass wir nicht isoliert in unserem kleinen Dorf leben und uns in der Gemeinschaft der Weltkirche wahrgenommen haben. Unsere Fragen richteten sich einerseits darauf zu erkunden, wie es sich an den Rändern der Gesellschaft lebt, in welcher Weise wir in unserer Gesellschaft von Entwicklungen beeinflusst sind, mit welchen ökologischen Fragen wir konfrontiert sind. Wir reflektierten, wie wir uns in unserer Gesellschaft für den Erhalt der Schöpfung einsetzen können, damit Menschwerdung in Gemeinschaft im Mit-Sein mit der Schöpfung auch in künftigen Generationen gelingen kann.

Wir haben uns darüber informiert, wie es Menschen in anderen Ländern und Erdteilen geht. Welche Erwartungen haben sie an uns? Wie sehen die aus? Wie können wir uns für das Gemeinwohl von Menschen in anderen Ländern einbringen?

So entstanden die jährlichen Friedenswochen bzw. Friedenstage im November eines jeden Jahres seit 1984, die ohne Unterbrechung bis jetzt durchgeführt wurden und werden. Die Themen der Friedentage wurden in den Sitzungen des PGR vorgeschlagen und meine Frau Maria Hoffmann hat die Friedenstage zusammen mit Anderen vorbereitet und organisiert. Diese Tradition haben wir nach der Bildung der Großgemeinde Sankt Franziskus in Kelkheim beibehalten und gestalten diese als einen Beitrag für die Pfarrei St. Franziskus.

In den ersten Jahren haben wir die Bußgänge Frankfurter Gemeinden für den Frieden und gegen Rüstung mitgemacht und mitgetragen.

Unter folgenden Themen wurden die Eppenhainer Friedenstage, später mit der evangelischen St. Johannes Fischbach als ökumenischer Friedentag gestaltet. Folgende Themen standen zur Diskussion:

1984: „Das ist ein eindringlicher Aufruf an alle Christen: ‚Die Wahrheit in Liebe zu tun' (Eph 4,15) und sich mit allen wahrhaft friedliebenden Menschen zu vereinen, um den Frieden zu erbeten und aufzubauen." (II Vatikanisches Konzil: Pastoralkonstitution: ‚Über die Kirche in der Welt von heute', Nr.79).

1985: „Die Frage ist, was ändert sich an uns?" – 40 Jahre nach Auschwitz.

1986: „Gott sah, dass es gut war." – Schöpfung am Abgrund.

1987: „Friedenserziehung.

1988: „Frieden, Gerechtigkeit, Bewahrung der Schöpfung."

1989: „Und ihr sollt den Fremdling lieben, denn ihr seid auch Fremdlinge gewesen im Lande Ägypten" (Deuteronomium 10,19).

1990: „Im Frieden mit Gott und der Welt sterben."

2005: „Suche den Frieden und jage ihm nach." (Ps 34/15) 60 Jahre nach Kriegsende.

2006: „Heilige unserer Zeit" Madeleine Delbrel / Dietrich Bonhoeffer

2007: „Sekten, Kirchen, neue religiöse Bewegungen und wie sie sich entwickeln."

2009: „Streck deine Hand auch den Armen entgegen, damit dein Segen vollkommen sei." (Sir 7,32)

2010: „Gestorben für unsere Sünden". Zum Thema Kreuz und Tod Jesu Christi.

2011: „Jesus Christus in unserer Mitte – Das Unsichtbare sichtbar gemacht."

2012: „Organspende – eine Verpflichtung? Fragen aus medizinischer und seelsorglicher Sicht."

2013: „Wir sind im Krieg und keiner merkt es."

2014: „100 Jahre erster Weltkrieg -1914 – 2014"

2015: „Christen und Muslime – was eint und was trennt."

2016: „Luther 2017 – 500 Jahre Reformation aus Evangelischer und Katholischer Perspektive."

2017: Fair handeln - Welt verwandeln: Kelkheim - Fairtrade Stadt

2018: „Es ist verschieden, normal zu sein." Im Blick unserer christlichen Gemeinden:

Menschen mit Beeinträchtigungen.

Darüber hinaus gab es weitere Vortragsabende zu Themen, die sich aus aktuellen Anlässen ergaben, in Zusammenarbeit z.B. mit der Elternschule.

Dazu kamen oft noch verschiedene Kursangebote organisiert von Anni Ickstadt.

Austausch mit Katholiken und Gemeinden in El Salvador und in Enugu in Nigeria

In den Familienwochenenden in Dalherda wurden Fragen thematisiert, die uns den Blick über Deutschland und Europa hinaus für die Länder der Einen Welt geweitet haben. Stellvertretend sei das Thema „Theologie der Befreiung – Option für die Armen. Gehen Basisgemeinden in Lateinamerika andere Wege als wir in unseren Gemeinden?

(1990)" genannt. Aber auch bei den Themen, die wir in den jährlich stattfindenden Friedenswochen angegangen sind, wurden wir sensibel für Fragen der Einen Welt. Meine Frau und ich hatten Freunde, die bei Misereor, Adveniat und der AGEH tätig waren. Im Jahr 1985 habe ich zusammen mit meinen damaligen Kollegen die Gastprofessur „Theologie Interkulturell" am Fachbereich Katholische Theologie der Goethe-Universität mitgegründet und hatte Kontakte zu Kollegen und Kolleginnen in Afrika, Asien und Lateinamerika, die mich auch zu Vorträgen über wirtschaftsethische Fragen in ihre Länder und Kontexte einluden.

Mit der Diözese Enugu bestand Kontakt seit 1994. Von Prof. Dr. Obiora Ike, Präsident des Katholischen „Instituts für Solidarität, Gerechtigkeit und Frieden" eingeladen, war ich mit meiner Frau Maria vom 28.12.1994 bis zum 11.1.1995 in Enugu und habe im Rahmen einer Veranstaltung der CIDJAP einen Vortrag gehalten zum Thema: „Money as World Formula: The Principal Cause for Suppression of an Economy Based on Reciprocity and Redistribution by a Profit and Competition oriented Market Economy" (Geld als Weltformel: Ursache für die Verdrängung einer an Reziprozität und Redistribution orientierten Ökonomie durch eine an Gewinn und Wettbewerb orientierten Marktwirtschaft). Schließlich wurde Prof. Dr. Obiora Ike im Wintersemester 1997 an den Fachbereich Katholische Theologie als Gastprofessor berufen. Seine Vorlesungsreihe hatte den Titel: „Afrikanische Kulturen und christlicher Glaube in Nigeria. Eine Gesellschaft im Übergang." So gab es genügend Informationen, Philipp Binias Enugu als seinen Ort für seinen Friedensdienst zu empfehlen. Mit Nigeria hatten wir auch dadurch eine intensive Kommunikation, weil ich die Dissertationen von drei Priestern aus der Diözese Enugu sowie einer Nigerianerin und einem Nigerianer betreut habe, die am Fachbereich Katholische Theologie der Goethe-Universität promoviert wurden.

Was El Salvador betraf, hatten und haben wir bis heute mit der Christlichen Initiative Romero (CIR) Kontakt und bekamen Besuch von

Christen in El Salavador, einem Land, dass sich im Bürgerkrieg befand. Als Bischof Romero 1980 ermordet wurde, beschlossen wir im PGR St. Josef Eppenhain, eine El Salvador-Gruppe zu gründen. Die Gruppe besteht nach wie vor und ist aktiv. Zurzeit leitet Gert Binias die Gruppe zusammen mit Barbara Knoll.

Erste Kontakte mit El Salvador

Seit 1985 besteht eine Partnerschaft zwischen der Kirchengemeinde in Eppenhain und einer kleinen Gemeinde in El Salvador, nämlich San Carlos am Lempa-Fluß. Daher hatten wir ein Interesse daran, dass El Salvador als Ort für den Friedensdienst gewählt wurde. Nach einigen Beratungen mit dem Beauftragen der Diözese Limburg wurde die Pfarrei San José in Quezaltepeque als Ort in El Salvador für den Friedensdienst von Benedikt Hoffmann vorgeschlagen.

Damals standen die mittelamerikanischen Staaten im Interesse der Öffentlichkeit. Wie in vielen Nachbarstaaten herrschte auch in El Salvador Bürgerkrieg, der letztendlich auf die krassen Unterschiede zwischen arm und reich zurückzuführen war. Auch die katholische Kirche war betroffen: durch den großen katholischen Bevölkerungsanteil, durch die aufkommende Befreiungstheologie, durch die neu entstandenen Basisgemeinden, durch die Verfolgung und Ermordung von Ordensleuten, Priestern, dem inzwischen zu einem „heilig gesprochenen" Bischof Romero und von sechs Jesuiten, die an der katholischen Universität (UCA) in der Hauptstadt lehrten.

Vor dem Terror flohen die Menschen aus ihren Dörfern in die Nachbarländer. Unsere erste Partnergemeinde San Carlos Lempa setzte sich aus ehemaligen Flüchtlingen zusammen, die nach Beendigung der Kämpfe wieder Mut gefasst hatten, zurückgekehrt sind und mit viel Engagement und Eigeninitiative eine eigene Gemeinde gegründet haben. Viele Aufgaben, die bei uns vom Staat geregelt werden, nehmen diese

Menschen selbst in die Hand, weil vom Staat kaum Unterstützung zu erwarten ist. Dazu gehören Schulen, Krankenversorgung, Genossenschaften, Bau von gemeindeeigenen Häusern, die Infrastruktur des Dorfes und vieles mehr. Alles ist in unseren Augen nur sehr einfach und bescheiden. Oft werden kleine Erfolge zunichte gemacht: so muss jedes Jahr mit einer Überschwemmung gerechnet werden, extreme Zerstörungen geschahen durch den Hurrican Mitch Ende 1999. El Salvador liegt in einem Erdbebengebiet. 1986 und zu Beginn dieses Jahres erschütterte die Erde das Land mehrfach extrem. Gerade jetzt hören wir verstärkt, wie die Menschen nicht nur materiell, sondern auch psychisch unter diesen Schicksalsschlägen leiden. 1996 haben wir mit einer Gruppe von Studentinnen und Studenten diese Gemeinde besucht. Hier ist auch unsere Motivation begründet, mit diesen Menschen Kontakt zu haben und ihnen deutlich zu machen, dass es sogar in dem weit entfernten, reichen Deutschland Menschen gibt, denen das nicht alles gleichgültig ist, die sich immer wieder erkundigen, die auch schon zu Besuch dort waren, die sich für ihre politische Situation interessieren, die nicht nur im kleinen Kreis der El Salvador Gruppe, sondern auch in der Eppenhainer Gemeinde, im katholischen Pfarrverband von Fischbach berichten. Wir sind sicher - und ohne diese Gewissheit stände unser Engagement nur auf tönernen Füßen -, dass allein der Kontakt mit diesen Menschen schon einen Sinn macht, die Menschen dort moralisch unterstützt und uns hier immer wieder die Augen öffnet für die Situation dort und damit auch für unsere eigene Situation hier. Natürlich versuchen wir auch mit Geld zu helfen. Die Spenden, die wir unserer Partnergemeinde zur Verfügung stellen können, werden so eingesetzt, dass sie der Allgemeinheit zugutekommen und vor allem ihre Selbständigkeit stärken. Von unserer ersten Spende wurde einen Maismühle finanziert, die der ganzen Gemeinde zugutekam.

Unsere Kontakte und Berichte haben natürlich auch die Jugendlichen in unserer Gemeinde mitbekommen und so entstand bei Benedikt Hoffmann und auch bei Philipp Binias das Interesse, ihren Zivildienst als Friedensdienst in einem Land der Einen Welt zu leisten. Benedikt Hoffmann ging nach El Salvador (1995) und Philipp Binias (1998) wählte Enugu in Nigeria als Ort seines Friedensdienstes.

Die Berichte der beiden Friedensdienstler haben unserer Gemeinde gute Einblicke in die Situation El Salvadors und Nigerias gegeben. Das Interesse und das Engagement für die Eine Welt und ganz besonders für die Menschen und die Gemeinden, mit denen wir durch Benedikt und Philipp in intensiver Kommunikation waren, wurde dadurch in unserer Gemeinde bestärkt.

Um das deutlich werden zu lassen, füge ich Auszüge aus den Berichten von Benedikt und Philipp an. Außerdem schiebe ich Kurzberichte über gegenseitige Besuche ein, soweit mir diese vorliegen.

Berichte von Gemeindemitgliedern über ihren Friedensdienst in Lateinamerika und in Afrika

Friedensdienst von Benedikt Gabriel Hoffmann in Quezaltepeque, El Salvador[316]

Dem Wunsch von Benedikt kam entgegen, dass die Diözese Limburg die Möglichkeit eines Sozialen Friedensdienstes für Zivildienstleistende eröffnet hatte und förderte. Benedikt meldete sich dort an. Nach einer intensiven Vorbereitung auf die schwierige kulturelle und wirtschaftliche Lage, sowie von Sprachkursen in Spanisch von über einem halben Jahr begann er 1995 seinen zivilen Friedensdienst in der Pfarrei San José in Quezaltepeque bei Pfarrer Padre Carlos Vasquez.[317] Das

---

[316] raf., Benedikt Hoffmann wird seinen Zivildienst in El Salvador ableisten. Für zwei Jahre nach Quezaltepeque, in: Höchster Kreisblatt, Samstag, 16.9. 1995.

[317] Platzbecker, Hermann-Josef, Chancen, Verwicklungen und Perspektiven in freiwilligen sozialen Diensten. Miteinander entdecken und lernen, in: Contacts, Arbeitsgemeinschaft für Entwicklungshilfe-AGEH, 31. Jg., Nr. 3, August 1996, Seiten 16 und 17.

Bistum Limburg hatte den Dienstort ausgewählt. Quezaltepeque hat etwa 100.000 Einwohner. Es ist die Stadt in El Salvador mit der höchsten Jugendgewalt. Dort wirken ein Pfarrer und ein Kaplan. In 120 Basisgemeinden ist die Pfarrei gegliedert. Wir haben im Laufe der Jahre die Gemeinde in Quezaltepeque mehrmals besucht und sind mit dem Pfarrer auch bei einigen Basisgemeinden gewesen. So konnten wir einen Einblick in die Kommunikation der Basisgemeinden in der Großpfarrei gewinnen. In dem von der Diözese Limburg geförderten Projekt waren die Friedensdienstler gehalten, darüber zu berichten

In seinem ersten Bericht aus Quezaltepeque vom 11. Dezember 1995 schrieb er u.a.: „Heute möchte ich über die Probleme mit der Gewalt in El Salvador berichten. Ich denke, es ist wichtig, die Gewalt hier im Land zu betrachten, denn in den letzten Jahren hat man nichts anderes aus diesem Land zu hören bekommen. Man könnte fast denken, Gewalt hat Tradition hier. 1932 wurde ein „Aufstand" von Bauern gegen die Oligarchie grausam niedergeschlagen. 30 000 Indios kamen dabei ums Leben. Im Krieg zwischen Militär und Guerilla starben ca. 72.000 Menschen. Vor und während des Krieges „verschwanden" ca. 30.000 Personen, die man in den meisten Fällen auch zu den Toten zählen kann.

Und heute? Eigentlich denkt man ja, dass nach einem Krieg die Gewalt ein Ende hat. Leider ist das aber nicht der Fall, nur hat sich das Gesicht geändert. Heute herrscht in El Salvador eine Art von Gewalt, die wir in Deutschland nur aus dem Fernsehen kennen, die aber mit großer Wahrscheinlichkeit auch in unserer Gesellschaft Einzug halten wird....

Die Gewalt, die in den Jahren des Krieges hier herrschte, ist eine vollkommen andere, als dieses Gewaltphänomen, über das ich schreiben möchte. Der Grund, warum man sich nachts nicht auf die Straße trauen kann, sind Banden von Jugendlichen, die sich nachts in der Straße Kämpfe liefern. Diese Banden werden im Allgemeinen als „Las Maras" bezeichnet.

Las Maras, das sind Banden von Kindern und Jugendlichen zwischen 12 und 24 Jahren. Die Stärke der Maras variiert sehr stark. Es können 10 aber auch 200 sein. Jede Gruppe hat ihr Gebiet, das es zu verteidigen gilt. In den Städten sind dies die verschiedenen Straßenzüge, auf dem Land Cantone oder Dörfer, Landstriche. Jede Mara hat ihren eigenen Namen, ihren eigenen Gruß und benutzt ihr eigenes Zeichen, das sie an die Wände sprühen, um ihr Gebiet zu markieren....Die Maras sind kein Eigenprodukt El Salvadors. Sie wurden aus den USA importiert.... Die Frage ist natürlich: Wie kommen die Maras von den USA nach El Salvador? Das ist sehr einfach zu beantworten. Während des Krieges sind viele Salvadorianer in die USA emigriert. Es gibt richtige Kolonien von Salvadorenos z. B. in Washington, Los Angeles und New York. Dass sie dort natürlich nicht in den besten Verhältnissen gelebt haben, liegt auf der Hand. Für die Jugendlichen war es nicht schwer, in den Einflussbereich der dortigen Banden zu geraten. Nach Ende des Krieges, als die zurückkehren mussten, haben sie dieses Phänomen nach El Salvador „exportiert". So haben z. B. die zwei größten und am besten organisierten Maras die Namen von Straßengangs aus Los Angeles übernommen, sind quasi Ableger dieser „Vorbilder". Mittlerweile existieren fast in jedem Dorf eine oder mehrere Maras, und nicht nur in Teilen der Großstädte, wie beispielsweise in den USA. Nur, warum finden sie hier einen so großen Zuspruch? Dies hat verschiedene Gründe, die sehr nahe liegen:

- Die Mehrheit der Familien lebt in Armut.
- Viele Familien sind zerstört. Häufig haben Familien während des Krieges getrennt gelebt, in verschiedenen Teilen des Landes oder im Ausland verbracht. Dadurch sind sich oftmals Kinder und Eltern fremd geworden.
- Der Jugend fehlt es an Ansprechpartnern, die ihnen helfen, ihre Probleme, ihre Fehler und die Aufgaben des Lebens zu lösen.

- Gewalt in Familie und Bildung. Gewaltanwendung gegenüber Ehepartnern und Kindern ist sehr verbreitet.
- Der Krieg hat auch seine Spuren hinterlassen, 12 Jahre Bürgerkrieg! Viele Jugendliche haben ihr Leben lang im Krieg verbracht. Sie haben oft die schlimmsten Gräueltaten gesehen, und dies jahrelang.
- Auch die Medien tragen ihren Teil dazu bei. Einerseits durch die Gewalt in Filmen und in der Berichterstattung im Fernsehen, andererseits wird dieses Phänomen noch gefördert, da es in den Zeitungen und anderen Medien geradezu glorifiziert wird, wenn über die Taten berichtet wird.
- Auch fehlen den Jugendlichen Möglichkeiten, sich in der Freizeit sinnvoll zu betätigen, wie z. B. Jugendklubs, Parks, Spielplätze, Sportmöglichkeiten und Kulturzentren.
- Mit das größte Problem ist die Perspektivlosigkeit der Jugend, da sie keine Möglichkeit sieht, sich aus eigener Kraft aus der Misere zu befreien. Es gibt kaum Chancen auf eine Ausbildung.

Für die Jugendlichen ist die Mara der Ersatz für die Familie. Hier fühlen sie sich anerkannt und werden von ihren Kollegen bestätigt. Sie haben sich Werte geschaffen, um sich nicht nutzlos vorzukommen. Sie sind stolz, dazuzugehören.

Was machen die Maras? In erster Linie machen sie nichts. Sie lungern den Tag über herum, finden sich dann gegen Abend zusammen und ziehen durch ihr Gebiet. Treffen sie dabei auf eine andere Mara, kommt es meistens zu einer Schießerei. Manche handeln mit Drogen, klauen, rauben Passanten aus und überfallen auch mal eine Tankstelle. Auch in den Bussen gab es in letzter Zeit ein paar Zwischenfälle. Dies kann sehr gefährlich werden, denn manchmal werden sie dann nervös und fangen an, zu schießen. Erst letzte Woche starb jemand bei so einer Schießerei. Bewaffnet sind sie bestens. Es ist ja auch kein Wunder, dass es nach 12 Jahren Krieg nicht schwer ist, an Waffen zu gelangen.

Quezaltepeque gehört zu den drei gewaltsamsten Städten El Salvadors. Ungefähr sieben verschiedene Maras haben das Stadtgebiet unter sich aufgeteilt. Die zwei größten und wichtigsten nennen sich „MS" und „18". Die Straße, in der ich wohne, gehört z. B. zum Gebiet der „18".

Wir in Deutschland fragen uns jetzt, warum die Polizei denn nichts dagegen tut? Dies hat mehrere Gründe:

1. Die Polizeistation liegt weit außerhalb des Zentrums von Quezaltepeque und hat auch nicht genügend Personal zur Verfügung, um alle Straßen zu bewachen.

2. Mir scheint, dass der Staat nichts dagegen machen möchte, denn sonst würde er die Polizeistation ins Zentrum verlegen und auch mehr Personal nach Quezaltepeque abordern. Ich glaube aber auch, dass es nicht möglich ist, die Maras mit der Polizei zu bekämpfen und sie mit Erfolg zu vertreiben. Denn die Gründe, warum sie existieren, liegen tiefer. Dies ist auch allgemein bekannt. Aber die Regierung tut nichts, um die Jugendlichen zu unterstützen. Sie haben auch kein Interesse daran. Denn in den Orten, wo sich die Reichen aufhalten, ist ja auch genügend Polizei präsent und somit die Sicherheit gewährleistet.

Die Pfarrgemeinde ist dabei, für einen Teil der Jugendlichen einen Lösungsweg zu „erschaffen". Dabei handelt sich um ein Projekt, das den Jugendlichen Chancen eröffnen soll, sich selbst aus eigener Kraft aus ihrem Dilemma zu befreien. Geplant ist ein Bildungszentrum, in dem die Jugendlichen verschiedene Handwerksberufe erlernen können. Im Anschluss daran soll auch eine Art Jugend- und Kulturzentrum entstehen, das den Lernenden in ihrer Freizeit Raum für eine sinnvolle Beschäftigung gibt. Allerdings wird es noch eine Zeit dauern, bis mit dem Bau der Gebäude begonnen werden kann. Dies liegt natürlich am Geld. Mit großer Wahrscheinlichkeit – so die Hoffnung vor Ort – werden das Päpstliche Missionswerk der Kinder und/oder Misereor und/oder Adveniat einen Teil finanzieren. Nur muss die Gemeinde vorher das Gelände besitzen, da dies als Eigenleistung vorausgesetzt wird. Das Gelände wird die Gemeinde ca. 60.000,00 DM kosten. Die Kirche vor Ort hat aber nicht viel Geld. Die Leute versuchen das Geld aufzubringen, indem sie Essen und andere kleine Dinge verkaufen. Das braucht viel Zeit. Voraussichtlich wird es aber in einem Jahr soweit sein, dass das Geld zusammen ist, um das Gelände zu erwerben. Dann kann mit dem Bau begonnen werden. Ich fürchte, bis der Bau dann endlich eingeweiht werden kann, werden sich noch viele Jugendliche gegenseitig umgebracht haben."

Den Bericht haben wir im PGR diskutiert und überlegt, ob wir Padre Carlos unterstützen können. Also haben wir ein Konto eröffnet, um Spenden einzuwerben. Wir haben in Gottesdiensten auf die Probleme der Pfarrei San José hingewiesen. Pfarrer Josef Peters erwähnt im Hochgebet nach der Wandlung immer wieder auch die Pfarrei San José. So entwickelt sich ein Bewusstsein für die Probleme in Quezaltepeque.

In seinem zweiten Bericht stand der Besuch von Papst Johannes Paul II ganz im Vordergrund:

„Am 08. Februar 1996 kam der Papst nach El Salvador zu Besuch. Dies bedeutete für das Land gleichzeitig den Höhepunkt und auch das Ende der einige Monate vorher ausgebrochenen „Papamania". .... Es war die bedingungslose Begeisterung der Menschen, die ich nicht erwartet hätte. Dieser Enthusiasmus, der das ganze Kirchenvolk erfasst hatte. Man empfand es als große Ehre, dass der Papst ein zweites Mal dieses kleine Land als Reiseziel auserwählt hatte.

Der Grund für das alles ist recht leicht zu nennen: Es ist der Glaube im streng katholischen Sinn. Es ist natürlich schwer zu sagen, woran man die „Gläubigkeit" eines Volkes messen könnte, aber es ist für mich der Gesamteindruck der Leute. Da ich nun einmal in einer Pfarrgemeinde lebe, bekomme ich einen recht guten Einblick von den Menschen, die sich so im näheren Umfeld der Kirche bewegen. Die Kirche besitzt hier noch viel größeren Einfluss auf die Gesellschaft, als bei uns zum Beispiel. Dies hat natürlich auch mit dem Krieg zu tun. Denn während des Konfliktes war es die Kirche, die die Regierung anklagte, die Armen in Schutz nahm, und über die „Theologie der Befreiung" Bewusstsein unter den Menschen schaffte. Man kann sich bei uns nicht vorstellen, dass der Bischof oft im Fernsehen interviewt wird, wenn es um politische oder gesellschaftliche Dinge geht. Hier hat das Wort des Bischofes Gewicht....

Viele fanden den Aufwand, der betrieben wurde, übertrieben. Vor allem wurde die Art und Weise, in der sich die Kirche förmlich dem Staate anbiederte, als unpassend angesehen, hätte doch der letzte Bischof dies niemals zugelassen. War die Kirche vor und während des Krieges als Kirche der Armen und Unterdrückten angesehen worden, so hatte man jetzt den Eindruck, dass sich dies ins krasse Gegenteil gewandt hatte.

Man hatte das Gefühl, dass die Regierung aller Welt klarmachen wollte, dass sich das Land im Aufschwung befände und kaum Probleme vorhanden seien. Und vor allem, dass man den Friedensprozess als abgeschlossen bezeichnen kann. Um diese Behauptung zu begründen, nahmen sie einfach einen Teil der Predigt Johannes Paul II., die er 1983 gehalten hatte, aus dem Zusammenhang und nutzten sie als Werbespot und warben damit in großen Anzeigen. Diese Zeile, herausgerissen aus dem Gesamtkonzept, hatte folgenden Inhalt: „Todos tienen el deber de ser artesanos de la paz", was bedeutet: „Alle müssen Handwerker des Friedens sein".

Sehr geschickt nutzte der Präsident in seiner Rede diese Zeile. Er interpretierte sie als Aufgabe, die der Papst vor dreizehn Jahren an alle Salvadorianer gestellt hatte. Mit dem nochmaligen Besuch belohne er quasi die Erfüllung der Aufgabe. Dabei vergaß er ganz und gar, dass die Friedensverträge von 1992 keineswegs erfüllt sind, denn der wichtigste Teil, die Übertragung von Ackerland an die arme Landbevölkerung hat noch nicht in vollem Maße stattgefunden und wird obendrein von eben dieser Regierung blockiert. Und dass zu einem wahren Frieden soziale Gerechtigkeit gehört, stört auch niemanden. Die Regierung war die ganze Zeit über damit beschäftigt, den größtmöglichen Nutzen aus der Geschichte zu ziehen. Und dies nicht nur im Vorfeld des Besuches, sondern es setzte sich während des Besuches noch fort. So wich der Präsident dem Papst fast nie von der Seite. Am Morgen hielt er einen großen Staatsakt am Flughafen ab, danach nahm er während der Messe auf den Ehrenplätzen mit seiner Familie Platz. Auch kam der Papst nach einer Ruhepause in der Nuntiatur noch auf einen Besuch in den Präsidentenpalast. Am späten Nachmittag dann traf Johannes Paul II. noch mit ausgewählten Jugendlichen zusammen, um vor der Kathedrale auf der Plaza ciica eine Botschaft an sie zu richten.

Um jetzt endlich auf den Tag selbst zu sprechen zu kommen, ist nur zu sagen, dass es einfach nur beeindruckend war, wie die Menschen den Papst empfingen, wie sie ihn feierten und ihren Glauben ausdrückten. Es war nicht nur beeindruckend, es war geradezu erschreckend. Viele hatten auf dem Gelände, wo die Messe stattfinden sollte, geschlafen bzw. singend und betend dort die Nacht verbracht. Die Straßen waren voll von Menschen, die nur einmal einen Blick auf den Papst im Vorüberfahren werfen wollten. Die Jugendlichen, die vor die Kathedrale geladen waren, andere Zehntausend zogen fünf Stunden lang durch die Stadt und ließen den Papst hochleben. Von allen Seiten war der Papst gegenwärtig: auf Plakaten, auf T-Shirts und Mützen. Aber auch den Märtyrer, Monsenor Romero, hatten die Menschen nicht vergessen. Auf unzähligen Plakaten und riesengroßen Bannern wurde seine Heiligsprechung gefordert. Ganz San Salvador war voll von Menschen, sie waren in der Nacht mit Bussen aus dem ganzen Land angereist. Alle waren glücklich und genossen trotz aller widrigen Umstände, wie extreme Hitze und Staub, den ganzen Tag. Auch ich war unter den Tausenden, die den ganzen Tag durch die Stadt hetzten. Ich war mit meiner Jugendgruppe zur Kathedrale gefahren. So eine Begeisterung und Ausgelassenheit hätte ich nie von einer religiösen Veranstaltung erwartet. Ich kam mir eher wie auf einem großen Konzert vor, als auf dem Papstbesuch. Als dann nach stundenlanger Wartereit Johannes Paul II. erschien, wurde er mit rasendem Beifall empfangen. Und obwohl der nur etwa eine halbe Stunde zugegen war, waren alle damit sehr zufrieden.

Abschließend kann ich nur sagen, dass mich das ganze unheimlich beeindruckt hat. Erst wollte ich gar nicht hingehen, weil ich alle die Vorbereitungen lächerlich fand und Kritik an der im Grunde kommerziellen Nutzung vermissen musste. Ich bin dann doch hin, um mir das ganze Spektakel von nahem zu betrachten. Es hat mir eigentlich auch recht gut gefallen, denn es herrschte dort eine schöne Stimmung. Es hat mich nur sehr gestört, dass in der Begeisterung für den Papst jedmögliche kritische Betrachtung der Politik des Papstes ausfiel. Ich glaube, für die Menschen war es ein wichtiges Zeichen, dass der Papst kam, und sie haben versucht, ihrem Dank Ausdruck zu geben. Ich musste währenddessen auch oft daran denken, dass Glaube auch blind machen kann. Und in Bezug auf die Art und Weise, wie die Regierung den Besuch für ihre Zwecke zu nutzen verstand, fiel mir nur das Marx-Zitat ein: „Religion ist Opium fürs Volk".

San-Carlos-Lempa-Spezial-Bericht

Die erste Partnergemeinde von St. Josef Eppenhain, war -wie bereits erwähnt- die Gemeinde San Carlos am Fluss Lempa. Die Gemeinde war eine Neugründung nach dem Friedensvertrag. Daher haben wir Benedikt gebeten die Gemeinde zu besuchen und uns über die Situation der Gemeinde zu berichten. Das hat er getan und uns folgenden Bericht geschickt:

„Ich bin nach San Carlos gefahren und möchte Euch nun von meinen Eindrücken berichten. Es hat mir Spaß gemacht, einmal eine ganz andere Seite El Salvadors kennenzulernen. Da ich in einer Stadt lebe und auch noch nicht so weit in ländlicheren Gebieten herumgekommen war, kam diese Abwechslung ganz gelegen. Wir sind zu viert mit dem Auto hingefahren. In etwa vier Stunden kann man das Dorf von Quezaltepeque aus erreichen, wobei es eigentlich keine große Entfernung ist. Die Straßen sind aber sehr schlecht, vor allem in den Teilen des Landes, die stärker vom Krieg betroffen waren. So besteht die Straße, die zum Dorf führt, auf den letzten fünf Kilometern nur aus Schotter. Es staubt unheimlich, man kann kaum atmen.

Einmal im Dorf angelangt, ist es dort recht friedlich. Kaum jemand ist auf der Straße zu sehen, nur ein paar Hunde laufen umher. Das Dorf besteht aus vielen einzelnen Häusern. Zwischen den Häusern ist recht viel Platz. Die Kirche sieht etwas trostlos aus. Ihr fehlt noch das Dach. Einen Pfarrer gibt es aber nicht, nur eine Schwester sorgt für das Seelenheil der Gemeinde. Sie kommt aus den USA. Sie ist sehr nett und hat mich sofort im ganzen Dorf herumgeführt. Sie selbst lebt bei einer Familie im Dorf, direkt neben der Kirche.

Das Dorf hat ca. 120 Häuser, die bewohnt sind. Hauptsächlich Ex-Soldaten und Ex-Guerilleros wohnen dort. Die meisten von ihnen sind „Beneficiados", d. h., dass sie durch den Friedensvertrag begünstigt sind. Der Staat gibt ihnen Land und Kredite, damit sie Landwirtschaft betreiben können. Das bedeutet aber auch, dass sie alle recht arm sind, denn sie müssen in den nächsten Jahren ihre Kredite zurückzahlen.

Es gibt eine ganze Reihe von Organisationen im Dorf. Zum Beispiel hat CORDES ein Büro dort. Von den großen Überschwemmungen im letzten Jahr war der Ort San Carlos nicht betroffen, aber die Felder, die hauptsächlich am Flussufer liegen, hatte es arg erwischt. Als ich San Carlos besuchte, haben die Leute gerade auf die erste kleine Ernte nach den Überschwemmungen gewartet.

Außer den Dingen des täglichen Lebens bemüht man sich um eine Reihe von Projekten. Darunter ist ein Straßenbauprojekt, bei dem der Staat wohl helfen soll. Ferner ein Projekt zur Lösung eines juristischen

Problems, bei dem es sich um eine Bar handelt, die gegenüber der Kirche gebaut wurde, was nach dem Gesetz wohl verboten ist. Schließlich befindet sich ein Jugendpark oder Spielplatz in Planung.

Ein weiteres Projekt soll an die alte Tradition des Dorfes vor dem Krieg anknüpfen. San Carlos war nämlich vor dem Krieg Musikerdorf. Nun wollen die Neubürger versuchen, eine Art Musikschule aufzubauen. Dies ist natürlich nicht leicht, denn es gibt kaum jemand, der unterrichten könnte. Auch lebt niemand mehr in San Carlos, der vor dem Krieg dort gelebt hat. Dass das Dorf einmal von anderen Menschen bewohnt war, merkt man auch an den vielen halb verfallenen und verlassenen Häusern, die es dort gibt.

Mir hat es sehr gut gefallen. Obwohl mein Besuch nicht angekündigt war, bin ich toll empfangen und zum Bleiben aufgefordert worden. Auch für Euch wird es dort jederzeit eine Übernachtungsmöglichkeit geben. Die Leute freuen sich sehr auf Euren Besuch, möchten aber gerne wissen, wann ihr genau kommt. Ich konnte ihnen ja nur sagen, dass es im August sein wird. Das ist im Übrigen ein sehr guter Zeitraum, denn am 17.08. kommt der Bischof zu Besuch, was dort immer ein großes Fest ist und für Euch bestimmt interessant wäre. Der Grund für seinen Besuch ist das Patronatsfest, was als große Feier begangen wird.

Ach ja, Eure Maismühle tut tapfer ihren Dienst. Ich habe sie gesehen. Sie hilft sehr den Frauen, denn so brauchen sie den Mais nicht mehr zwischen zwei Steinen mit der Hand mahlen." Soweit Benedikts Bericht über die Gemeinde San Carlos Lempa.

Wir sind zusammen mit einer Gruppe Studentinnen und Studenten im Sommer nach El Salvador gefahren und haben sowohl Benedikt in San José in Quezaltepeque besucht und der Gemeinde San Carlos am Lempa einen Besuch gewidmet. Wir wurden ganz herzlich aufgenommen, haben uns von Frauen und Männern ihre Sorgen und ihre Fragen erzählen lassen. Das war für uns sehr wichtig, denn so bekamen wir eine Vorstellung davon, in welcher Weise wir die Gemeinde in ihrer Gründings- und Aufbauphase unterstützen könnten. Wir übernachteten auf Luftmatratzen in einer neu errichteten Halle, deren Dach nicht ganz dicht war. Der abendliche starke Regen hatte auf dem Boden einige Wasserpfützen hinterlassen. So legten wir unsere Luftmatratzen zwischen die Wasserpfützen. Diese teilten so die Halle in abgegrenzte Schlafzimmer. Die Begegnungen in der Gemeinde waren für uns Schlüsselerfahrungen. Jetzt hatten wir konkrete Erfahrungen vom Leben in der Pfarrei San Carlos am Lempa.

Der Vertrag mit der Diözese über den Friedensdienst sieht auch einen Heimaturlaub vor. Dieser ist nicht nur für Benedikt sondern auch für die Pfarrgemeinde für den Austausch der Erfahrungen sehr wichtig. Das zeigt auch die aktuelle Kommunikation mit uns, wird darüber hinaus in seinem Zwischenbericht deutlich: „Ich habe schon über viele Themen nachgedacht, die für diesen Bericht in Frage gekommen wären, aber es kam mir immer wieder in den Sinn, mal etwas konkreter und mit Abstand betrachtet einen Rückblick über den ersten Abschnitt meines Aufenthaltes zu schreiben. Dies ist also der Versuch einer Zusammenfassung meiner Erlebnisse und Erfahrungen.

Ich bin vor einer Woche in Deutschland angekommen und habe hier eine Welt vorgefunden, die ich zwar noch gut zu kennen glaubte und die mir vertraut schien, aber die mir jetzt – nach neun Monaten in einem Land der Dritten Welt – sehr fremd erscheint. Dass mir meine „Heimat" etwas fremd vorkommt, hat einerseits nichts mit dem Ort zu tun, an dem ich mich in der Zwischenzeit befand, sondern ist eine Folge daraus, dass hier das Leben auch weiterging und ich aus meiner vertrauten, heimatlichen Umgebung wie herausgerissen war. Andererseits habe ich in einer vollkommen anderen Kultur und Umgebung gelebt, habe mich in dieser für mich neuen Kultur eingelebt und fühle mich dort wohl. Für mich ist das Leben in Deutschland nicht normal, ich habe in den letzten Tagen erst richtig gemerkt, wie weit ich davon innerlich noch entfernt bin, und dass es noch viel Zeit brauchen wird, bis ich mich in meinem Heimatland wieder eingelebt habe. Zum Glück habe ich gar nicht die Zeit, um mich wieder voll an das Alltagsleben hier zu gewöhnen, denn sonst müsste ich mich in drei Wochen wieder umstellen.

Ich musste schon einige Zeit vorher viel über meinen „Heimaturlaub" nachdenken. Die Situation ist ja auch nicht alltäglich: Ich komme nach neun Monaten nach Hause, um dort einen Monat Urlaub zu machen und danach Deutschland wieder für über ein Jahr zu verlassen. Ich habe mir dies natürlich im Kopf schon vorher zurechtgelegt, dass ich nur auf Besuch komme, zum Beispiel.

Vor der Heimreise ging mir oft die Frage durch den Kopf, welche positiven und welche negativen Dinge nehme ich mit. Was hat mir der ganze Friedensdienst bisher gebracht? Es sind für mich die kleinen Dinge, die schwer wiegen. Ich habe neue Freunde gewonnen. Ich habe einen Einblick in eine für mich neue Kultur mit ihrer je eigenen Sprache und Denkweise bekommen. Ich habe andere Sichtweisen in Bezug auf meine eigene Kultur und auch auf mein Land gezeigt bekommen.

Das alles ist sehr wichtig für mich. Nur haben meist negative Erlebnisse zu den Erkenntnissen geführt. Ich wurde mit einem Schlag mit Armut, Gewalt und Ungerechtigkeit konfrontiert. Ich musste lernen, damit umzugehen, es zu verarbeiten. Oft musste ich daran denken, mit welcher Motivation ich an die Sache herangegangen bin. Eigentlich war mir – trotz einer recht guten Vorbereitung in Deutschland – nicht richtig bewusst, auf was ich mich da einlasse. Dies kam daher, dass man von Europa aus nicht einschätzen kann, was in einem Land vor sich geht, das am anderen Ende der Welt liegt. Vor allem geht man als Europäer immer mit einem gewissen überzogenen Idealismus in die Sache hinein. Man will ja schließlich was Gutes tun, den Menschen helfen. Diesen Idealismus verliert man im Land dann recht schnell, man merkt erst wie klein und unbedeutend man doch ist, und dass man fast nichts mit unserem europäischen Verständnis anfangen kann. Am Anfang muss man viel über Bord werfen. Viele Selbstverständlichkeiten, die man von zu

Hause gewöhnt ist oder die man in der Schule eingetrichtert bekommen hat, stellen sich als unbrauchbar, nicht anwendbar oder unsinnig heraus. Das banalste Beispiel ist die altbekannte Pünktlichkeit, die in Lateinamerika einfach nicht existiert. Wenn ich zum Beispiel mit meiner Jugendgruppe einen Termin vereinbare, legen wir immer vorher fest, ob wir uns nach salvadorianischer Zeit oder europäischer Zeit verabreden, wobei die salvadorianische Zeit kein genauer Wert ist, sondern vielmehr eine Zeitspanne von ungefähr einer Stunde.

Es gibt Tausende solcher Beispiele, die als einzelne nicht sehr relevant erscheinen, sich aber zu einem Gesamtbild einer Kultur zusammenfügen, das in vielen Dingen genau dem Gegenteil meiner eigenen Denkweise entspricht. Genau dieses Begreifen der neuen Umgebung mit allen ihren Eigenarten, war ein schwieriger und zugleich interessanter Prozess (wobei er sowieso noch nicht abgeschlossen ist !!!). Zuerst haben mich meine unzureichenden sprachlichen Fähigkeiten behindert, denn wenn man sich nicht perfekt verständigen kann, kann man auch nichts über die Menschen lernen oder mitbekommen. Ich brauchte fast vier Monate, um fließend Spanisch zu sprechen. Und als ich es endlich gut verstehen konnte, verstand ich immer noch nicht alles, denn es sind die vielen Doppeldeutigkeiten, die am schwierigsten zu lernen sind. Gerade wenn Witze erzählt werden, findet die Handlung immer im „doble sentido" statt.

Deshalb waren die ersten Monate hauptsächlich durch den Lernprozess geprägt, und die Zeit danach fing ich an, die Feinheiten der Sprache zu erfassen. Man muss allerdings beachten, dass die Sprache nur ein Teil der neuen Erfahrungen ist. Man kriegt ja auch, ohne sich perfekt ausdrücken zu können, eine Menge mit, gerade was den Umgang der Menschen untereinander betrifft. Was mir als Erstes auffiel, war die ganz klare Rollenverteilung zwischen Mann und Frau. Die Frau ist immer für den Haushalt zuständig, egal ob sie auch noch woanders arbeitet oder nicht. Mich hat auch gestört, dass die Kinder ihre Eltern fast immer mit der Höflichkeitsform SIE anreden. Alle diese ungewohnten Dinge machen einem die Anfangszeit so ungemütlich, weil man erst einmal ausloten muss, wie die Menschen in dieser Kultur auf alle möglichen Situationen im Leben reagieren. Ich habe im Nachhinein noch oft über mich selbst lachen müssen, wie naiv ich durch meine europäisch geprägte Denkweise viele Dinge angefasst und zu meistern versucht habe. Vieles ging schief am Anfang. Die fremde Sprache sorgt auch oft für Verwirrung. Es können sehr leicht Missverständnisse entstehen, die dann nur schwer wieder zu beseitigen sind. Man wandert praktisch immer auf einem Grat und weiß nicht genau, wo die Grenze verläuft. Das klingt jetzt vielleicht allzu negativ, denn man darf auch nie vergessen, dass es natürlich auch sehr viel Spaß macht, alle diese Feinheiten zu erfahren und verstehen zu lernen. Einer meiner größten Erfolge war, als ich den ersten Witz in doppeltem Sinn verstanden hatte, und das war nach etwa drei Monaten!

Jetzt habe ich schon über die Probleme durch die fremde Kultur und durch die Sprache gesprochen, es fehlen aber noch zwei ganz wichtige Komponenten: Die Armut und die Gewalt.

Es sind zwei Themen, die man nur schwer in wenige Sätze fassen kann. Die Gewalt und auch die Armut sind fast nicht zu fassen.[318] Man wird damit konfrontiert, aber man weiß nicht, wie man reagieren soll. Gerade wenn ich mit der extremen Armut in Berührung kam, stieg in mir nicht Mitleid, sondern eine grenzenlose Wut hoch. Ich kam mir ständig so hilflos vor. Ich hatte das Gefühl, den Menschen nicht helfen zu können, was ich natürlich auch nicht kann, aber man sucht immer nach Auswegen oder Lösungsvorschlägen, aber es fallen einem keine ein. Auch fällt mir in solchen Situationen immer wieder auf, in was für

---

[318] Becht, Manfred, An die Gewalt gewöhnt sich Hoffmann nie. Halbzeit: Der Eppenhainer Zivildienstleistende Benedikt Hoffmann absolviert nach einem Jahr seinen Zivildienst in einer Gemeinde in El Salvador, in: Höchster Kreisblatt, 23.7.1996

einer Welt ich aufgewachsen bin. Manchmal beschämt mich das sogar. Mit der Zeit habe ich gelernt, mit der Armut als „Nachbar" zu leben, aber gewöhnt habe ich mich noch nicht daran.

Mit der Gewalt ist es anders als mit der Armut, denn sie betrifft auch mich ganz persönlich. Ich habe ja damals vor einem halben Jahr meinen Bericht der Gewaltproblematik gewidmet. Seit der Zeit habe ich viele Tote gesehen. Die Gewalt hat in den letzten Monaten stetig zugenommen. Vor diesem Problem steht man noch viel hilfloser da, denn man kann nichts dagegen machen und es ist auch kein Ausweg in Sicht. Daran gewöhnt man sich auch nie. Bei jedem, der in den Bus einsteigt, denke ich manchmal: das könnte jetzt einer sein, der eine Waffe bei sich hat. Man ist ständig etwas nervös. Ich merke, dass ich diese Erlebnisse nicht verarbeite, sondern nur herunterschlucke und verdränge. Solange dann nichts geschieht, hat man seine Ruhe. Man denkt nicht darüber nach, aber sobald dann wieder etwas vorfällt, kommt alles wieder hoch, und dann noch viel stärker.

Doch trotz all der Grausamkeiten, der Armut und Ungerechtigkeit, die ich täglich in El Salvador erlebe, bin ich gerne dort. Ich habe noch keine einzige Minute meine Entscheidung bereut, dort den Zivildienst zu machen. Ich habe Freunde gefunden, die mir das Gefühl geben, mich in Quezaltepeque wie „zu Hause" zu fühlen."

In seinem vierten Bericht hatte Benedikt während seines Deutschland-Aufenthaltes mehrmals die Möglichkeit, einer Gruppe von Interessierten seine Erfahrungen mitzuteilen, mit Mitgliedern aus der Gemeinde und aus seinem Freundeskreis über seine Erlebnisse und Gedanken zu diskutieren.

Am Beginn seines neuen Berichtes schreibt er: „Für mich ergab sich aus dieser kleinen Pause in der „Heimat" die gute Gelegenheit, intensiv meinen bisherigen Dienst zu betrachten und zu reflektieren. Aus dieser Reflexion sind einige Ideen entstanden, die ich glaube durchführen zu müssen, um einerseits mich besser verwirklichen zu können und anderseits meinen Dienst sinnvoller und effektiver zu gestalten.

Diesen Bericht widme ich nun diesen Veränderungen, meinem täglichen Leben und den aktuellen Geschehnissen im Land.

In Deutschland wurde ich oft gefragt: „Was machst du denn eigentlich genau dort?" Ich hatte meist nicht viel als Antwort vorzuweisen. Ich konnte vorbringen, dass ich eine Jugendgruppe der Pfarrgemeinde begleite, dass ich für die Kommunikation mit verschiedenen Organisationen, die das hiesige Ausbildungsprojekt mitfinanzieren sollen, zuständig bin, dass ich Firmunterricht gebe und bei der Bewältigung der täglich anfallenden Arbeiten mithelfe; aber wenn ich mir selbst gegenüber ehrlich bin, fühlte ich mich nicht besonders ausgelastet und hatte viel Zeit „übrig". Das liegt vor allem daran, dass die Hauptarbeit am Wochenende (z. B. meine Gruppenstunde mit den Jugendlichen und die Firmstunden) oder unter der Woche abends anfallen; so hatte ich zwar am Wochenende und die meisten Abende unter der Woche reichlich zu tun, aber tagsüber langweilte ich mich oft. Zu Beginn meines Dienstes nutzte ich diese Zeit, um meine Sprachkenntnisse zu verbessern, später um zu lesen. Aber ich fühlte mich schon etwas unnütz. Als ich von meinem Deutschlandurlaub zurückkehrte, fing ich an, verschiedene Varianten einer Veränderung zu überdenken. Ich hatte mir vor meinem Urlaub einige Möglichkeiten angesehen und musste praktisch nur noch auswählen.

Ich hatte zuerst überlegt, was ich denn hier in der Pfarrgemeinde mir für neue Aufgaben erschaffen könnte, doch diese Überlegung verwarf ich recht schnell wieder. Die andere Option war, mir für zwei oder drei Tage pro Woche eine Beschäftigung außerhalb der Pfarrgemeinde zu suchen. Letztendlich entschied ich mich für die letztere.

Anfang August hatte ich Besuch aus Deutschland: Es kamen meine Eltern mit einer Gruppe Theologiestudenten im Schlepptau. Sie waren zwei Wochen hier im Land. In dieser kurzen Zeitspanne besuchten sie mehrere Organisationen, die entweder im sozialen Bereich, in der Entwicklungsarbeit oder im Bereich der Menschenrechte zu tun haben. Unter anderem hatten sie einen Termin mit der „Procuradura para la Defensa de los Derechos Humanos" (Staatsanwältin für die Verteidigung der Menschenrechte), wohin ich sie begleitete, um zu übersetzen. Für mich war dieses Gespräch hochinteressant, aber leider zu kurz, und so blieben viele Fragen offen. Deshalb entschied ich mich, zwei Wochen später dort meine Dienste anzubieten. Tatsächlich fing ich kurz darauf an, in der Procuraduría para la Defensa de los Drechos Humanos zu arbeiten.

Was ist eine „Procuraduría para la Defensa de los Derechos Humanos"? Was ist ihre Aufgabe? Wörtlich übersetzt bedeutet es „Staatsanwaltschaft zur Verteidigung der Menschenrechte". Unter diesem Begriff kann man sich natürlich eine Menge vorstellen oder auch gar nichts. In Deutschland gibt es auch keine vergleichbare Einrichtung.

Ein Staat mit einem effizienten und von der Regierung unabhängigen Rechtssystem braucht eigentlich auch keine solche Institution, denn man sollte davon ausgehen können, dass immer im Sinne der Gleichheit, unparteiisch gerichtet wird.

Man sah es während der Friedensverhandlungen als erwiesen an, dass die Einhaltung der Menschenrechte in El Salvador nicht selbstverständlich war. Man hatte festgestellt, dass auch staatliche Einrichtungen wie Polizei gab (es gab mehrere verschiedene Polizeien, paramilitärischen Einheiten ähnlich), die in vielen Fällen mit brutalsten Menschenrechtsverletzungen in Verbindung standen und sogar von der Gerichtsbarkeit durch Straflosigkeit geschützt wurden. So war also die Schaffung einer unabhängigen unparteiischen Instanz notwendig, da sich nicht von heute auf morgen die Situation hundertprozentig zum Guten wenden kann. Denn es braucht Zeit, um Reformen durchzuführen und Unschuldige zu entlassen. Auch muss Gewissen geschaffen werden unter den

Menschen, die nichts anderes als Krieg und Unterdrückung erlebt hatten in den letzten Jahren.

Als Teil der Vertragsergebnisse von 1992 in Chapultepec/Mexico wurde die Notwendigkeit einer solchen Einrichtung in der Konstitution festgeschrieben. Im Jahr 1994 nahm die Procuraduría ihre Arbeit auf. Sie ist eine staatliche Institution, die vom Staat finanziert wird, aber Autonomie genießt.

Die Rechte und Pflichten der Procuraduría para la Defensa de los Derechos Humanos ist im Artikel 194 der Konstitution El Salvadors festgelegt. Ich möchte nicht jeden einzelnen Absatz des Gesetzestextes hier aufzählen, sondern werde versuchen, ihn zusammenzufassen und nebenbei die praktische Anwendung erklären.

Die Hauptaufgabe der procuraduría para la Defensa de los Drechos Humanos besteht darin, die Einhaltung der Menschenrechte zu überwachen und für Respekt vor den Menschenrechten zu sorgen.

Schön gesagt, aber was ist eine Menschenrechtsverletzung? Jede Art von Kriminalität ist eine Menschenrechtsverletzung, praktisch alles, was die Würde der Person angreift oder ihre Freiheit einschränkt.

Wenn ich z. B. jemandem einen Zahn ausschlage, so ist dies eine Menschenrechtsverletzung. Nur wird mir in diesem Falle die Procuraduría nicht weiterhelfen, denn dieser Fall fällt nicht in den Aufgabenbereich der Institution, es handelt sich hierbei um eine Körperverletzung, weshalb ein Gericht und die Polizei verantwortlich sind, diesen Fall zu lösen.

Wenn aber ein Polizist den Zahn ausschlägt, ist dies ein Fall, den die Procuraduría ermitteln würde, denn es handelt sich um eine Menschenrechtsverletzung von Seiten einer staatlichen Institution.

Die Procuraduría ermittelt nur, wenn es zu Verletzungen der Menschenrechte durch staatliche Einrichtungen kommt, oder wenn nicht gewährleistet ist, dass dem Opfer nicht alle rechtlichen Mittel zur Verfügung gestellt werden.

Die Procuraduría handelt aufgrund von Anzeigen oder aus eigenem Interesse. Sie führt ihre eigenen Untersuchungen durch, unabhängig von der Polizei oder mit der Polizei, wenn man es für nötig hält. Sie wacht über die Einhaltung der Menschenrechte in den Haftanstalten, sie führt Inspektionen in allen möglichen Institutionen durch, die in den Verdacht einer Menschenrechtsverletzung geraten.

Sie soll die Einhaltung und die Kenntnis über die Menschenrechte fördern. Soll Hilfestellung bei neuen Gesetzen geben, um zu verhindern, dass diese die Menschenrechte beeinträchtigen.

Außerdem muss sie Bericht erstatten über die Menschenrechtssituation im Land und dies öffentlich. Sie kann Lösungsvorschläge machen und Empfehlungen geben, um Probleme, die in Zusammenhang mit den Menschenrechten stehen, zu lösen.

Das ist natürlich ein sehr weites Feld. Verletzungen der Menschenrechte finden tagtäglich in allen möglichen Bereichen des Lebens statt. Aus diesem Grund ist die Procuraduría in mehrere Abteilungen unterteilt. Es gibt eine Abteilung, die sich nur mit den Rechten der Kinder, der Frauen, der alten Menschen, dem Recht auf eine saubere Umwelt oder mit den ökonomischen und sozialen Rechten befassen. Daneben gibt es noch andere Abteilungen, die sich mehr mit der Organisation der Einrichtung beschäftigen. Außerdem unterhält die Procuraduría Niederlassungen bzw. Zweigstellen in allen wichtigen Teilen des Landes.

In der Praxis sieht die Arbeit der Procuraduría folgendermaßen aus: Zuerst muss eine Menschenrechtsverletzung bekannt werden, z. B. es wird eine Menschenrechtsverletzung angezeigt; dies kann per Telefon geschehen, brieflich oder persönlich in der zuständigen Abteilung. Es wird eine Akte angelegt, danach werden die nötigen Schritte beschlossen und durchgeführt. Diese können sehr unterschiedlich sein, von Fall zu Fall verschieden. Manchmal reicht es, einen Brief zu schreiben, vielleicht muss aber eine Untersuchung durchgeführt werden, ein Anwalt zur Verfügung gestellt oder ein gerichtliches Verfahren eingeleitet werden. Auch eine Klage vor dem Verfassungsgericht ist schon mehrmals vorgekommen (z. B. gegen die Wiedereinführung der Todesstrafe).

Die Procuraduría versucht aber auch präventiv Verletzungen von Menschenrechten vorzubeugen. Sie vermittelte z. B. Anfang des Jahres zwischen der Regierung und Angestellten des öffentlichen Dienstes, die aus Protest gegen die Entlassung hunderter Kollegen die Kathedrale besetzt hatten; die Kirche wurde schließlich friedlich wieder geräumt.

Ich arbeite in der Abteilung „Relaciones Internacionales" (ausländische Beziehungen), die sich um Kontakte mit dem Ausland kümmert. Wir unterhalten Kontakte zu den „Procuradurías" oder „Defensorias" anderer – vor allem lateinamerikanischer – Länder, sorgen für die Verbreitung der Resultate der Arbeit der Procuraduria auf internationalem Niveau. Aber auch wir sind zuständig, Untersuchungen in einigen speziellen Fällen durchzuführen; darunter fallen z. B. Fälle von Menschenrechtsverletzungen, die an Salvadorianern im Ausland begangen wurden. Auch helfen wir denjenigen, die Verwandte vermissen von denen sie zuletzt aus dem Ausland Nachricht hatten (meist handelt es sich dabei um Leute, die als Illegale versuchen, in die USA zu gelangen und denen auf dem Weg dorthin etwas zugestoßen ist).

Für mich hat die Arbeit dort, der ich an drei Tagen pro Woche nachgehe, mehrere Vorteile. So habe ich die Möglichkeit, einen Einblick in die Arbeitsweisen der Procuraduría zu bekommen. Ich habe mir so ein zweites Umfeld geschaffen, was mir noch einmal einen ganz anderen Blickwinkel für die Probleme des Landes verschafft. Und nebenbei, ganz automatisch sozusagen, erweitern sich meine Sprachkenntnisse durch die neue Arbeit. So hat sich mein Wochenplan also mittlerweile gefüllt. Da ich aber nur an drei Tagen „außer Haus" bin, verliere ich nicht den Anschluss in der Gemeindearbeit, und mir bleibt genügend Zeit, meine Pflichten in der Pfarrgemeinde zu erledigen.

Ich möchte jetzt noch kurz, zum Ende des Berichtes, auf die letzten Geschehnisse in El Salvador eingehen. Die Gewalt beherrscht noch immer die Titelseiten der Zeitungen. In den letzten Wochen wurden ganze Familien regelrecht massakriert. Die genaue Ursache dieser Grausamkeiten, bei denen unter den Opfern auch Kinder und Kleinkinder waren, ist nicht geklärt, es ist nur recht offensichtlich, dass es sich nicht um Raubüberfälle handelte, denn von den Massakern waren nur sehr arme Familien betroffen. Man kann sich auch nicht die Brutalität vorstellen, mit der dabei vorgegangen wurde. So wurden die Menschen mit Macheten regelrecht abgeschlachtet.

Hier in Quezaltepeque hält die Gewalt auch ständig an, so zählt diese Stadt zu den drei gefährlichsten im ganzen Land.

Der Monat Oktober war von der Diskussion über die Wiedereinführung der Todesstrafe überschattet. Angeregt wurde sie durch die Hinrichtung zweiter Straftäter in Guatemala, die nach langem Hin und Her erschossen wurden. Mit rasender Geschwindigkeit wurde die Wiedereinführung dann auch vom Parlament ratifiziert, wobei sie aber noch nicht angewendet werden kann, da sie erst noch in der nächsten Legislaturperiode vom neuen Parlament bestätigt werden muss, um rechtskräftig zu werden. Dies scheint der Lösungsvorschlag der Regierung zu sein, um die Kriminalität zu bekämpfen."

Bilanz von Benedikt am Ende seines Friedensdienstes

„Nun ist meine Zeit in Quezaltepeque vorbei. Es ist an der Zeit, einen Schlussstrich zu ziehen, diese Erfahrung zu Ende zu bringen. Ich möchte Ihnen, die mich in den letzten Monaten begleitet haben, in diesem abschließenden Bericht einerseits danken, andererseits noch einmal Rede und Antwort stehen. Viele werden sich wundern – oder sich gewundert haben – warum ich schon nach 16 Monaten zurückgekehrt bin und nicht – wie ursprünglich geplant – erst nach 24 Monaten. Dies möchte ich gleich zu Anfang näher erklären. Dazu muss ich aber kurz auf die aktuelle Situation in El Salvador bzw. in Quezaltepeque eingehen.

Ich hatte, wie Sie sich sicher alle erinnern, des Öfteren von der Gewaltbereitschaft der Menschen in El Salvador, den Auswirkungen der Kriminalität auf das tägliche Leben dort und den Gefahren im Alltag, die dadurch auch für mich persönlich gegeben waren, geschrieben. Leider nimmt die Gewalt in El Salvador nicht ab, sondern zu. So gab es im Dezember mehrere Massaker, wobei man das, was sich dort abgespielt hat, kaum mit Worten beschreiben kann, denn es wurden dabei in zwei Fällen komplette Familien, d.h. Eltern mit ihren Kindern bis hin zu Kleinkindern, auf bestialische Weise hingerichtet. Man hat bis heute nicht herausgefunden, was das Motiv für diese Morde war. Man vermutet eine Art Familienfehde oder ähnliches, da es sich kaum um einen Raubüberfall gehandelt haben kann. Denn es traf nur Familien, die unter ärmsten Bedingungen lebten. Erschreckend war auch, dass sie nicht etwa, wie sonst sehr üblich, erschossen wurden, sondern mit Machetenhieben regelrecht abgeschlachtet wurden.

Doch dies ist nicht das Einzige. Auch häuften sich in den letzten Wochen die Überfälle auf Busse. Besonders wurde die Linie 109, mit der auch ich zu fahren pflegte, von den Kriminellen bevorzugt. Dabei gab es zwar fast nie Tote, aber es kam auch immer öfter zu Vergewaltigungen.

Überhaupt hat es Quezaltepeque besonders hart getroffen, was die Kriminalität betrifft. So bekam mein Städtchen von der Presse den Namen „El foco rojo de la Libertad", was übersetzt so viel heißt wie: „Das Rotlicht von La Libertad", wobei sich „Libertad" auf den Bezirk bezieht. Die rivalisierenden Banden haben mittlerweile die gesamte Stadt unter Kontrolle, die Polizei ist praktisch machtlos.

Heute stirbt jede Stunde ein Mensch eines unnatürlichen Todes im ganzen Land. Das war am Anfang meines Dienstes zwar auch nicht viel anders, wenn man zumindest die Statistik betrachtet, nur hat sich die Qualität der Straftaten verändert. Es ist festzustellen, dass die Grausamkeiten zunehmen, und vor allem werden auch Ausländer mehr und mehr

Opfer von Gewalttaten. Vorher konnte man sich als Ausländer relativ sicher sein, wenn man nicht gerade jede Menge Schmuck zur Schau bot oder mit Geldscheinen nur so herumgewedelt hat.

Das Schlimme ist, dass sich auf absehbare Zeit nichts ändern wird. Der Justizapparat ist nicht fähig, mit den Problemen fertig zu werden. Die Gefängnisse sind hoffnungslos überfüllt (wobei mit überfüllt gemeint ist, dass sie mit dem Dreifachen an Insassen belegt sind, als es der eigentlichen Kapazität entspricht). Selbst hohe Politiker schrecken nicht vor kriminellen Delikten zurück. So wurde zum Beispiel entdeckt, dass der Präsident der Regierungspartei ein in den USA als gestohlen gemeldetes Auto verkauft hatte.

Padre Carlos und ich haben uns eines Tages mit dieser Gesamtsituation auseinandergesetzt und sind zu dem Schluss gekommen, dass es für mich besser sei, den Ort und auch das Land zu verlassen. Es wurde mir von allen Seiten nahegelegt, doch besser zu gehen und nicht mein Leben aufs Spiel zu setzen. Ich bin dann auch zu dieser Überzeugung gelangt, auch wenn sie mir nicht sehr leichtgefallen ist. Es ist nämlich so einfach zu sagen: „Es wird mir jetzt hier zu gefährlich, ich hau ab!" Man kann das nicht so einfach tun, denn die Menschen, mit denen man lange Zeit zusammengelebt hat, die man zu schätzen und zu lieben gelernt hat, können nämlich nicht so einfach alles stehen und liegen lassen und verschwinden. Sie müssen sich ihr Leben lang den Problemen stellen. Müssen darauf vertrauen, dass es eines Tages besser wird und dass in der Zwischenzeit nicht sie selbst oder ihre Freunde und Verwandten zu Opfern werden. Es ist wieder dieser Widerspruch, mit dem man sich die ganze Zeit versucht auseinanderzusetzen, mit dem man sich immer wieder konfrontiert fühlt. Einerseits lebe ich dort mit den Leuten, möchte gleichbehandelt werden, versuche auch meinen relativen Reichtum zu verdecken und mache alles, damit ich einer unter ihnen bin. Aber zum Schluss bin ich dann offensichtlich wieder der Bevorzugte. Der, der einfach gehen kann, wenn es zu heiß wird. Und keiner nimmt es mir übel. Im Gegenteil, ich werde dazu angehalten. Dies sei nicht mein „Krieg". Ich solle in mein Land zurückgehen, mich dort den Aufgaben stellen.

So, nun bin ich wieder in meinem Land und versuche mich hier dem Leben zu stellen. Das bedingt am Anfang natürlich eine gewisse Eingewöhnung. Die Dinge des täglichen Lebens zu meistern, ist halt etwas anders in Deutschland als in El Salvador. Vieles fällt einem leichter, vieles ist bequemer, aber es gibt auch viele Sachen, die ich schon jetzt vermisse. Wie zum Beispiel die ganz typische lateinamerikanische Art, alles viel lockerer zu nehmen und sich möglichst keinen Stress zu machen, und vor allem auch die Fähigkeit, auf jeden zugehen zu können, sich anderen gegenüber leicht öffnen zu können. Natürlich ist mir die Umstellung auf das deutsche Klima anfangs sehr schwer gefallen, es war schon ein ganz schöner Unterschied von tropischen Temperaturen in den deutschen Winter zu wechseln.

Das Wetter ist zwar das Augenscheinlichste am Anfang, es ist jedoch das am wenigsten Wichtigste. Viele meiner Freunde haben mich gefragt, ob ich denn, von der schwierigen Sicherheitslage mal abgesehen, froh gewesen wäre, wieder nach Deutschland zurückzukehren oder ob ich lieber noch länger geblieben wäre. Ich konnte auf diese Frage bisher noch keine konkrete Antwort geben. Ich denke, einerseits bin ich froh, hier zu sein, aber andererseits wäre ich auch gerne noch dort. Vor allem vermisse ich meine salvadorianischen Freunde. Die Verständigung ist halt recht schwierig, da man nicht ständig anrufen kann, und Briefe dauern viel zu lange. Es macht einem dann oft Angst, dass Kontakte mit der Zeit einschlafen könnten, dass Freundschaften kaputt gehen.

Der Arbeit wegen hatte ich keine Bedenken zu gehen, denn es blieb nichts „liegen" als ich das Land hinter mir ließ. Es ist auch von vornherein so geplant, dass der Freiwillige sich nicht unentbehrlich macht. Im Vordergrund steht die Erfahrung des Freiwilligen, das tägliche Leben, was dann durch die Rundbriefe weitergegeben werden soll. Die Arbeit, die ich gemacht habe, kann also ganz einfach von anderen fortgeführt werden oder ist nicht so wichtig, als dass sie auf unbegrenzte Zeit weitergemacht werden müsste. Auch fand ich, alles gemacht zu haben, was ich mir vorgenommen hatte. So war meine Arbeit in der Procuraduria ein für mich wichtiger Teil meines Aufenthaltes. Ich hatte so nämlich die Möglichkeit, El Salvador aus noch einem ganz anderen Blickwinkel kennenzulernen, nicht nur aus dem Pfarrhaus heraus, sondern mit Blick auf die Menschenrechtssituation im Land. Auch hatte ich so mit anderen Menschen zu tun, als dies vorher in der Pfarrgemeinde der Fall war. In Quezaltepeque ist das Leben eher als ländlich zu bezeichnen, in San Salvador dagegen merkt man schon einen recht großen Unterschied. Einerseits waren die Leute, mit denen ich zusammenarbeitete, größtenteils Akademiker oder hatten zumindest eine bessere Ausbildung als die Mehrzahl der Menschen auf dem Land. Andererseits war das Ziel der Arbeit ein anderes als in der Pfarrgemeinde. Es ging nicht um Seelsorgerisches sondern ganz praktisch um die Einhaltung der Menschenrechte. Es war sehr interessant, mal eine solche Institution von innen betrachten zu können, von der man sich als „Laie" nicht recht vorstellen kann, was sie eigentlich tut.

Für mich war es einfach toll, zwei Wirkungsbereiche gehabt und somit auch zwei total verschiedene Freundeskreise gefunden zu haben."[319]

Impulse für die konkrete Arbeit der El Salvador-Gruppe von St. Josef Eppenhain

Der Kontakt zur Gemeinde San José in Quezaltepeque in Elsalvador ergab auch eine Zusammenarbeit mit dem Missionswissenschaftlichen Institut in Aachen und der Universidad Centroamericana José Simeón

---

[319] Hoffmann, Benedikt, Berichte vom Friedensdienst in der Gemeinde in Quetzalpeque in El Salvador.

Canas (UCA). Zu dem VII. Internationalen Seminar des philosophischen Dialogprogramms Nord-Süd in der UCA vom 26. – 30. Juli 1998 mit dem Thema „Philosophie, Theologie, Politik und Ökonomie im Kontext des Streits zwischen Kulturpluralismus und Universalisierung der Menschenrechte" wurde Johannes Hoffmann eingeladen und um einen Beitrag gebeten mit dem Thema „Menschenrechte in derzeitigen ökonomischen und monetären Strukturen".

Durch den Aufenthalt von Benedikt wurde die „Eine-Welt-Arbeit" in unserer Gemeinde sehr befruchtet. Wir haben uns intensiv mit den Fragen und Problemen der Gemeinde San José in Quezaltepeque befasst und in Kommunikation mit Padre Carlos überlegt, in welcher Weise wir unsere Partnerschaft gestalten können.

Nach seiner Rückkehr studierte Benedikt Soziologie. Er bewarb sich danach bei der weltweit operierenden Mikrokreditbank Pro-Credit mit Sitz in Frankfurt und machte dort berufsbegleitend eine Ausbildung als Bankkaufmann. In dieser Eigenschaft arbeitete er für die Pro-Credit, in Kiew, im Kosowo, in Albanien, in Mocambique, in Sierra Leone. Schließlich landete erneut -jetzt für die Pro-Credit- in El Salvador und wurde im Jahr 2003 mit der Leitung der dortigen Pro-Creditbank, einer der größten Mikrokreditbanken Mittelamerikas, beauftragt. So konnte er erneut auch im Sinne unserer Partnerschaft wirken. Im Jahr 2003 besuchte er unsere Partnergemeinde und traf sich mit Padre Carlos, der immer noch Pfarrer in San José war und bis heute ist. In einem kurzen Bericht informierte er uns über die Entwicklung in Quezaltepeque:

„Ich möchte einen kurzen Einblick in meine Eindrücke geben, die ich bei meinem letzten Besuch in Quezaltepeque gesammelt habe. Zu Beginn meines Aufenthaltes in El Salvador blieb ich gleich eine Woche zu Gast in der Pfarrgemeinde San José in Quezaltepeque. Ich fand das Land fast unverändert vor gegenüber meinem letzten Besuch, der nun schon sechs Jahre zurückliegt. Insgesamt hat sich wenig an der Situation der Menschen in El Salvador verändert, das einzige was ins Auge fällt,

sind zahllose neue Straßen. Jedoch im sozialen Sektor und im Bildungs-
bereich wurde nichts – oder nur wenig - getan. Die Lage wird sich auch
nicht mittelfristig ändern, denn die Regierung setzt momentan einzig auf
ein Freihandelsabkommen mit den USA, das allerdings nicht das erbringen wird, was man allen versucht zu erklären, so sind gerade landwirt-
schaftliche Güter, die billiger als in den USA produziert werden können,
von dem Abkommen ausgenommen. Es scheint also eher einseitig zu
sein und eher für eine Ausbreitung der Maquilas zu sorgen, Fabriken in
denen nur Mindestlöhne gezahlt werden und keine Arbeitsrechte existieren.

Konkret in Quezaltepeque hat sich aber einiges getan. So wurde der
Bürgermeister der Arena abgewählt und durch einen der FMLN ersetzt,
was immerhin dazu führte, dass Quezaltepeque nun ein kleines Krankenhaus besitzt.

In der Pfarrgemeinde hat sich auch vieles verändert: so wurde endlich mit dem Bau eines geeigneten Gebäudes für die verschiedenen
Ausbildungswerkstätten begonnen, das bei meiner Abreise schon im
Rohbau fertig war. Die Basisgemeinden haben sich auf über 140 erhöht.
Aber es gibt immer viel zu tun, so ist z.B. das Pfarrhaus vom Einsturz
bedroht und muss rekonstruiert werden. Der gute Padre Carlos wird also
immer mehr zum Baumeister. Sein Hauptprojekt –neben den seelsorge-
rischen Pflichten – bleibt aber das Ausbildungsprojekt. So ist uns allen
klar, dass sich die Situation allein durch beten nicht bessern wird, und
das einzige, was den Menschen helfen kann, Bildung ist. So werden mit
dem Geld, was ich aus Eppenhain mitgebracht habe, einige ganz arme
Familien unterstützt, damit ihre Kinder zumindest zur Schule gehen
können, und eine Basisausbildung bekommen. Ich habe diese Familien
zusammen mit Padre Carlos besucht, um mir ein konkretes Bild zu machen. Sie alle senden ihren Dank für die Unterstützung. Es ist aber zu-
weilen schwer, den Eltern, die ja selbst auch keine Ausbildung haben,
klar zu machen, wie wichtig es ist, dass ihr Kind lesen und schreiben

lernt. Deshalb versucht der Padre so oft wie möglich die Begünstigten zu besuchen, damit die Kinder auch wirklich in die Schule gehen. Auch zahlt er nie Geld aus, sondern gibt, was sie benötigen. So bekommen die Kinder ihre Schulunterlagen, die Uniform oder einfach das Schulgeld bezahlt. Aber auch Essenskörbe werden unter den Ärmsten verteilt, damit die Kinder nicht von den Eltern zum Betteln geschickt werden, sondern zur Schule gehen können.

Auch bedacht werden zwei alte Damen, Mutter und Tochter, die keine Verwandten und somit keinen Unterhalt haben. Die Mutter ist fast hundert Jahre alt.

Insgesamt nimmt Quezaltepeque eine gute Entwicklung, betrachtet man es im Vergleich mit dem Rest des Landes. Sogar die Gewaltsituation hat sich in Quezalte etwas verbessert. Sprach man vor 6 Jahren noch von der gewalttätigsten Stadt El Salvadors, gehört sie heute zu den eher friedlichen des Landes.

Die Wahlen 2009 in El Salvador führten erfreulicherweise zu einem politischen Wandel. Der sozialdemokratische Präsident versprach, die Lebenssituation der armen Bevölkerung zu verbessern. Der Gemeinde San José wurde vom Bildungsministerium die Leitung einer bereits existierenden Schule übertragen. Die Schule war in einem erbärmlichen Zustand. Nur noch rund 25 Kinder wurden unterrichtet. Die Schule stand kurz vor der Schließung. Padre Carlos hat gemeinsam mit dem Lehrerkollegium und den Mitarbeitern in der Gemeinde die Leitung der Schule übernommen und mit der Renovierung und Wiederbelebung begonnen."[320]

Hier konnten wir, die El Salvador-Gruppe der Gemeinde St. Josef in Eppenhain konkrete Unterstützung anbieten. Wir nahmen Kontakt mit dem Päpstlichen Werk für Kinder (PMK) in Aachen auf und fragten an, ob wir die Spenden der Sternsingeraktion der Schule in Quezaltepeque zukommen lassen dürften. Dem wurde zugestimmt. Die Sternsinger aus

---

[320] Hoffmann, Benedikt, Bericht über einen Besuch bei Padre Carlos.

allen Stadtteilen in Kelkheim und Liederbach sind mit großem Einsatz und Begeisterung von Haus zu Haus gezogen und haben Spenden gesammelt. Das Kindermissionswerk „Die Sternsinger" in Aachen stellt nach sorgfältiger Prüfung diese Gelder der Gemeinde San José für die Renovierung der Schule zweckgebunden zur Verfügung. Padre Carlos kann somit die Erneuerung und den Ausbau des Schulprojektes vorantreiben und finanzieren. Ein Besuch von Aktiven der Projektgruppe in Quezaltepeque zeigte eindrucksvoll die positive Entwicklung. Inzwischen werden über 300 Schülerinnen und Schüler unterrichtet. Das Schulzentrum genießt gesellschaftliche Anerkennung und hat dazu beigetragen, dass die Bandenkriminalität deutlich reduziert werden konnte. Carlos sagt: *„Bildung ist ein Akt der Liebe. Den Kindern verarmter Familien, die sich nach umfassender Bildung sehnen, wird die Chance gegeben, ihre Lebensbedingungen zu verbessern".*

In der Sternsingeraktion im Jahr 2012 erbrachte einen Betrag von 30.477,80 EURO. Bisher konnten wir für die Schulentwicklung in Quezaltepeque rund 90.000 EURO zur Verfügung stellen. Auch in diesem Jahr bekommt die Schule in der Pfarrei San José nach Absprache mit dem PMK in Aachen den Erlös der Sternsingeraktion.

Besuch von Weihbischof Gregorio Rosa Chávez

Am 15. Dezember 2001 hatten wir in unserem Pfarrverband Besuch von Monsenor Gregorio Rosa Chávez aus San Salvador. Er war zur Eröffnung der Adveniataktion auf Einladung der Bischöfe nach Deutschland gekommen und war anlässlich der Eppenhainer Friedenstage unser Gast. Wir haben mit ihm die Messe gefeiert und anschließend im Gemeindehaus diskutiert. Für viele von uns war es ein außergewöhnliches Erlebnis. Monsenor Chávez berichtete eindrucksvoll über den Verlauf der gesellschaftlichen Entwicklung in El Salvador in den letzten zehn Jahren und konnte anhand vieler Beispiele überzeugend deutlich machen, wie wichtig es war und immer noch ist, nach dem erreichten

Friedensabkommen für die Versöhnung in der salvadorianischen Gesellschaft zu kämpfen. Das Ziel, zu einem „gerechten, versöhnten und im Frieden lebenden El Salvador zukommen, sei noch nicht erreicht", das Land noch nicht „vollständig versöhnt". Monsenor Chávez war ein enger Vertrauter von Erzbischof Oscar Romero und dessen Nachfolger Arturo Rivera Damas. Er hat den über ein Jahrzehnt dauernden blutigen Bürgerkrieg erleben müssen und konnte 1992, nach fast sieben Jahren intensiver Bemühungen im Friedensdialog gemeinsam mit allen rivalisierenden Parteien, das Friedensabkommen erreichen. Er war an dem Zustandekommen dieses Vertrages maßgeblich beteiligt und ihm wurde 1996 im Landtag in Wiesbaden der Hessische Friedenspreis verliehen.

Besuch von Maria und Johannes Hoffmann im März 2013 in El Salvador

Am Morgen des 11.März 2013 haben wir die Banco ProCredit, die größtn Mikrokreditbank in El Salvador besucht, dessen General Manager Benedikt inzwischen geworden war. Es fanden Gespräche mit ihm über die Arbeit der Bank zur Entwicklung der wirtschaftlichen Lage in El Salvador statt. Die Bank hat Filialen über das ganze Land verteilt. Banco ProCredit hat Niederlassungen in 7 Ländern Lateinamerikas, und zwar in Mexiko, Honduras, El Salvador, Nicaragua, Columbien, Ecuador und Bolivien. Der Hauptsitz befindet sich in Frankfurt am Main. Die KfW ist mit einem beachtlichen Prozentanteil beteiligt. Das Konzept der Bank in El Salvador wird im „Mission Statement" wie folgt beschrieben:

> „Banco ProCredit El Salvador is a development-oriented full-service bank. We offer excellent customer service and a wide range of banking products. In our credit operations, we focus on lending to very small, small and medium-sized enterprises, as we are convinced that these businesses create the largest

number of jobs and make a vital contribution to the economies in which they operate.

Unlike other banks, our bank does not promote consumer loans. Instead we focus on responsible banking, by building a savings culture and long-term partnership with our customers.

Our shareholders expert a sustainable return on investment, but are not primarily interested in short-term profit maximization. We invest extensively in the training of our staff in order to create an enjoyable and efficient working atmosphere, and to provide the friendliest and most competent service possible for our customers." (Jahresbericht 2010, Seite 4).

Daraus geht hervor, dass die Bank keine Kleinstkredite und keine Konsumentenkredite gewährt, sondern sich etwa im Sinne der Ursprungsidee der Volks- und Raiffeisenbanken für die Förderung kleiner und mittlerer Unternehmen stark macht. Sie verfolgt damit die Idee, dass so Subsistenz und die Schaffung von Arbeitsplätzen am besten gewährleistet werden können. Die Bank arbeitet in einem Umfeld von zahlreichen Minikreditinstitutionen und von Kredithaien. Letztere verlangen Monatszinsen, die sich im Jahr auf 100 % aufschaukeln können. Die Bank ist sehr angesehen. Sie wird als Bank mit deutscher Zentrale von der BAFIN kontrolliert. Ich konnte anhand der Geschäftsberichte von 1910 bis 1912 einen guten Einblick in die Entwicklung der Bank gewinnen. Schließlich habe ich über Gespräche mit Mitarbeitern und Kunden einen Einblick in die Mikrokreditszene in El Salvador gewonnen.

Vom 12.03. bis 15.03.2013 sind wir nach Cocotera in ein Hotel mit umfassendem ökologischem und nachhaltigem Konzept gefahren. Die Häuser sind aus Holz gebaut und die Dächer sind mit Palmenzweigen gedeckt. Das Hotel liegt direkt am Meer. Wir wurden über die ökologische Bewirtschaftung informiert. Diese reichte von der Wasserversorgung, solare Energieversorgung und Produktion und Verarbeitung von

Obst, Gemüse und Gewürzen bis hin zu Aktivitäten zum Schutz der Mangrovenwälder, was wir während einer Bootsfahrt besichtigen konnten.

Danach ging es zurück nach San Salvador. Abends Treffen mit Inhabern mittlerer Unternehmen. Gespräch über wirtschaftliche Entwicklung des Landes und über die Gewaltsituation.

Wegen einer Erkrankung konnten wir erst am 19.3. nach Quezaltepeque zu unserer Partnergemeinde zurückfahren. Zunächst haben wir uns mit Pfarrer Carlos Vasquez und einigen seiner Mitarbeiter zusammengesetzt. Anschließend nahmen wir am Pontifikalamt, in dem der Bischof von San Salvador, Erzbischof José Luis Alas, zwei Männer aus Quezaltepeque zu Priestern geweiht hat, teil. Ich habe in diesem Gottesdienst folgendes Grußwort vorgetragen:

„Lieber Padre Carlos,

Exzellenzen,

lokale Amtsträger,

Schwestern und Brüder im Glauben an Christus,

liebe Freunde aus Quezaltepeque.

Wir - meine Frau Maria und ich - sind sehr dankbar, mit Ihnen dieses wichtige Ereignis feiern zu können. Für uns ist es immer schön, nach El Salvador zu reisen, nach Quezaltepeque, und mit unseren Freunden in der Pfarrei St. Joseph beisammen zu sein; hier fühlen wir uns wie zu Hause.

In unserer Heimatgemeinde in Deutschland, in unserer Pfarrei St. Joseph, wird heute, so wie hier, der Patronatstag des Hl. Joseph gefeiert; unser Pfarrer und die ganze Gemeinde senden Ihnen ihre geschwisterlichen Grüße.

Es ist für uns immer eine Freude zu sehen, mit welchem Engagement und mit welchem Bemühen Sie vorwärts kommen und Projekte zum Wohle der Kinder und Familien hier in der Pfarrei verwirklichen. Wir freuen uns, Ihnen von Gemeinde zu Gemeinde, von Kindern zu Kindern helfen zu können. Am Tag der Hl. Drei Könige ziehen die Kinder in unserem Ort in Deutschland von Haus zu Haus, singen und vereinen uns so mit Ihnen, auch wenn wir auf verschiedenen Kontinenten leben, in unserem Wunsch nach einem Leben in Frieden.

In diesem Sinne vielen Dank für die Gemeinschaft mit uns, Dank an Padre Carlos und die ganze Gemeinde für ihre Freundschaft und dafür, dass wir hier immer willkommen sind. Danke."

Am *20.03.2013* trafen wir uns mit Padre Carlos und dem Schulleiter Jaime Alvarengea und wurden über die Schulsituation der Schule „Centro Escolar Católico Doctora Maria Julia Hernandez" informiert. Zur Zeit unseres Besuches wurden 463 Schülerinnen/Schüler unterrichtet, davon sind 87 in der Vorschule (Alter 4 – 6 Jahre), 40 – 45 Schüler pro Klasse, 12 Klassen. Es gab 12 KlassenlehrerInnen, 1 Sportlehrer, 1 Physiklehrer, 1 Englischlehrer. Es gibt 9 Jahrgänge. Nach Abschluss dieser Schulzeit gehen alle Kinder auf weiterführende Schulen, entweder auf eine staatliche Schule oder auf die Schule der Dominikanerinnen.

Zum Konzept der Schule: Die SchülerInnen kommen aus den untersten Schichten. Daher kümmern sich die LehrerInnen ganz besonders um jedes Kind. Die Eltern werden einbezogen. Es finden monatliche Konferenzen mit den Eltern statt. Die LehrerInnen haben Kontakt mit den Eltern. Sie informieren sich über die gesundheitliche Situation; zweimal in der Woche gibt es Gelegenheit zu psychologischer Beratung in der Schule. Die Eltern werden darüber informiert, wie sie zu Hause mit den Kindern nacharbeiten können. Über die Klassenkonferenzen mit den Eltern hinaus gibt es auch Aktivtäten mit allen Eltern der Schule. Die Schule vertritt insgesamt andere Werte als die staatlichen Schulen. Dies ergibt sich aus der christlichen Orientierung und einer starken Anbindung an die Kirchengemeinde. Neben dem Schulunterricht sind alle LehrerInnen in verschiedenen Bereichen in der Pfarrgemeinde engagiert, zum Beispiel in der Jugendarbeit.

Finanzierung: Finanzierung der LehrerInnen: Der Staat zahlt das Gehalt für die 7 KlassenlehrerInnen. Diese bekommen vom Staat 440 USD und es gibt alle fünf Jahre eine Erhöhung. Aber: Im letzten Jahr wurden vom Staat keine LehrerInnen eingestellt und auch in diesem Jahr nicht. Der Staat zahlt Sozialleistungen. Für die restlichen 5 Lehrer und die 3 Fachlehrer müssen die Kirchengemeinde und die Schule selbst sorgen. Die von der Kirchengemeinde/Schule eingestellten Lehrer erhalten den vorgeschriebenen Mindestlohn in Höhe von 220 USD. Dadurch entsteht ein System der Ungleichheit unter den Lehrerinnen und Lehrern an der Schule. Daher sucht die Kirchengemeinde nach Möglichkeiten einer Finanzierung, um die finanzielle Gleichstellung bei den Lehrergehältern zu erreichen. Die Schule darf Schulgeld nehmen, das auch zur Finanzierung von Lehrergehältern verwendet werden darf. Da aber die SchülerInnen alle aus den untersten Schichten kommen, können 50 % das monatliche Schulgeld von 5 USD nicht bezahlen. Darüber hinaus wird auch Geld für Unterrichtsmaterial gebraucht. Für die 4., 5. und 6. Klasse zahlt der Staat Schulbücher. Das englische Lesebuch muss von der Schule bezahlt werden. Die Unterrichtsbücher und -materialien für die höheren Klassen werden von den Lehrern erstellt. Was gekauft werden muss, muss die Schule bezahlen.

Mittags erhalten 300 Kinder in der Schule ein Essen. Die Regierung zahlt die Materialien, also Bohnen, Reis, Zucker, Milch und Öl. Die Zubereitung geschieht in der Schulküche. Diese muss von der Schule bezahlt werden, also die Küche, die Geräte und die Bezahlung des Küchenpersonals.

Derzeitiger Stand der Renovierung und der neuen Anbauten

Die Küche ist weitgehend fertiggestellt und wird benutzt. Hier wurde ein Zuschuss von den Sternsingern verwendet. Die Räumlichkeiten für die Vorschule sind bis auf Kleinigkeiten fertig. Sie werden bereits genutzt. Auch hier konnten die Zuschüsse aus dem Geld der Sternsinger verwendet werden. Schließlich wurden die Toiletten von Grund auf renoviert. Das Video über die Entwicklung/Renovierung der Schule gibt einen guten Einblick über den Zustand vor und nach der Renovierung. Was noch dringend benötigt wird, ist ein Lehrerzimmer. Leider gibt es dafür noch kein Geld, obwohl das Lehrerzimmer als Kommunikationsraum für die LehrerInnen unerlässlich ist. Dringend ist die Überdachung des Sportplatzes. Auch hierfür fehlen die Mittel.

Erfolge der Schule für die Kinder

Seit nunmehr drei Jahren gehen die Kinder der Abschlussklassen auf weiterführende Schulen. Im ersten Jahr waren es 34 Kinder, im zweiten Jahr 38 Kinder und im dritten Jahr 39 Kinder. Für die Errichtung und Sicherheit der Schule war es ein Problem, die Jungendbanden (= Maras) für ein kooperatives Verhalten zu gewinnen. Um die Infiltration der Schule durch Mitglieder der Maras zu verhindern, bot man für die Mitglieder der Maras am Nachmittag Unterricht an. Das wurde auch angenommen. Auf diese Weise konnte erreicht werden, dass die Mitglieder der Maras nicht in der Lage waren, unter den SchülerInnen Mitglieder zu werben. Das ist eine wirksame Prävention von Jugendgewalt. Quezaltepeque hat die höchste Rate im Bereich Jugendbanden und Jugendgewalt.

Weitere Vorhaben

Die Schule hat die Lizenz für die Errichtung einer weiterführenden Schule erhalten. Das Grundstück für den Bau dieser Schule ist seit langem im Besitz der Pfarrgemeinde. Der Staat (= das Bildungsministerium) hat für den Bau der Schule 600.000,00 USD bereitgestellt. Das PMK hat erklärt, die Kosten für die Ausstattung zu übernehmen.

Präsentation der Schule bei unserem Besuch

Nach einem sehr ausführlichen Gespräch mit dem Direktor der Schule, Jaime Alvarengea, und dem Präsidenten der Schule, Padre Carlos Vasquez, konnten wir in der Aula an den Beiträgen der SchülerInnen zum VI. Jahrestag des Todes der Patronin der Schule, Doktora Maria Julia Hernandez, teilnehmen. Es fand ein Wettbewerb unter den Klassen statt, wer von den SchülerInnen den besten Vortrag über Leben und Werk der Patronin gehalten hat. Die Präsentationen waren sehr eindrucksvoll. Hier konnten wir das große Bild der Sternsinger aus unserer Gemeinde, Fotos der Sternsinger und das Sternsingerlied überreichen. Der Schulleiter erläuterte die Bilder, Fotos und die Sternsingeraktion und bedankte sich für die Solidarität der Dreifaltigkeitsgemeinde Eppenhain, Ruppertshain und Fischbach. Danach überreichten uns zwei Kinder der Vorschule ein Bild, das an die Partnerschaft zwischen unseren Gemeinden in Kelkheim mit der Gemeinde in Quezaltepeque erinnert. Zum Abschluss sprach Maria Hoffmann ein Dankeswort, das Benedikt Hoffmann übersetzte.

Brief von Padre Carlos an Pfarrer Josef Peters, Kelkheim Fischbach:

Quetaltepeque, EL SALVADOR
20 März 2013

„Lieber Pfarrer Peters,
der Monat März ist sehr bedeutsam für unseren Glauben. Der Hl. Josef segnet und ermuntert uns, Dr. Maria Julia Hernández hält im Himmel Fürsprache für uns, Mons. Romero bleibt lebendig inmitten seines Volkes, um es zur Wahrheit des Evangeliums zu führen. Das Osterfest Jesu Christi erneuert den Sinn unseres Lebens und unserer Seelsorge.
Danke für Ihren Brief, in dem Sie uns sagten, dass Sie sich am Fest des Hl. Josef am 19. März mit uns verbunden fühlten.

Dasselbe traf für uns zu in unserem Gottesdienst. Johannes hat in der Patronatsmesse eine Botschaft an die Gemeinde von Quezaltepeque vorgelesen; wir sind Ihrer Gemeinde Hl. Dreifaltigkeit sehr dankbar, besonders St. Josef Eppenhain.

An diesem Patronatsfest wurden zwei junge Männer vom Erzbischof José Luis Alas zu Priestern geweiht.

Wir wünschen, dass die Strukturreform in Ihrer Gemeinde die erwarteten Früchte trägt.

Eine Umarmung in Freundschaft und im Glauben an Sie und die ganze Pfarrgemeinde, besonders an die Jugend.

P. Carlos Enrique Vásquez".

Am 21.03.2013 Besuch in der Geschäftsstelle der giz (Gesellschaft für internationale Zusammenarbeit)

In Gesprächen mit einer Vertreterin der giz ging es vor allem um die Projekte, die die giz zur Prävention von Jugendgewalt in Zentralamerika durchführt, und zwar in folgenden Ländern: Guatemala, El Salvador, Nicaragua, Honduras. Die Leiterin, Elisabeth Frey, die für das Projekt Gewaltprävention zuständig war, gab uns einen spannenden Einblick in die Arbeit.

Die Gewaltprävention bei der giz besteht aus 3 Komponenten: Stärkung von Präventionsräten auf Gemeindeebene; Beschäftigungsförderung von Jugendlichen; Prävention in Schulen.

Die giz verfolgt damit einen systemischen Präventionsansatz. Es geht darum, die Kontexte zu beachten, in denen Gewalt entsteht, also auf der Straße, in der Schule, am Arbeitsplatz, in der Familie etc. In einem zweiten Schritt müssen die Risiko- und Schutzfaktoren analysiert werden. Als Grundlage dient dabei das Modell der WHO, der Public Health-Ansatz. Hier muss fallspezifisch analysiert werden. In einem dritten Schritt wird eruiert, welche Akteure beteiligt sind, die immer zusammenarbeiten müssen (Multifaktoriell und Multiakteure, z.B. nach den verschieden beteiligten Ministerien). Zielsetzung ist eine Verhaltensänderung von Jugendlichen und Erwachsenen z.B. in Schulen: Die ganze Schulgemeinde ist einzubeziehen (= Communidad educatista), also Lehrer, Schüler, Eltern. Zu fragen ist, wo sind die Jugendlichen? Gibt es eine Jugendpartizipation in den Präventionsräten? Wie sieht das Wechselverhältnis aus zwischen Prävention durch Jugendbeteiligung versus Partizipation in den Präventionsräten?

Wo ist die Polizei? Partizipation in den Präventionsräten durch die Gemeindepolizei. Darüber hinaus werden mit der Polizei zusätzlich Workshops durchgeführt.

Erfolge: Zurzeit läuft die zweite Phase an mit einer Fortbildungsserie von fünf Modulen. Es wurden 119 Leute ausgewählt in El Salvador. Es ist eine lokale Gruppenbildung angestrebt.

Die Fortbildungskurse werden von der Universidad El Salvador zertifiziert. Es werden Moderatoren als Multiplikatoren ausgebildet sowohl von der staatlichen Uni als auch von der UKA (= Jesuiten-Universität), als auch von einer NGO (= Fondacion Salvador del Mundo/ Salesianer).

Darüber hinaus gibt es Kurse für Berufsqualifikation. Sie erfolgt als Bildung mit Lebenskompetenz, also eigentlich Lebensprojekte. In Guatemala, El Salvador und Honduras sind 1000 Jugendliche beteiligt. Beispiel: Jugendliche werden ausgebildet für den Bau. Dies geschieht beim Bau eines Präventionsgebäudes der Bürgermeisterei.

Schließlich geht es um Schulkompetenz. Best Practice-Modelle werden gesichtet und analysiert. Etwa von den USA. Hier wird die Wirkung durch die Uni gemessen und in den salvadorianischen Kontext übertragen.

22.03.2013 Fahrt nach Perkin

Abfahrt um 08.00 Uhr von San Salvador über San Vicente, San Miguel Morazan nach Perkin (Fahrtzeit ca. 4 Stunden).

1. *Station:* Cero de Park (Mirador Cerro de Perquin)
   Spaziergang, Wanderung durch das Gelände. Beim Anstieg zur Bergkuppe konnten wir Zeugnisse aus der Kriegszeit von 1980 – 1992 besichtigen: Bombentrichter, Kriegslazarett, Bunker, Schützengräben etc. Auf der Höhe war ein Hubschrauberlandeplatz der Regierungstruppen. Beim Abstieg weitere Zeugnisse wie ein unterirdischer Gang mit einem größeren Raum der Guerilleros. Dieses Gelände und dieser Platz wurden von den Guerilleros als erstes zurückerobert und von hier ging der Siegeszug, also von Osten nach Westen, auf El Salvador aus.

2. *Station:* Campamento Guerillero:
   Hier gingen wir durch ein Gelände, in dem Relikte aus dem Bürgerkrieg ausgestellt waren: Waffen, Projektile, Teile zerstörter Fahrzeuge (Hubschrauber) der Regierungstruppen, Sendeanlagen der Guerilleros, Lazarett etc.

3. *Station:* Museo de la Revolución Salvadoreña: Testimonio vivo de la memoria Colectiva:
   Das war der Höhepunkt unseres Aufenthaltes in Perkin. Wir erhielten eine sachkundige Führung durch die Räume. Das Museum ist als Erinnerungsstätte konzipiert und schildert, angefangen von den historischen Wurzeln der Auseinandersetzungen den Beginn der Auseinandersetzungen, die Entwicklung bis zum Friedensvertrag.

Die Ausstellung dokumentiert auch die Unterstützer im Ausland, z. B. aus Deutschland: Uni Frankfurt, TU München etc. Aber auch die Unterstützer der Befreiungsbewegung durch Aktivisten, NGO's aus den

USA, obwohl von der Regierung in den USA die Regierungstruppen am massivsten unterstützt wurden.

Wir übernachteten in einem ökologisch nachhaltigen Hotel in Perkin: Ocotal. Auf der Rückfahrt machten wir Halt am Rio Torola und wanderten zum Wasserfall „Tureroll". Zurück am Auto, fuhren wir weiter zum Rio Sap, einem Camping- und Badeplatz. Danach noch Mittagessen in einem ökologisch nachhaltigen Restaurant: „Leuka". Danach ging es zurück über San Francisco, Gotera, Yamabal, Guatajagna, Chapetique auf der Pan Americana nach San Salvador, wo wir um ca. 19.00 Uhr eintrafen.

23.3.2013 Fahrt nach Santa Tekla

Diese Stadt ist ein Musterbeispiel für Gewaltprävention. Seit 2006 ist dort Oscar Ortis Bürgermeister. Er ist auch Kandidat bei den nächsten Präsidentschaftswahlen und kandiert für das Amt des Vicepräsidenten. Bei seinem Dienstantritt als Bürgermeister gab es eine hohe Gewaltrate. In dieser Situation entwickelte er einen strategischen partizipativen Plan. Er bildete einen Präventionsrat, in dem er die Jugendarbeit, die Frauenarbeit mit lokalen Unternehmern zusammenführte. Er richtete ein lokales Statistikzentrum zur Frage der Gewalt ein, beschaffte eine Finanzierung für die Infrastruktur der Gemeinde und richtete viele öffentliche Plätze zur Kommunikation ein.

Sowohl in Gesprächen als auch mit eigenen Augen konnten wir uns am Abend von dem pulsierenden, friedlichen und geselligen Gemeindeleben überzeugen und Urbanität auf den Straßen miterleben. Das Projekt Santa Tekla gilt in ganz Zentralamerika als „best practice".

Friedensdienst von Philipp Binias in Enugu, Nigeria Zur Diözese Enugu 1. Bericht

„Mein erster Bericht des Sozialen Friedensdienstes, den ich am 7. Dezember 1998 antrat. Seitdem sind knapp vier Monate vergangen. Eine sehr aufregende, interessante aber auch anstrengende Zeit, 6000 km weit weg von meinem gewohnten Umfeld, in tropischen Breiten, eine andere Sprache und viele neue Gesichter, die es erst einmal kennenzulernen gilt. Rückblickend verging diese Zeit wie im Fluge und es gefällt mir hier gut, auch wenn es hier und da einige Kommunikationsprobleme, Unsicherheiten und Fettnäpfchen gab. Mit jedem Tag wachse ich jedoch mehr und mehr in mein neues Umfeld hinein.

Die erste Lektion, die ich in Nigeria lernte war, dass eben nichts nach „Plan" läuft. Aber das Ziel sollte man deswegen nicht aus den Augen verlieren. Ich wurde nach meiner Ankunft von einem Fahrer abgeholt. Auf dem Weg zum Haus seines Bruders wurden wir von einem engagierten Polizisten gestoppt. Er fragte uns: „Was habt ihr für mich?", was so viel heißt wie: Schmier mich und du hast freie Fahrt. Wir entgegneten ihm: „Einen Handschlag und ein Lächeln".

Die Weihnachtszeit sollte ich diesmal in einer ganz anderen Umgebung verbringen; keine frostigen Temperaturen, sondern trockene Hitze bis über 30°C. In dieser Zeit, von Dezember bis März, herrscht hier Harmattan, die Trockenzeit, deren Nordwinde den aus der Sahara transportierten Staub über das ganze Land verteilen.

Über die Weihnachtstage treffen sich die Familien in ihren Heimatdörfern außerhalb Enugus, so dass Enugu einige Tage wie leergefegt war. Das Heimartdorf einer Person ist immer dasjenige, in dem der Vater der betreffenden Person geboren und aufgewachsen ist, denn hier befindet sich das Eigentum jeder Familie (Haus, Grundstücke). Man besucht hier Freunde, und da ein Zusammenkommen ohne Speis und Trank nicht möglich ist, wird mit Freuden geteilt, was vorhanden ist. Auch ich konnte einige Einladungen wahrnehmen. Am Heiligen Abend bin ich mit Pfarrer Obiora Ike in ein Dorf außerhalb Enugus gefahren. Nach einer 1 1/2-stündigen Fahrt, die uns über schlechte Straßen führte, die nach meinem Dafürhalten gar keine Straßen waren, sondern ausgetrocknete Flussbette, befanden wir uns im tiefsten Busch. Obiora Ike nannte es „Das Ende der Welt". Die Dörfer dort draußen haben keinen Pfarrer, der regelmäßig zu ihnen kommt und somit war die Kirche, die wir um etwa 23.00 Uhr erreichten, bis auf den letzten Platz gefüllt und viele der Anwesenden wohnten der Christmette draußen vor der Kirche bei. Ein Stromgenerator sorgte für Elektrizität, da es in diesem Dorf, wie übrigens in den meisten anderen auch, keine Stromversorgung gibt.

Neujahrsfest

Am Morgen des 1. Januar 1999 fuhr ich mit Pfarrer Obiora Ike in seine Heimatgemeinde Umana Ndiagu. Schon auf unserm Weg begrüßten uns die vielen Kinder und Erwachsenen, die ebenfalls auf dem Weg zur Neujahrsmesse waren mit lauten Willkommensgrüßen und wünschten uns „Happy New Year". Die Kinder sprangen und rannten neben dem Auto her und freuten sich über den Besuch.

Am Nachmittag kam es dann zur großen Neujahrsfeier. Das ganze Dorf versammelte sich um einen Platz so groß wie ein halbes Fußballfeld. Kleine Zelte waren aufgebaut, unter denen man im Schatten Platz nehmen konnte. Alle Familien waren gekommen und scharten sich um das Feld. Besonders viele Kinder waren anwesend. Kein Wunder, wenn eine Familie mit „nur" fünf Kindern als klein gilt.

Wie bei allen Festivitäten und offiziellen Anlässen gab es einen High Table, dessen Angehörige sich aus dem Chairman (der Vorsitzende), verdienten Dorfbewohnern, Ehrengästen etc. zusammensetzt. Die folgende Zeremonie ist typisch für jede Art von offiziellen Anlässen im Kulturraum der Igbos.

Die Gäste werden vom Charman vorgestellt und begrüßt. Je nach Bedarf hält dieser oder auch die Gäste eine Rede. Danach wird mit einem Gebet das Ganze eröffnet und die Speisen werden, sofern ein Geistlicher vorhanden ist, gesegnet.

Die Tanzgruppen wurden nun aufgerufen, die Punktrichter instruiert und so konnte der Tanzwettbewerb, an dem acht Gruppen einzelner Dörfer, bestehend aus zwanzig bis vierzig Tänzern und Musikern teilnahmen und traditionelle Musik und Tänze boten, beginnen. Die Gruppen übertrafen sich gegenseitig in Akrobatik, Tanz und rhythmischer Begleitung von Trommlern und Flötenspielern. Sehr auffallend waren die prächtigen farbigen Gewänder der Tänzer. Während der Darbietungen sind immer wieder Besucher des Festes auf den Platz gekommen und haben Geldscheine auf die Tänzer regnen lassen oder haben ihnen diese an die Stirn geklebt. Ein Brauch, mit dem eine bestimmte Leistung gewürdigt wird.

Nach den Tänzen tauchte plötzlich ein großes laufendes „Ding" auf dem Platz auf. Es war mit langen Messern bewaffnet und wurde von zwei ebenfalls mit Messern bewaffneten Männern über den Platz gejagt. Jedes Mal, wenn es sich den in den vorderen Reihen stehenden Kindern näherte, wichen diese angsterfüllt zurück und fingen an zu schreien. Die Maskerade hatte begonnen. Die Männer trieben das Viergesichtige vor sich her und es kam zum Schwertkampf, der jedoch unblutig endete. Nachdem der „böse Geist" besiegt und somit alle bösen Geister des vergangenen Jahres vertrieben waren, jubelten alle auf.

Ein weiterer Teil der Neujahrsfeier war die Ehrung der besten Schüler des Dorfes. Die Klassenersten, -zweiten und -dritten der einzelnen Jahrgangsstufen wurden aufgerufen und nahmen die Glückwünsche des High-Table und Geschenke in Form von Lehrmaterialien in Empfang.

Im Anschluss kam es zur Bekanntgabe der Sieger des Tanzwettbewerbes. Der Jubel der Sieger war groß und sie erhielten einen Pokal, den die ganze Gruppe im Triumphzug um den Platz trug.

Meine Arbeit

Anfang Januar habe ich das Kinderpatenschafts-Programm des katholischen Instituts in Enugu übernommen, da die bisherige Leiterin ein Kind bekam und dringend Ersatz für sie gesucht wurde. Über siebzig Kinder werden hier derzeit von privaten Sponsoren unterstützt. Das Ziel des Programmes ist, Kindern den Schulbesuch zu ermöglichen, da es sich viele Familien nicht leisten können, bei einer Anzahl von nicht selten sechs oder mehr Kindern die Schulgebühren für diese zu bezahlen. Das Einkommen vieler reicht oftmals nicht einmal aus, um genügend Lebensmittel zu kaufen.

Mit der finanziellen Unterstützung dieser Kinder wird gewährleistet, dass diese ein Mindestmaß an Bildung erfahren und somit die Möglichkeit haben, sich selbst zu helfen, einen Job zu bekommen und Geld zu verdienen. Die Teilnehmer werden von uns in Bezug auf die finanzielle Situation der Familie ausgewählt. Wir versuchen dann einen Paten in Deutschland zu finden und betreuen das Kind während der Patenschaft.

Meine Arbeit bestand also darin, Interviews zu führen, Akten anzulegen, Schulgeld auszuzahlen, den Schulbesuch zu kontrollieren, den Kontakt zwischen Paten und Kindern zu gewährleisten und neue Patenschaften abzuschließen.

Da ich Tür an Tür mit der Caritas und dem Büro für zinslose Kleinkredite und der (ehem.) Gefangenen-Wohlfahrt arbeitete, wurde ich oft persönlich von sehr armen Menschen angebettelt, die mir oft eine wohl wahre Geschichte erzählen oder erzählen wollen und einfach nur gerne etwas essen würden, oder wenigstens ihre Kinder in die Schule schicken möchten.

Die Hilfe, die die Paten und das Sponsorshipprogramm leistet, ist immens wichtig und bietet für viele die einzige Möglichkeit, sich eine Bildungsgrundlage und somit eine Lebensperspektive zu eröffnen, die sie sich selbst aufgrund ihrer finanziellen Armut nicht ermöglichen könnten.

Neben dieser ständigen Aufgabe fallen noch einige weitere an. Beispielsweise verfasste ich Lageberichte über zwei Waisenhäuser und ich arbeite gerade an einer Inventarliste eines Berufsschulprojektes für Behinderte in Enugu, dessen Reorganisation und Betreuung das Cidjap in Zusammenarbeit mit dem Ministerium für Frauenangelegenheiten und soziale Entwicklung, Enugu State, übernommen hat. Eine ähnliche Berufsschule ist im Februar in Enugu, im ältesten Stadtteil, dem Coal-Camp, von Bischof Gbuji eröffnet worden.

Das VITTC (Vocational, Industrial and Technical Training Centre) ist eine Technik- und Wirtschaftsberufsschule, die durch Spenden aufgebaut wurde. Hier werden junge Männer beispielsweise als Automechaniker und Elektrotechniker unterrichtet und ausgebildet.

Das VITTC soll dann nach einer gewissen Anlaufzeit durch Produktion und Verkauf von Maschinen kostendeckend arbeiten. So auch die Berufsschule für Behinderte. Diese muss allerdings noch renoviert und mit neuen Geräten ausgestattet werden, da sie unter der Militärherrschaft von 1991 für sieben Jahre brach lag. Behinderte Menschen ohne Ausbildung und Beruf sollen hier, ohne Schulgeld zahlen zu müssen, in Bereichen der Näherei, Uhrenfertigung, Holzverarbeitung und Schuhfertigung ausgebildet werden und arbeiten. Auch diese Schule soll sich durch Verkauf der selbst produzierten Güter irgendwann selbst finanzieren.

Am 20. und 27. Februar 1999 habe ich mit einigen Cidjap-Mitarbeitern als offizieller Wahlbeobachter an den Wahlen zum Senat bzw. Abgeordnetenhaus und dann an den Präsidentschaftswahlen teilgenommen. Wir wurden von der unabhängigen nationalen Wahlkommission (INEC, Independent National Electoral Commission), die übrigens schon lange besteht und dieses Jahr das erste Mal mit „unabhängig" betitelt wurde, instruiert. Mein Team bestand aus neun Wahlbeobachtern. Wir verteilten uns einzeln auf verschiedene Wahllokale in Enugu und beobachteten während der gesamten Akkreditierungs- und Wahldauer dieses Wahllokal, um genaue Angaben über den Ablauf der Wahl machen zu können. Die Reporte wurden dann am Ende des Tages an die Kommission gesandt und ausgewertet. Vor allem bei den Präsidentschaftswahlen berichteten einige unserer Beobachter von gezielten Bestechungsversuchen von Vertretern der Parteien, die sowohl die Wahlbeamten als auch die Wähler mit Geldbeträgen beeinflussen wollten. Andere Mitarbeiter beobachteten, dass die in der Wahlurne vorhandenen Stimmzettel nicht mit der Anzahl der vorher akkreditierten sowie registrierten Stimmabgaben übereinstimmten. Es wurde also offensichtlich manipuliert. INEC sprach aber davon, dass die beobachteten Manipulationen in ihrer Anzahl und Stärke zu vernachlässigen wären, das Ergebnis vielleicht nicht so deutlich gewesen wäre, die Mehrheitsverhältnisse jedoch im Großen und Ganzen dieselben wären. Die Wahlen wurden folglich für gültig erklärt und die Militärregierung wird, so ist es vorgesehen, am 29. Mai 1999 die politische Macht an die siegreiche PDP (Peoples Democratic Party) unter General Obasanjo übergeben. Da ich jedoch als G.S.O. (General Service Officer) ein Diensthabender für allgemeine Aufgaben und Arbeiten bin, helfe ich noch mit Übersetzungen und Schreibarbeiten bei der deutschen Bürokorrespondenz des Instituts und übernehme kleine Fahrerjobs.

Der Kampf ums Benzin

Wie kommt man in dem Land, welches den vierten Platz in der Rangfolge der Welt-Erdöl-Förderländer belegt, an Benzin für sein Auto heran?

Diese Frage stellt sich derzeit ein Großteil der Autofahrer in Nigeria. Die Gründe für die seit Jahren anhaltende Benzinknappheit sind bekannt: alte, morsche Raffinerien, welche die Militärmachthaber verschimmeln ließen und deshalb die benötigte Menge Benzin nicht liefern können, so dass ein beträchtlicher Anteil des benötigten Benzins aus dem Ausland importiert werden muss. Korruption und Logistikprobleme erschweren zusätzlich die Verteilung des Kraftstoffes. Somit sind lange Autoschlangen entlang der Tankstellen in Enugu oftmals zu beobachten. Da die Verteilung des Benzins sehr unregelmäßig ist, haben die Tankstellen keine festen Öffnungszeiten. Eine Tankstelle, die ich von meinem Fenster im Büro aus sehen kann, öffnet im Durchschnitt einmal in der Woche ihre Schlagbäume. Tankstellen, die eine Lieferung erhalten haben, werden jedoch auch im Radio bekanntgegeben.

Nachdem eine Tankstelle öffnet, obliegt dem Manager sowie seinen Ordnern die höchste Autorität im dann beginnenden Verteilungskampf um Mobilität. Der Manager bestimmt, wann die Schlagbäume geöffnet werden, wer sein Auto wohin stellen darf oder muss, um Ordnung in der Warteschlange zu gewährleisten. Er kann Fehlverhalten durch Verweis ahnden und Privilegien betreffend der Wartezeit für Einzelne und der Benzinmenge vergeben, denn nicht jeder darf so viel Benzin tanken wie er gerne möchte. Jeder der zahlriechen Kunden möchte natürlich das Optimum aus diesem Geschäft herausholen und somit wird um die Tanksäulen herum lebhaft diskutiert, dirigiert, gestikuliert und manövriert.

2. Bericht Mai 1999

CIDJAP (das Katholische Institut für Entwicklung, Gerechtigkeit und Frieden

Die praktische Sorge für diejenigen, die unter Ungerechtigkeit in unserer Gesellschaft leiden, besonders die Armen und die an den Rand Gedrängten, veranlasste das Zweite Vatikanische Konzil zu einer stärkeren Systematisierung und Einbeziehung der Kirche in die Förderung von Entwicklung, Gerechtigkeit und Frieden.

Cidjap ist ein Institut der Katholischen Kirche, ein humanitäres, Nicht-Regierungs-, nicht auf Profitbasis arbeitendes Forschungs- und Entwicklungs-Institut. Es ist vom Pontifical-Rat für Entwicklung und Gerechtigkeit im Vatican anerkannt und steht in enger Verbindung mit dem Katholischen Sekretariat von Nigeria in Lagos und zu verschiedenen lokalen, nationalen sowie internationalen Agenturen und Organisationen. Das Motto des CIDJAP ist: „Wenn du Frieden willst, dann arbeite für Gerechtigkeit" (if you want Peace, work for Justice).

Wir befinden uns in einer Gesellschaft, in der die meisten Menschen in äußerster Armut, Unwissenheit, Hoffnungslosigkeit und Unterdrückung leben.

Erbarmen und das Verlangen Menschen zu befreien, bewegt uns in Solidarität mit anderen für Gerechtigkeit in unserer Gesellschaft zu arbeiten, welche wir wie folgt erreichen wollen:

1. Einen Sinn und Dankbarkeit für die Schöpfung erschaffen.
2. Steigerung der Würde, des Wertes und der Selbstbestimmung aller, damit alle Menschen ein erfülltes Leben haben können und sich selbst und andere als geschätzte Kinder Gottes erkennen.
3. In Fragestellung und Anfechtung derjenigen Strukturen, die den Menschen, Freiheit, Hoffnung und eine lohnende Zukunft rauben.
4. Initiierung von Ausbildungsprogrammen und couragiertem Handeln, welches zu Selbstvertrauen und Sicherheit führt.

Das Institut glaubt an die Notwendigkeit von Erforschung und Entwicklung neuer Modelle und Methoden für die volle Mitwirkung der Bürger im religiösen, kulturellen, politischen und ökonomischen Leben im Kontext einer aufstrebenden Nation.

Das Kinderpatenschafts-Programm der Diözese Enugu, Nigeria

Wie schon in meinem letzten Bericht beschrieben, arbeite ich seit Februar 1999 im CIDJAP als Koordinator des Kinderpatenschaft-Programms der Diözese Enugu. In den ersten Wochen bis circa Mitte April habe ich die Verwaltung des Patenschaftsprogramms reorganisiert, mich durch den zehn Jahre alten Aktenberg gearbeitet, alles Wichtige in den Computer eingegeben und mit Ifeanyi, die mir gelegentlich hilft, besonders bei den Interviews, die wir in Igbo führen, ein Verwaltungskonzept erarbeitet.

Im Moment arbeite ich gerade an Werbebroschüren für das Kinderpatenschafts-Programm und an einem Informationspaket für zukünftige Paten und Interessenten, die als ehrenamtliche Koordinatoren in Deutschland mit dem Kinderpatenschafts-Programm der Diözese Enugu zusammenarbeiten wollen.

Ich möchte hiermit über das Patenschaftsprogramm, unsere Struktur und Zielsetzung, den Ablauf und Umfang meiner Arbeit informieren.

Der Besuch der Schule ist in Nigeria nicht verpflichtend und es müssen Schulgebühren bezahlt werden. Diese sind für viele Familien eine zu große finanzielle Belastung, die sie aus wirtschaftlichen Gründen nicht tragen können. Somit wachsen viele Kinder und Jugendliche in der nigerianischen Gesellschaft ohne formale Bildung auf.

Diesen unterprivilegierten Kindern und Jugendlichen hilft das Patenschaftsprogramm durch die Vermittlung von Patenschaften eine Ausbildung zu beginnen oder fortzusetzen. Seit den Anfängen im Jahre 1989 sind über 150 Schüler unterstützt worden. Derzeit zählt das Kinderpatenschafts-Programm77 Mitglieder in Kindergärten, Primar- und Sekundarstufen sowie Universitäten.

Zielsetzung

Das Patenschafts-Programm ermöglicht unterprivilegierten Kindern und Jugendlichen, ihr Recht auf Bildung in Anspruch zu nehmen und die Schule zu besuchen

Wie wird man Patenkind? Die hilfesuchenden Familien wenden sich direkt an unser Büro im Katholischen Institut, über das sie beispielsweise über Gemeindepfarrer, Mitarbeiter oder Aktive des Instituts erfahren haben. Dort findet dann ein Interview mit den Eltern oder Fürsorgern und dem betreffenden Kind statt, in welchem wir prüfen, warum und ob dieses Kind finanzielle Unterstützung braucht. Dazu haben wir Kriterien entworfen, nach denen sich Antragsteller wie folgt qualifizieren.

- Kinder und Jugendliche aus Vor-, Primar-, Sekundar- und Berufsschulen können akzeptiert werden.
- Kinder aus armen Familien, deren Eltern ihren Job oder ihre Einnahmequelle verloren haben.
- Kinder von Witwen/Witwern, die alleine nicht für ihre Kinder sorgen können.
- Waisen, die keine Geschwister mit gutem Einkommen haben, die für die Familie sorgen könnten oder deren Eltern eine Erblast hinterlassen haben.
- Haushaltshilfen und Hausdiener, deren Arbeitgeber keine Mittel zur Verfügung hat, ihnen weiterzuhelfen, können unterstützt werden, ihre Sekundar- oder Berufsausbildung zu vollenden.
- Kinder, deren Eltern wegen schwerer Krankheit erwerbsunfähig sind und die finanziellen Möglichkeiten aufgrund der Behandlungskosten ausgeschöpft sind.
- Kinder, deren Eltern alt sind und nicht mehr für sie sorgen können.

Weiterhin sind auch Hausbesuche oder die Einforderung von Referenzen wie z. B. die des Gemeindepfarrers Teil unserer Untersuchung.

Für die offizielle Bewerbung muss der Antragsteller ein Formular ausfüllen, zwei Fotografien des Kindes, das letzte Zeugnis und einen Brief, der die Kurzbiografie des Kindes und die Darlegung der Gründe für diesen Antrag enthält, einreichen. Aus diesen Informationen erstellen wir dann einen Personalbogen, der den zukünftigen Paten zusammen mit einem Foto zugesandt wird.

Koordinatoren und Paten

Das Kinderpatenschafts-Programm der Diözese Enugu arbeitet mit mehreren Koordinatoren in Deutschland zusammen, die den Kreis der Paten vor Ort betreuen. Diese Koordinatoren erhalten von uns die vorbereiteten Personalbögen und versuchen dann ihrerseits Paten für die Kinder in Enugu zu finden. Jeglicher Kontakt und Informationsaustausch zu den Paten findet über die Koordinatoren statt.

Wenn sich ein Pate bereit erklärt hat, eine Patenschaft zu übernehmen, informiert uns der Koordinator, und die Familie des Kindes wird von uns umgehend benachrichtigt.

Betreuung und Verwaltung

Die Kinder besuchen staatliche oder anerkannte private Schulen. Der Schulbesuch wird von uns dadurch kontrolliert, dass die Schüler am Ende jedes Zeitabschnitts, das bedeutet dreimal im Jahr, ihre Zeugnisse abliefern müssen, bevor sie die Unterstützung für den nächsten Zeitabschnitt erhalten.

Die Beträge für die Unterstützung unterscheiden sich nach Vor-/Primar- und Sekundarschulbesuch sowie Universitätsbesuch, sind jedoch innerhalb dieser drei Stufen dieselben.

Alle Patenkinder schreiben dreimal im Jahr einen Dankesbrief an die Paten, um einen ständigen Bezug und Kontakt der Kinder zu den Paten zu gewährleisten. Die Briefe werden den Paten von uns übersetzt und über die Koordinatoren zugesandt.

Jeder Pate/jede Patin erhält von uns darüber hinaus am Ende des Schuljahres eine Rückmeldung betreffend der Situation und den schulischen Leistungen des Patenkindes. Die Paten können selbstverständlich auch ihren „Kindern" von sich aus Briefe schreiben, welche von uns übersetzt und an die Kinder weitergegeben werden.

Das Patenschaftsprogramm wurde bei uns gut angenommen. Zurzeit gibt es 342 Patenschaften, die von Mitgliedern der Gemeinden in Eppenhain, Ruppertshain und Fischbach betreut werden.

3. Bericht

mit meinem dritten Erfahrungsbericht über den Sozialen Friedensdienst versuche ich Ihnen einige meiner Eindrücke aus Enugu zu vermitteln.

Ehrlich gesagt ist alles hier schon so sehr zur Normalität für mich geworden, dass ich womöglich die nötige kritische Distanz zu meinem Alltag vermissen lasse. Meine Devise am Anfang meines Dienstes lautete sowieso: „Take it easy". Anpassung und Geduld.

The Struggle Continues, Alltag

An vielen Beispielen könnte ich den Kampf der Menschen im nigerianischen Alltag in Enugu klarmachen; ihr Leiden betreffend der maroden und dahinsiechenden Infrastruktur: das Transportwesen, die Telekommunikation, das Bildungssystem etc. Niedrige Gehälter, die hohe Inflationsrate und wochenlange Streiks der Regierungsbeamten, der Lehrer in Schulen und Universitäten tragen ihren Teil zur allgemeinen Frustration, besonders bei Schülern und Studenten bei.

Die im Alltag besonders signifikanten Missstände, mit denen jeder Einwohner von Enugu tagtäglich aufs Neue konfrontiert wird, betreffen die katastrophale Infrastruktur. Angefangen bei der Trinkwasserversorgung in der Stadt, die eigentlich durch das vorhandene Leitungsnetz gesichert sein sollte.

Das klare, reichlich vorhandene Grundwasser sprudelt allerdings nur allzu selten aus den Enugu-Wasserhähnen, so dass man aufpassen muss, nicht irgendwann auf dem Trockenen zu sitzen. Vorgesorgt haben diejenigen, die sich große Wassercontainer für ihre Domizile leisten können;

in allen Haushalten findet man aber wenigstens die auf den Märkten erhältlichen bunten Gallonen und Kanister, welche jeden Tag leer zu den vereinzelten Wasserstellen in Enugu transportiert werden, um dann gefüllt mit 5 bis 50 Litern auf dem Kopf, dem Bollerwagen oder mit dem Auto nach Hause transportiert werden, denn nicht alle Haushalte haben überhaupt einen Anschluss zum Leitungsnetz. Somit ist das mühselige Wasserschleppen eine routinemäßige Pflicht für viele Menschen hier.

Hält die Wasserknappheit wieder einmal überdurchschnittlich lange an, so bilden sich die eigentlich von der Benzinknappheit bekannten langen Menschen- und Autoschlangen vor den Versorgungsstellen.

Es wird vermutet, dass die Wasserwerke aufgrund der kärglichen Kapazität des Leitungsnetzes, das sowieso nicht in Stand gehalten wird, da vorhandene Gelder auch hier in dunklen Leitungen und Kanälen der Korruption versickern, die Stadt im Rotationsverfahren mit Wasser versorgt. Demnach muss ein bestimmter Stadtteil nach einer fetten Woche wieder 4 – 6 magere oder trockene Tage durchstehen. Kritisch wurde die Situation allerdings im Juni dieses Jahres, als die Wasserwerksarbeiter für knapp drei Wochen gestreikt haben, um für einen höheren Lohn zu kämpfen. Auf die Wassernachfrage Enugus (ca. 3 Millionen Einwohner) konnten nur einige private Wasserfirmen mit ihren wenigen Tanklastern antworten.

Auch die Diözese Enugu unterhält einen Wasserlieferungsservice. Dieses Wasserprojekt trägt den Namen „Mirindu" (Wasser ist Leben) und verkauft den Liter Wasser meines Wissens zum günstigsten Preis in Enugu.

Alles dies bedeutet jedoch, dass Trinkwasser, wenn es einigermaßen sauber sein soll und man nicht gerade aus den verseuchten Bächen trinken will, rar ist und zum Luxusgut wird, wenn sich die zuständigen Korrumpierten nicht um die Gesundheit der Menschen scheren und dass, wie auch in der Streikphase im Mai/April, wieder Cholerafälle selbst aus Enugu gemeldet werden.

Ähnliche Eigenschaften hat auch die sich im Staatsbesitz befindliche Elektrizitätsautorität „NEPA" (National Electric Power Authority). Täglich fällt in Enugu die Stromversorgung durchschnittlich drei- bis viermal für 15 Minuten oder mehrere Stunden aus. Die Stromspannung ist sehr unregelmäßig und leidtragend sind die elektrischen Geräte wie Computer, Kühlschränke, Lampen etc., die durch Abstürze und Elektroschocks überstrapaziert werden und letztlich den Geist aufgeben. Auch hier helfen sich diejenigen, die es sich leisten können, mit Benzingeneratoren, Back-UPS' und automatischen Voltstärkeregulierern.

Den Massen bleibt, wenn sie überhaupt einen Stromanschluss haben, nichts anderes übrig als romantisches Kerzenlicht zu genießen. „NEPA" wird hierzulande mit „Never Expect Power Always" treffend interpretiert.

Weiter geht es mit dem Transport- und Verkehrssystem. Es gibt hier zwei Buslinien. Diese haben jedoch keine Nummern und Fahrpläne. Offizielle Bushaltestellen gibt es kaum. Die Haltestellen sind aber den Einheimischen bekannt. Möchte man einen Bus besteigen, wartet man an diesen Haltestellen. Man kann aber auch an jedem beliebigen Punkt der Stadt auf die Mehrpersonen-Taxen und die unzähligen „Okada" zurückgreifen. Die schrottreifen Kleinbusse eiern auf den mit Schlaglöchern übersäten Straßen der Stadt umher. Zur Fußball-WM wurden zwar einige der besonders ausgeprägten Bombenkrater geschlossen und sogar die Rinnsteine entlang der Hauptverkehrsadern der Stadt wurden schwarz-weiß bemalt, dennoch muss man hier in Enugu sehr aufmerksam und vorsichtig fahren, gleichzeitig nach links, rechts, nach hinten und vorne schauen, möchte man nicht die rechts und links überholenden Kamikaze-Piloten auf den fliegenden Taxi-Feuerstühlen ungewollt erfassen. Diese sog. „Okada" /Ehem. Nigerianische Fluggesellschaft), wie sie hier in Enugu wegen ihrer Schnelligkeit genannt werden, sind sehr verbreitet. Sie sind zwar das schnellste öffentliche Verkehrsmittel, sind aber auch das teuerste. Viele bezahlten schon mit ihrem Leben.

4. Bericht

Nigeria wird am 29.5.2000 den einjährigen Geburtstag der 4. Republik feiern. Der Präsident Olusegun Obasanjo und alle anderen neuen demokratischen Institutionen, die während des letzten Jahres in ihrer Macht und Verantwortung herausgefordert und von erheblichen Skandalen und Anschuldigungen geschüttelt wurden, nicht zuletzt durch die Kaduna-Krise, einer Stadt, in der es nach der Einführung der Sharia als Landesgesetz in einigen nördlichen Bundesstaaten des Landes zu gewalttätigen Auseinandersetzungen zwischen Christen und Muslimen kam und einige Tausend Menschen geschlachtet, verbrannt, obdachlos und verstoßen wurden, werden eine kritische Bilanz ziehen. Enugu ist von den gewalttätigen Zwischenfällen, die auch blitzartig in einigen anderen Landesteilen aufkamen, glücklicherweise verschont geblieben.

Das Zwischenseminar in Sambia

Das Zwischenseminar fand vom 31.1.2000 bis zum 7.2.2000 in der kleinen Stadt Monze, gelegen in der gleichnamigen Diözese, etwa eine halbe Tagesreise mit dem Auto von der Hauptstadt Lusaka entfernt, im Süd-Westen Sambias statt.

Wir Freiwilligen aus den verschiedensten Landesteilen in Deutschland wollten uns schon drei Tage früher in Lusaka treffen, um uns gegenseitig besser kennenzulernen und einige Zeit gemeinsam zu verbringen. Alle unsere Flugreisen waren genau koordiniert, so dass wir alle binnen weniger Stunden am gleichen Tage am gleichen Ort mitten im afrikanischen Kontinent eintreffen sollten. Wie es aber so ist, in Afrika ist man nie vor überraschenden Planänderungen sicher. Da nach Lusaka kein direkter Flug angeboten wird, musste ich erst über Nacht nach

Johannesburg fliegen, um am verabredeten Tag die Morgenmaschine nach Lusaka nehmen zu können. Als ich für Lusaka einchecken wollte, fragte mich der Offizielle am Schalter ganz interessiert, wo ich denn mein Ticket gekauft hätte mit dem Hinweis, dass die besagte Fluggesellschaft, die nach meinen Unterlagen an diesem Tage nach Lusaka fliegen sollte, seit drei Wochen nicht mehr existiere. Ich erwiderte, dass da wohl ein Fehler vorliegen müsse, da ich nur heute in Lusaka abgeholt werden und ohnehin nur heute nach Lusaka fliegen könne. Dieser von mir vermutete Fehler erwies sich jedoch als falsch und nachdem ich etwas Druck gemacht hatte, bekam ich für den nächsten Tag einen Platz nach Lusaka bei einer Fluggesellschaft, die, so bekam ich freundlich versichert, auch morgen noch existieren würde. Ich verlängerte also meine Reise um zwei Nächte. Eine am Johannesburger Flughafen, eine weitere in einem sambischen Gästehaus in Lusaka, um nach nunmehr drei Tagen eine unserer Betreuerinnen am Flughafen zu treffen.

Am darauffolgenden Tag fuhren wir nach Monze und trafen dort die weiteren sieben Freiwilligen, die mir freudig von der verpassten Willkommensfeier erzählten.

Unser Seminar fand in einem etwas außerhalb der Stadt liegenden Pastoralen Zentrum für Konferenzen und Meditation statt. Unsere Gruppe bestand aus insgesamt acht Teilnehmern: drei junge Friedensdienstleistende aus Ghana, drei junge Frauen, die ihr Freiwilliges Soziales Jahr in Sambia leisten, einem jungen Friedensdienstleistenden ebenfalls aus Sambia und ich selbst aus Nigeria. Hinzu kamen zwei Pädagoginnen, die vom Bistum Aachen als Betreuerinnen eingesetzt wurden, da sie Erfahrung in der Jugend-Sozialarbeit im Ausland haben und solche Projekte betreuen. Wir stellten gegenseitig unsere Projekte vor, d. h. unsere Entsendeorganisationen und deren Rahmenbedingungen, unsere Arbeitsplätze und Arbeitsbedingungen im Einsatzland sowie unsere sozialen Kontakte, Wohnbedingungen, Lebensumfeld und unsere gesammelten Erfahrungen in den uns am Anfang fremden Kulturen, die eine andere Sprache sprechen und uns als Gäste empfangen haben.

Es ging hier vor allem darum, einen Rückblick auf die bereits vergangene Zeit im Gastland zu werfen, unsere Projektarbeit zu prüfen und einzuschätzen, ein Zwischenfazit zu ziehen, sowie Erwartungen und Resolutionen zu deren Umsetzung für die Zukunft zu formulieren. Wir bemerkten sehr früh, dass die geplante Zeit von einer Woche, die für das Seminar veranschlagt war, bei dieser Gruppengröße sehr intensiv genutzt werden müsse, so dass wir in gegenseitigem Einverständnis, in guter Kooperation und mit großem Interesse unsere frei Zeit für unsere Arbeit opferten.

Wir verbrachten also sieben volle Tage zusammen, in denen es viel zu erzählen und zu hören gab, eine Menge Nachdenklichkeit, Gewissheit und Selbstsicherheit erzeugt wurde und uns nach dieser Lektion, die für mich sehr aufschlussreich war, unsere gesammelten Einsichten und angewachsener Enthusiasmus wieder in alle Teile Afrikas trieb."[321]

Was ist geblieben und wie geht es weiter in der Gemeinde St. Josef in Eppenhain?

Wenn ich die Entwicklung der Gemeinde St. Josef Eppenhain von 1979 an betrachte, so kann ich feststellen, dass die kleine Gemeinde einen spannenden und ziemlich eigenständigen Weg gegangen ist. Sie hatte bis 1988 gemeinsam mit der Nachbargemeinde Ruppertshain einen Pfarrer, der aus Indien stammte. Er ließ eine weitgehend eigenständige Entwicklung durch die Gemeindemitglieder zu. Am Beginn der Entwicklung stand der Beschluss, in jeder Sitzung (PGR / Ortsausschuss / Kirchenkreis) einen Text aus der Bibel zu lesen, um die Zeichen der Zeit im Lichte des Evangeliums zu erkennen, zu deuten und umzusetzen. Das erwies sich als ein sehr fruchtbarer Weg. Angeregt durch die Bibelge-

---

[321] Binias, Philipp, Berichte über den Friedensdienst im Bistum Enugu, Nigeria.

spräche haben wir das Gemeindeleben von der Basis her zu gestalten versucht. Das ist auch so geblieben bis auf den heutigen Tag, auch nach dem Zusammenschluss als Pfarrei HL. Dreifaltigkeit im Jahr 1988. Es kam ein neuer sehr pastoral und kooperativ eingestellter Pfarrer, der sich darüber freute, dass von Mitgliedern der Kirchengemeinde Impulse für das Zusammenleben der Dorfgemeinschaft ausgingen. Der PGR war dann in Fischbach Hl. Dreifaltigkeit angesiedelt und Eppenhain hatte als Gremium den Ortsausschuss. Das änderte sich noch einmal nach der Einrichtung der Pfarrei St. Franziskus, dem Modell „Gemeinde neuen Typs". Jetzt bekam Fischbach den Ortsausschuss und St. Josef Eppenhain erhielt als Gremium den Kirchenkreis. Personell hat sich dadurch nicht viel geändert, weil die im Kirchenkreis aktiven Mitglieder der Gemeinde St. Josef fast die gleichen Mitglieder wie vorher im Ortsausschuss bzw. im PGR waren.

Der *Kirchenkreis St. Josef Eppenhain* trifft sich in der Regel an jedem 3. Donnerstag im Monat nach dem Abendgottesdienst im Gemeindehaus. Auf dem Verteiler sind 28 Frauen und Männer, katholische und evangelische Christen, davon 17 aus Eppenhain. Damit man sich ein Bild machen kann, sei die Tagesordnung für die nächste Sitzung am 7.2.2019 angeführt:

- „Top 1: Schriftgespräch: Lk 5,1-11. Das ist das Evangelium vom 5. Sonntag im Jahreskreis (= 10.2.2019)

- Top2: Diskussion der Erhebung der katholischen Medien-Dienstleistungsgesellschaft und des Erzbistums München-Freising zur Frage der Kirchenbindung von Katholiken. Als Grundlage dient uns der Artikel „Die Bindung bröckelt" in der Süddeutschen Zeitung vom 23.1.2019 (Anlage). Es wäre schön, wenn alle den Anhang vorher lesen könnten.

- Top 3: Weltgebetstag 1.3.2019 in Eppenhain

- Top 4: Festlegung der Termine der nächsten Kirchenkreissitzungen

- Top 5: Berichte: „Lebendiger Advent in Eppenhain" / Gottesdienste im Advent und Weihnachten in St. Josef / Sternsingeraktion-Probleme und Ergebnis

- Top 6: Gemeindetag am 17.3. 2019 in Fischbach

- Top 7: Fest der Begegnung am 24. 3. 2019 in Liederbach

- Top 8: Themenvorschläge für die Friedenstage 2019

- Top 9: Allfälliges"

Alle Ideen und Aktivitäten werden im Kreis besprochen, geplant und organisiert. Über den Kreis hinaus gibt es viele Kontakte mit interessierten Menschen aus Eppenhain und Umgebung und den anderen freien und institutionalisierten Gruppen der alten und neuen Pfarrei

Ferner gibt es eine kleine Gruppe von Messdienerinnen und Messdienern, die von Ingried Schönberger und Barbara Hammer betreut werden.

Natürlich gibt es in St. Josef auch *Sternsinger.* Sie starten meist mit 2-3 Gruppen, die jeweils mit einem Erwachsenen als Begleiter /Begleiterin bei den Häusern klingeln.

Helfer im Jahr 2019 waren Annette Hilz, Rainer Schramm, Annalena Schramm, Simone Kistner, Nicole Hager, Tetyana Fischer, Felix Faber und Jona Hager

Wenn bei den Hausbesuchen geöffnet wird, verkünden sie ihre Botschaft:

Jesus Christus ist geboren
Als kleines Kind in einem Stall.
Wir waren dazu auserkoren,
es laut zu künden überall.
Auch den Verstoßnen, Armen, Kranken,

den Kindern auf dem Erdenrund,
auch ihnen gilt die frohe Kunde,
auch ihre Welt sei hell und bunt.
So bringen wir auch heut die Botschaft,
Gott will ganz bei den Menschen sein.
Sein Segen möge euch begleiten
Und stets in diesem Hause sein."

Danach schreiben sie an die Haustür das 20*C+M+B* 19 (Christus Mansionem Benedicat = Christus segne dieses Haus). Meist beginnt dann ein kurzes Gespräch mit den Bewohnern darüber, wofür sie um eine Gabe bitten. In diesem Jahr wurde für die Schule unserer Partnergemeinde in Quezaltepeque in El Salvador gesammelt. In Eppenhain kamen immerhin 2100,00 € zusammen.

Dann verabschieden sich die Sternsinger mit einem Dank:
Wir danken euch für eure Gaben,
ihr schenkt sie von Herzen gern.
Wir wünschen, dass jeder Zukunft habe,
der vertraut auf Gottes Stern.

Bis zu 18 Kinder beteiligen sich. In diesem Jahr (2019) waren es drei Gruppen von insgesamt 13 Kindern im Alter von 8 – 14 Jahren. Die Jüngsten sind schon mit 4 Jahren mitgelaufen als Engel oder Hirte und „arbeiten" sich im Laufe der Jahre zum König hoch.

Zwischen den Helfern und den Kindern herrscht auch bei schlechtem Wetter eine gute Stimmung. Die Sternsingeraktion in Eppenhain ist ökumenisch, in guter Gemeinschaft ziehen Klein und Groß konfessionsübergreifend durch das Dorf.

Lebendiger Adventskalender

In Eppenhain gibt es seit über 15 Jahren einen lebendigen Adventskalender. Die Anregung dazu kam von Annette Helmecke. Sie wandte sich an Jaqueline Schlesinger und erzählte ihr von der Idee. Jaqueline hat dies, da sie es nicht kannte, „recherchiert". Wie funktioniert der Lebendige Adventskalender? Ganz einfach: Eine Familie oder Haus- oder Wohnungsgemeinschaft teilen den Organisatoren mit, dass sie sich beteiligen möchten. Mit den Organisatoren wird dann ein Termin für einen Besuch gegen Abend in der jeweiligen Hausgemeinschaft vereinbart. Jeder ist eingeladen. Zu den jeweiligen Terminen kommen in der Regel 10 – 25 Personen. Wenn alle da sind, wird von einem Mitglied der Hausgemeinschaft eine adventliche Geschichte vorgelesen, über die man miteinander spricht. Dazu gibt es etwas zu trinken und ein paar Süßigkeiten.

Im ersten Jahr waren es nur zwei Fenster, aber es hat sich seitdem herumgesprochen (2016 waren es 9 Familien; 2017 - 6 Familien; 2018 - 10 Familien).

Der Lebendige Adventskalender ist eine sehr gute Vorbereitung auf das Weihnachtsfest, fördert das gegenseitige Kennenlernen und eine gute Dorfgemeinschaft.

Schließlich gibt es in unserer Gemeinde seit 1984 auch einen *Gemeindetreff.* Jeden Monat kommen da etwa 20 Frauen zu Kaffee und Kuchen ins Gemeindehaus. Viele, die z.B. alleinstehend sind treffen hier Gesprächspartner. Der Gemeindetreff hat sich in den 35 Jahren seines Bestehens als eine gute Kommunikationsmöglichkeit bewährt. Gertrud und Heidi Kistner und Ursel Schaffrath, unsere Küsterin, organisieren ihn.

Ferner organisiert Simone Kistner seit ca. 10 Jahren einmal im Monat ein *Frauenfrühstück im Gemeindehaus.*

Wie nicht anders zu erwarten gibt es seit 1980 in Eppenhain eine *Eine-Welt-Gruppe,* die sich vor allem um die Kommunikation mit der

Partnergemeinde San José in Quezaltepeque kümmert. Im Kirchenkreis wird darüber berichtet und diskutiert. Wenn ein Brief von Padre Carlos kommt, berichtet Gert Binias, der Leiter der El Salvadorgruppe darüber. Die Gruppe entwirft dann einen Antwortbrief, der von einem Mitglied der Gruppe ins Spanische übersetzt und per Mail an Padre Carlos geschickt wird. Selbstverständlich wird darüber aber im Gottesdienst am Samstag darüber berichtet.

Sporaden-Chor

In St. Josef gibt es auch einen Kirchen-Chor, genannt Sporaden-Chor, der im Jahr 2005 auf Anregung von Uwe Schaffrath entstand. Zurzeit wirken 33 katholische und evangelische Sänger/innen mit. Es kommen und gehen immer wieder Sänger und Sängerinnen. Einige Gründungsmitglieder gehören noch heute dem Chor an. Alle sind mit viel Freude dabei. Der Chor singt 4-stimmige Chorliteratur gemischt, aus allen Epochen und Genres und tritt zu unterschiedlichen Anlässen auf. Der erste Auftritt des Chores fand bei der Christmette im Jahr 2005 statt. Der Chor trifft sich sporadisch (daher der Name) einmal im Monat außerhalb der Ferien. Es ist ein Kirchenchor mit nicht ausschließlich geistlicher, sondern auch weltlicher Literatur. Der Chor hilft festliche Gottesdienste mitzugestalten und nimmt auch aktiv an Chorevents im näheren Umkreis teil. Der ehrenamtliche Chorleiter Wolfgang Gatscher achtet stets darauf, besondere Literatur auszuwählen und die Chor-Talente zu fördern. Die Sängerinnen und Sänger freuen sich immer über neue Sänger/innen egal woher, wie alt. Hauptsache sie/er hat Freude an der Musik und bringt neben einer guten Stimme auch eine gute Stimmung mit.

Die ökumenische Vertretung Christlicher Gemeinden in Kelkheim veranstaltet jährlich einen *Flohmarkt in der Stadthalle Kelkheim*: hier werden Sachspenden aus den einzelnen Gemeinden verkauft. Der Erlös wird in unterschiedlicher Höhe wie folgt aufgeteilt: Förderverein / Sozialstation (davon jeweils 1/3 an das Rote Kreuz, Diakonie und Caritas), / Lebenshilfe „Haus Walburga", / Betreuung „ Lichtblick", / Palliativ-Care-Team, Hofheim / Tafel Hattersheim / Kirchengemeinden.

Es finden jährlich *zwei Bastelnachmittage* für Kinder im Alter von ca. 4 bis 12 Jahren: (Osterbasteln und Basteln im Advent) im Gemeindehaus in Eppenhain statt. Z.Zt. organisiert von Simone Kistner und Nicole Hager, mit Unterstützung von Annette Hilz.

Impulse, die von Mitgliedern der Kirchengemeinde zusammen mit Bürgern ausgingen. Vor ein paar Jahren entstand so der *Eppenhainer Bürgertreff* durch Initiative von Annette Helmecke aus dem Kirchenkreis angeregt und an Nicole Hager und Stephan Faber delegiert. Termin für erstes Treffen wurde von uns festgelegt, Flyer ausgedruckt, an die Presse weitergegeben.

Zum ersten Treffen am 01.06.2017 kamen 40 Eppenhainer. Annette Helmecke moderierte die Sitzung und Nicol Hager protokollierte. Seitdem finden Treffen einmal im Quartal, jeweils am 1. Donnerstag im dritten Monat im Gemeindehaus St. Josef. Inzwischen wechseln Annette Helmecke, Stephan Faber und Werner Puchinger in der Moderation ab.

Schlusswort

St. Josef Eppenhain ist eine kleine Gemeinde. Sie lebt von den Beziehungen evangelischer und Katholischer Gemeindemitglieder untereinander, die sich im Laufe der Jahre bei vielen Anlässen gebildet haben und gewachsen sind. Das wird hoffentlich auch trotz zahlreicher Strukturänderungen so bleiben.

Dank

Mein Dank gilt zunächst meiner Frau Maria, die dieses Buchprojekt nicht nur sehr aufmerksam und kritisch begleitet hat. An der Entwicklung in unserer Kirchengemeinde hat sie ganz wesentlichen Anteil. Sie war immer die treibende Kraft, hat mit den Frauen in der Gemeinde Ideen entwickelt und deren Umsetzung gestaltet.

Sie hat mich auf Fehler und Auslassungen hingewiesen, Ergänzungen empfohlen und das Ganze Korrektur gelesen.

Danksagen möchte ich auch allen evangelischen und katholischen Christen von Eppenhain. Wir wurden vor 40 Jahren sehr offen aufgenommen und sind miteinander einen Weg gegangen, auf dem wir uns gegenseitig geholfen haben, in gesellschaftlicher Unsicherheit, Unübersichtlichkeit und Komplexität als Gemeinde und als Christen unser Leben zu gestalten. Einige sind schon gestorben. Auch ihnen gilt mein und unser aller Dank.

Danken möchte ich auch sicher im Namen aller, unseren Seelsorgern und Seelsorgerinnen, besonders Josef Peters, der uns schon seit 30 Jahren als kreativer Gesprächspartner auf Augenhöhe begleitet, der als Priester mit uns lebendige und spirituell anregende Gottesdienste in der Kirche, unter der Linde und im Gemeindehaus gefeiert hat und feiert.

LITERATURLISTE

Ambrosius von Mailand, in Bibliothek der Kirchenväter, Ausgewählte Schriften des Ambrosius Band III, Kempten und München 1917, XXVIII. Kapitel, Vom Nützlichen, übersetzt von Joh. Ev. Niedernhuber, Seite 195-199: „Erforderlich ist, dass einer ein solches Handeln in reiner Absicht und aus offensichtlicher Fürsorglichkeit vollbringt. In der Tat, wenn jemand Aufwendungen zu seinem Vorteil macht, so es ein Verbrechen; wendet er es für die Armen auf, kauft er einen Gefangenen los, so ist es Barmherzigkeit.“

Aschenbrenner, Cord, Legolize it! Harald Welzer erklärt seinen Lesern, wie die Welt besser wird und warum Spielzeugsteine dabei helfen können. Es ist eine Art optimistisches Trostbuch – und eine Provokation für die „lieben Ökos“, in: Südd. Ztg., 23.4.2019, Nr. 94, S.13.

Bardi, Ugo, Der Seneca Effekt. Warum Systeme kollabieren und wie wir damit umgehen können, München 2017.

Bätzing, Georg, Kundschafter des Übergangs. Priestersein in anfordernden Zeiten, Vortrag beim Tag der Priester und Diakone im Bistum Limburg, 18. September 2017.

Bätzing, Georg, Limburger Bischof: Die Eucharistie als Opfer der Kirche nach Hans Urs von Balthasar, Einsiedeln 1986.

Bauchmüller, M., Schönen Gruß aus der Zukunft, in APuZ 31-32/2014.

Becht, Manfred, An die Gewalt gewöhnt sich Hoffmann nie. Halbzeit: Der Eppenhainer Zivildienstleistende Benedikt Hoffmann absolviert nach einem Jahr seinen Zivildienst in einer Gemeinde in El Salvador, in: Höchster Kreisblatt, 23.7.1996.

Becker, Uwe, Hauptsache Arbeit. Aristoteles würde sich wundern, dass wir ein Leben ohne Arbeit problematisieren. Aber genau das ist unser gesellschaftlicher Konsens: Arbeit definiert unser Leben. Eine Zeitreise zu maßgeblichen Theorien der Arbeit hilft, gegenwärtige Denkmuster auch einmal zu hinterfragen, in: Eulenfisch Nr.20/2018.

Benedikt der XVI., Ansprache anlässlich der Begegnung mit den brasilianischen Bischöfen in der Kathedrale von Sao Paulo, Brasilien, 11.5.2007, 3: AAS99(2007). Zitiert nach EG, Nr. 48.

Bergius, Susanne, Große Umarmung? Das Risikomanagement ist der treibende Faktor, um Umwelt-, Sozial- und Governance-Kriterien systematisch im Portfoliomanagement zu beachten, in: Handelsblatt Business Briefing. Nachhaltige Investments, 14.9.2018.

Bergius, Susanne, Menschenrechte sind kein Spielball, in: Handelsblatt Business Briefing. Nachhaltige Investments,13.7.2018.

Bergius, Susanne, Wirkung im Fokus – Idee in der Findungsphase. Investoren wollen positive ökosoziale Effekte erzielen. Doch über die Wege dahin per Impact Investings herrschen diesseits und jenseits der Ozeane unterschiedliche Vorstellungen. Eine Annäherung, in: Handelsblatt Business Briefing, Nr.8, 10.8.2018.

Binias, Philipp, Berichte über den Friedensdienst im Bistum Enugu, Nigeria.

Bistum Limburg, Jahresbericht 2017, September 2018.

Blank, Josef, Jesus von Nazareth. Geschichte und Relevanz, Freiburg 1973.

Blank, Josef, Zu welcher Freiheit hat uns Christus befreit? Die theologische Dimension der Freiheit, in: Stimmen der Zeit, Heft 7 (Juli 1989).

Böckenförde, Ernst-Wolfgang, Religionsfreiheit als Aufgabe der Christen. Gedanken eines Juristen zu den Diskussionen auf dem Zweiten Vatikanischen Konzil; in: Kontexte, Band 1, Stuttgart 1965.

Boff, Leonardo, Arme Kirche – reiche Kirche: wo ist sie? In: Rosel Termolen, Hg., Reiche Kirche - Arme Kirche, Grafing 1990.

Bojanowski, A., Verwirrende Werbefloskel, in: APuZ, 31-32/2014.

Brülle, Jan, Wege aus der Armut. Der deutsche Wohlfahrtstaat muss sich grundlegend wandeln. Eine Reform von Hartz IV wird nicht reichen, in: Südd. Ztg., 22.1.2019.

Christ in der Gegenwart Aktuell Nr. 44/2017.

ChristInnenrechte 27 / 2018.

Chrysostomus, Johannes, De Lazaro conciones II,6:PG 48,992D, zitiert nach EG, Nr. 57.

Codex des kanonischen Rechtes, Bonn 1983.

CRIC e.V., Der Vorstand hat bereits im Jahr 2001 den Sekretär der DBK in Bonn besucht und ihn über den Frankfurt Hohenheimer Leitfaden (FHL) und das Corporate Responsibility Rating (CRR) informiert. Allerdings hat die DBK kein Interesse an einer Zusammenarbeit geäußert.

DBK und ZdK (Hg.), Ethisch-nachhaltig investieren. Eine Orientierungshilfe für Finanzverantwortliche katholischer Einrichtungen in Deutschland, 2015.

DBK, Orientierungshilfe der DBK „Mit Christus gehen – Der Einheit auf der Spur. Konfessionsverbindende Ehen und gemeinsame Teilnahme an der Eucharistie, 20.2. 2018.

Deckers, Daniel, Kirche schafft sich ab, in: info Christinnenrechte 27 / 2018.

Deckers, Daniel, Verdunstete Hoffnung, dass es einmal besser wird. Beim Treffen der katholischen Laien bricht sich Unzufriedenheit mit den Bischöfen Bahn, in: FAZ, 24-11-2018, vgl. auch Ders., Katholische Laien sehen ihre Kirche in Gefahr. ZdK: Aufarbeitung des Missbrauchsskandals entscheidend / Kritik an Machstrukturen. In: FAZ 24-11-2018. Vgl auch: Ders., Und die Bischöfe ?, in FAZ, 14-11-2018.

Deutsche Umwelthilfe 2018, zitiert nach Alt, Franz, Newsletter 8.12.2018.

Dohmen, Caspar, Gemeinwohl-Ökonomie. Wenn der Gewinn nicht mehr der Maßstab für erfolgreiches Wirtschaften ist. Weniger wagen. Forscher haben sich elf Unternehmen angesehen, die dem

Gemeinwohl dienen wollen. Das Ergebnis ist durchwachsen, in: Südd. Ztg., 4.5.2018.

Dohmen, Caspar, Profitgier ohne Grenzen. Wenn Arbeit nichts mehr wert ist und Menschenrechte auf der Strecke bleiben, Köln 2016.

Dokument von Aparecida – Schlussdokument der 3. Generalversammlung des Episkopats von Lateinamerika, und der Karibik, 2007, 470.

Döpfner, Claudia / Schneider, Hans-Albert, Nachhaltigkeitsratings auf dem Prüfstand Pilotstudie zu Charakter, Qualität und Vergleichbarkeit von Nachhaltigkeitsratings, Frankfurt 2012.

Drobinski, Matthias, Die Bindung bröckelt. Soziale Einrichtung, Dienstleister bei Taufe und Hochzeit oder Bollwerk gegen den Islam? Eine Studie zeigt, was die Menschen in der katholischen Kirche hält – aber auch, wo die Zweifel an der Institution wachsen. In: Südd. Ztg., 23.1.2019.

Drobinski, Matthias, Katholische Kirche am Abgrund, in Südd.Ztg., 19./20./21. Mai 2018.

Drobinski, Matthias, Kirche will besser auf ihr Geld aufpassen, in: Südd. Ztg., 20.2.2018.

Drobinski, Matthias, Kirche, Macht und Geld, Gütersloh 2013.

Drobinski, Matthias, Nah und doch so fern. Die Katholische Kirche erreicht junge Leute immer schwerer. Das bestätigt die deutsche Bischofskonferenz in Ingolstadt – und im Herbst eine Synode in Rom, in: Südd. Ztg., 21.2.2018.

Drobinski, Matthias, Kirche und Geld – Reichtum verpflichtet, in: Süddeutsche Zeitung, 6.2.2018.

Edozien, Ndidi Nnoli, Das Landrecht der IGBOS in Nigeria kann ebenfalls als Beispiel für eine Wirtschaft auf dem Prinzip der Reziprozität herangezogen werden. Titel der Arbeit: Ownership and Management Structures in the Economy. African Traditional Values Applied To Modern Issues Of Sustainability And The Corporate Governance Function, Enugu 2007.

Eisenstein, Charles, Ökonomie der Verbundenheit. Wie das Geld die Welt an den Abgrund führte – Und sie dennoch jetzt retten kann. Mit einem Vorwort von Margit Kennedy, Berlin/München 2013.

Ellacuria, Ignacio, Utopie und Prophetie, in: ders., HG., Mysterium Liberationis, Bd. 1, Luzern 1995, 383-431, hier: 388; zitiert nach: Zechmeister, Martha, Die vielen anonymen Märtyrer – und die Hoffnung, die sie uns schenken, in: Azcuy, Virginia /Eckholt, Margit, (HG.).

Erd-Charta, Den Haag (29.Juni 2000), zitiert nach: Laudato sie, Nr. 207.

Erkelenz, Bernhard, Einkünfte und Vermögen transparenter machen, in Frankfurter Rundschau, 22.10.2013, Leserforum.

EURACTIV.de, Die Arbeitswelt wird sich komplett auf links drehen, https://euractiv.de/sektion/Finanzen-und-wirtschaft/d...13.4.2018

Evangelischer Pressdienst (epd), 15. 04. 2018 / Gesellschaft.

Exhortation Gaudete et Exultate, 19. März 2018, Nr. 58 und Nr. 59.

Felber, Christian, Eigentum verpflichtet! Christian Felber im Gespräch über das Gemeinwohl als das Ziel der Wirtschaft. Interview durch Martin RamB, in: Eulenfisch. Limburger Magazin für Religion und Bildung. Arbeit und Kapital, Nr.20 / 2018.

Felber, Christian, Gemeinwohlökonomie, München 2018.

Fernandes, John, Ungebahnte Wege. Theologische Reflexionen als Zeitzeugnis: An der Peripherie leben, Grenzen überschreiten, Brücken bauen. Narrative Missiologie, Berlin 2018,

Finger, Evelyn und Völlinger, Veronika, Kindesmissbrauch in der Katholischen Kirche. Das Ausmaß der Verbrechen. Über vier Jahre lang haben die deutschen Bischöfe sexuelle Gewalt in der Kirche systematisch erforschen lassen. Wir veröffentlichen erste Ergebnisse der Studie, in: Die Zeit, 13. September 2018.

Finke, Andreas, Voll im Trend? Anspruch und Wirklichkeit atheistischer, kirchlicher und humanistischer Initiativen in Deutschland, in: Pöhlmann. Matthias HG, Abschied von der Religion? Säkularisierung – Konfessionslosigkeit – neuer Atheismus, Evangelische Zentralstelle für Weltanschauungsfragen, Berlin 2018, Seiten 42-65.

Fischer, Franz Caspar, Eppenhain im Taunus. Beiträge zu seiner Geschichte, Frankfurt am Main 1985.

Fitschen, Klaus, Konfessionslos? Säkular? Atheistisch? Laizistisch? Oder einfach normal? Das Schwinden und Vergessenwerden der Religion in der Neuzeit und die Folgen für die Religionskritik, in: Pöhlmann. Matthias, a.a.O., Seiten 27-36.

Fox, Rüdiger, Bionische Unternehmensführung. Mitarbeitermotivation als Schlüssel zu Innovation, Agilität und Kollaboration, Wiesbaden 2017.

Frankfurter Allgemeine Zeitung vom 6.9.2018, Titel: Viele Amerikaner haben eine Pause von Facebook eingelegt. Vor allem junge Nutzer löschten sogar die App.

Franziskaner, Magazin für Franziskanische Kultur und Lebensart, Frühjahr 2018.

Fratzscher, Marcel, Verteilungskampf. Warum Deutschland immer ungleicher wird, München 2016.

Frings, Thomas, Aus, Amen, Ende? So kann ich nicht mehr Pfarrer sein, Freiburg 2017.

Füssel, Kuno und Ramminger, Michael, Dem Kapital an die Wurzel, Publik-Forum, 8.12.2013.

Georgi, Dieter, Der Armen zu gedenken: die Geschichte der Kollekte des Paulus für Jerusalem. 2. Auflage, Neukirchen-Vluyn 1994.

Geyer, Christian, Ehen in Gefahr? Die Papsttreuen rufen den Kommunions-Notstand aus, in: Frankfurter Allgemeine Zeitung, 6.4.2018.

Geyer, Christian, Wider den Größenwahn. Mit Fakten irreführen: Statistiken über sexuellen Missbrauch in der katholischen Kirche verschleiern die persönlichen Verantwortlichen, in: FAZ, 24.9.2018.

Giesen, Christoph und Jung, Helmut-Martin, Der Weg des Erfolges. Als erstes privates Unternehmen ist Apple an der Börse mehr als einen Billion Dollar wert. Die Grundlage dafür hat vor allem einer geschaffen: Mitbegründer Steve Jobs, in: Süddeutsche Zeitung, 4./5. August 2018.

Göpfert, Claus-Jürgen, Für eine Kirche ohne Angst. Joachim Valentin. Der Direktor des Hauses am Dom in Frankfurt kämpft energisch für Wandel und Öffnung des Katholizismus, in: Frankfurter Rundschau, 18.2.2019, Nr.41, Seite F10 / F11.

Gronemeyer, Marianne, Die Grenze. Was uns verbindet, indem es trennt. Nachdenken über ein Paradox der Moderne, München 2018.

Gronemeyer, Marianne, Die Grenze. Was uns verbindet, indem es trennt. Nachdenken über ein Paradox der Moderne, München 2018.

Güthlein, Michael / Husmann, Nils / Winterhalter, Elena, Sinnvoll möchte man sein Geld anlegen. Enkeltauglich. Planetenschonend. Wenn das nur funktionieren würde! Sieben Einwände und was Experten dazu sagen. In: chrismon, 08 / 2018.

Haas, Harry, In seinem Namen versammelt. Erlebnisberichte lebendiger Liturgie,

Habermann, Friederike, Ecommony. Umcare zum Miteinander, 2016.

Hagelüken, Alexander und Rossbach, Henrike, Hartz IV ist nicht genug. Forscher und Politiker debattieren in Berlin über die Grundsicherung – und machen Reformvorschläge. Einig sind sich die meisten, dass die Wirkung der Agenda 2010 auf den Arbeitsmarkt überschätzt wird, in: Südd. Ztg., 23. 1. 2019.

Hasenhüttl, Gotthold, Versöhnung statt Spaltung. Überlegungen zu Ökumene und Abendmahlsgemeinschaft, in: Theorie und Praxis, Die Zeitschrift Evangelischer Pfarrerinnen und Pfarrer, Heft 10 / 2013.

Henkel, Gerhard, lasst die Kirche im Dorf. Katholische Bistümer und evangelische Landeskirchen lösen die bestehenden Pfarreien auf. Das ist ein Kulturbruch, in: Südd. Ztg., 27./28. September 2014, Nr. 223.

Hilberath, Bernd Jochen, Geist. In: Büchner, Christiane / Spallek, Gerrit, Hg., Auf den Punkt gebracht. Grundbegriffe der Theologie, Mainz, 2. Aufl. 2018.

Hilzenbrecher, M., Die schattenwirtschaftliche Wertschöpfung der Heimarbeit. I: Jahrbücher für Nationalökonomie und Statistik, 201 1986, Seite 107-130; zitiert nach Kaufmann, Franz Xaver, a.a.O.

Höchster Kreisblatt, Samstag, 16.9. 1995, Benedikt Hoffmann wird seinen Zivildienst in El Salvador ableisten. Für zwei Jahre nach Quezaltepeque.

Hoffmann, Benedikt, Bericht über einen Besuch bei Padre Carlos.

Hoffmann, Benedikt, Berichte vom Friedensdienst in der Gemeinde in Quetzaltepeque in El Salvador.

Hoffmann, Johannes / Scherhorn, Gerhard / Busch, Timo, HG., Darmstädter Definition Nachhaltiger Geldanlagen / Darmstadt Definition of Sustainable Investments, Wuppertal, April 2004.

Hoffmann, Johannes / Scherhorn, Gerhard, Vorwort, in: Scherhorn, Gerhard, Nachhaltige Entwicklung: Die besondere Verantwortung des Finanzkapitals / Sutainable development: The outstanding responsibility of financial capital, Erkelenz 2008.

Hoffmann, Johannes, Der Fall des Bischofs Tebartz van Elst – Lehren für die Weltkirche, in: Concilium, Internationale Zeitschrift für Theologie, 50. Jahrgang, Mai 2014.

Hoffmann, Johannes, Ethisch-nachhaltig investieren mit DBK und ZdK, in: Paul-Chummar Chittillappilli, HG., Horizonte gegenwärtiger Ethik, Festschrift für Josef Schuster SJ, Freiburg 2016.

Hoffmann, Johannes, Praktizierende Katholiken zwischen Kirche und Gesellschaft. Ein Beitrag zu Problemen der Moralverkündigung, Düsseldorf 1973. Federführend war Johannes Hoffmann, von 1964 – 1966 als Bildungsreferent der KDSE für die Vorbereitung und Durchführung zuständig.

Hoffmann, Johannes, Systemänderung oder Kollaps unseres Planeten, Erklärung der Forschungsgruppe Ethisch-Ökologisches Rating der Goethe-Universität Frankfurt- Arbeitskreis Wissenschaft, Altius Verlag, Erkelenz 2016.

Hoffmann, Paul, Jesus von Nazareth und die Kirche. Spurensicherung im Neuen Testament, Stuttgart 2009.

hr-iNFO – Das Interview, 14.11.2018, 19,35 Uhr.

http://blog.ethisch-oekologisches-rating.org/1-august-ist-erdueberlastungstag-20183394/

http://blog.ethisch-oekologisches-rating.org/also-ist-nachhaltigkeit-die-alternative-zum-kapitalismus/

https://www.domradio.de/themen/vatican/2018-02-18/papst-empfiehlt-priestern-midlife-crisis-buch-von-anselm-gruen

Isaacson, Walter. Steve Jobs. Die autorisierte Biografie des Apple-Gründers, 2. Aufl. München 2011.

Johannes Paul II., Enzyklika Sollicitudo rei socialis (30.September 1987), 42: AAS 99 (2007), zitiert nach EG, Nr.198.

Kaufmann, Franz-Xaver, Herausforderungen des Sozialstaates, Frankfurt, 1.Auflage 1997.

Kaufmann, Franz-Xaver, Kirche begreifen. Analysen und Thesen zur gesellschaftlichen Verfassung des Christentums, Freiburg 1979.

Kempf, Wilhelm, Für Euch und für alle. Brief des Bischofs von Limburg zur Fastenzeit 1981 an die Gemeinden des Bistums, besonders an ihre sogenannten Fernstehenden, in: Ders., Auf Dein Wort hin. Briefe des Bischofs von Limburg an die Gemeinden des Bistums zur österlichen Bußzeit 1972-1981, Limburg 1981.

Kessler, Wolfgang, „Dividende für das gelingende Leben". Wie das bedingungslose Grundeinkommen auch theologisch zu begründen ist. Ein Gespräch mit dem Schweizer Sozialethiker Hans Ruh, in Publik-Forum, Nr. 17 / 2018, Seite 30 – 32.

Kessler, Wolfgang, Der Rendite-Pater. Anselm Grün legt Wert auf Achtsamkeit – nur nicht beim Geld, in: Publik-Forum, 14.1.2011.

Klicker. Jochen R. / Hoffmann, Johannes, HG., Studieren ist anders. Arbeitsbuch des Evangelisch-Katholischen Studententages in Göttingen 1965, Bonn 1966.

Klier, Daniel, im Gespräch mit Weiguny, Bettina; Warum reden Banker jetzt alle so grün? Daniel Klier, Chefstratege der HSBC, über den Klimagipfel, die 100 dreckigsten Konzerne der Welt und seinen Verzicht auf Milch, in: Frankfurter Allgemeine Sonntagszeitung, 2.12.2018.

Kongregation für die Glaubenslehre und Dikasterium für den Dienst zugunsten der ganzheitlichen Entwicklung des Menschen, Oeconomiae et pecuniariae questiones, Rom 6.1.2018.

Lange, Steffen / Santarius Tilman, Smarte Grüne Welt? Digitalisierung zwischen Überwachung, Konsum und Nachhaltigkeit, München 2018.

Lanier, Jaron, Wem gehört die Zukunft? Du bist nicht der Kunde der Internet-Konzerne, du bist ihr Produkt, Hamburg, 2. Aufl..

Lanier, Jaron, Zehn Gründe, warum du deine Social Media Accounts sofort löschen musst, 1. Auflage Hamburg 2018.

Laut Statistischem Bundesamt vom Januar 2018 ergeben sich für Eltern folgende Kosten: „Pro Sohn oder Tochter geben Eltern bei einem Kind monatlich 660 Euro, Paare mit zwei Kindern 583 Euro und jene mit drei Kindern 564 Euro pro Kind aus. Je älter die Kinder werden, umso größer ist der Betrag. In Summe galt die

Hälfte der Ausgaben all dem, was die Statistiker die ‚materielle Grundversorgung' nennen… Bis zur Volljährigkeit kommt so ein Betrag von 120000 bis 140000 Euro pro Kind zusammen." Zitiert nach: Jens Tönnemann, Glück gibt's inklusive, in: Zeit und Geld, Beilage „Die Zeit", März 2018.

Lessenich, St., Neben uns die Sintflut. Westlicher Wohlfühlkapitalismus lebt nicht über seine Verhältnisse. Er lebt über die Verhältnisse anderer, in: Süddeutsche Zeitung, 30.10.2014.

Lévinas, Emmanuel, Wenn Gott ins Denken einfällt. Diskurse über Betroffenheit von Transzendenz, Freiburg/München 2.unveränderte Auflage 1988.

Lexikon für Theologie und Kirche, 7. Band, 2. völlig neu bearbeitete Auflage, Freiburg 1962, Spalte 324 f..

Marx Reinhard, Das Kapital. Ein Plädoyer für den Menschen, München 2008.

Meiler, Oliver, Ewiges Rumoren in der Bank Gottes. Das Finanzinstitut des Vatikans produziert weiter Skandale, in: Südd. Ztg., 12.3.2018.

Mertes, Klaus, im Interview mit Joachim Frank, in: FR, 1.3.2016, Nr. 51.

Mieth, Dietmar, Gewissen, in: Büchner, Christine / Spallek, Gerrit, HG., Auf den Punkt gebracht. Grundbegriffe der Theologie, Ostfildern 2.Aufl. 2018.

Müller, Ursula, Mitschrift der Texte im Film im Film von Wim Wenders: „Papst Franziskus. Ein Mann seines Wortes." Kelkheim 2018.

Nachtwey, Oliver, Der moderne Tagelöhner, in: Schauspiel Frankfurt, HG., Woyzeck, Spielzeit 2017/18.

Nassehi, Armin, Zukunft der Gesellschaft, in: zur debatte. Themen der Katholischen Akademie in Bayern, 4/2017.

Netz, Hrsg., Bistum Limburg, Bischöfliches Ordinariat Limburg, Informations- und Öffentlichkeitsarbeit, Ausgabe 2 (Dezember 2018), Auflage 8000 Stück. Netz erscheint zweimal im Jahr.

Nilges, Th. und Ulrich, Stephan, Mikrofinanz: Zwischen Komplexität und Marketing. Ein Diskussionsbeitrag von Misereor, in: V. Fricke, Nachhaltig investieren in Mikrofinanz ?, Erkelenz 2011. Siehe auch: J. Hoffmann und G. Scherhorn, Eine gute Idee in der Zerreisprobe. Ein Nachwort.

Nuzzi, Gianluigi, Vatikan AG. Ein Geheimarchiv enthüllt die Wahrheit über die Finanz- und Politskandale der Kirche, Salzburg 2010.

Oeconomiae et pecuniariae questiones, Nr. 13

Oekonomicae et pecuniariae questiones. Erwägungen zu einer ethischen Unterscheidung bezüglich einiger Aspekte des gegenwärtigen Finanzsystems, Kongregation für die Glaubenslehre /Dikasterium für den Dienst zugunsten der ganzheitlichen Entwicklung des Menschen, HG., Rom, 6.1. 2018.

Ogburn, William Fielding, Social Change with Respect to Culture and original Nature, New York New 1950 Edition. Dieses Buch erschien 1922 in erster Auflage und enthält ein Kapitel mit der Überschrift: The Hypothesis of Cultural Lag, Seite 100-391. Vgl. dazu auch Johannes Hoffmann, Praktizierende Katholiken zwischen Kirche und Gesellschaft. Ein Beitrag zu Problemen der Moralverkündigung, Düsseldorf 1973, besonders Kap. II,4.: Der Cultural Lag des kirchlichen Lehramtes der Kirche und der Gläubigen.

Orientierungshilfe für Finanzverantwortliche katholischer Einrichtungen in Deutschland" mit dem Titel „Ethisch-nachhaltig investieren" der Deutschen Bischofskonferenz (DBK) und des Zentralkomitees der deutschen Katholiken (ZdK) Juli 2015.

Ott, Klaus und Richter, Nicolas, Ausgefuchst: Ein Steueranwalt, der alles machen konnte. Sein Ziehsohn, der alles machen wollte. Über Gier, Aufstieg und Fall zweier Männer, die mit Cum-Ex-Geschäften viel Geld verdienten – und Ärger mit der Justiz haben. In: Südd.Ztg., 23./24.Juni 2018. Inzwischen wird durch investigativen Journalismus das unvorstellbare Ausmaß der dadurch verursachten Steuerhinterziehung ans Tageslicht gebracht. Um 55 Miliarden EURO wird der Fiskus in Europa im Wesentlichen durch Banken betrogen.

Papst Franziskus zum Abendmahl in evangelisch-katholischen Ehen: „Sprecht mit dem Herrn und geht weiter, in: KANN-ÖKI 47 (17.11.2015), Dokumentation X. hier zitiert nach: Orientierungshilfe der DBK „Mit Christus gehen – Der Einheit auf der Spur. Konfessionsverbindende Ehen und gemeinsame Teilnahme an der Eucharistie, 20.2. 2018.

Papst Franziskus, Ansprache anlässlich der Entgegennahme des Internationalen Karlspreises der Stadt Aachen, Rom, (6.Mai 2016); online verfügbar unter: http://w2.vatican.va/content/ francesco/de/speeches/2016/may/documents/papa-fracesco_20160506_premio-carlo-magno.html ; zitiert nach: Zygmunt Baumann, Retrotopia, Berlin 2017.

Papst Franziskus, Laudato si: Die Umwelt-Enzyklika des Papstes, Verlag Herder, 2015.

Pickel, Gert / Jaeckel, Yvonne, Konfessionslose in Deutschland. Empirische Befunde in der Gegenwart, in: Pöhlmann, Matthias, HG, Abschied von der Religion? Säkularisierung – Konfessionslosigkeit – neuer Atheismus, Evangelische Zentralstelle für Weltanschauungsfragen, Berlin 2018, Seiten 7-26.

Platzbecker, Hermann-Josef, Chancen, Verwicklungen und Perspektiven in freiwilligen sozialen Diensten. Miteinander entdecken und lernen, in: Contacts, Arbeitsgemeinschaft für Entwicklungshilfe-AGEH, 31. Jg., Nr. 3, August 1996.

Pöhlmann, Matthias, HG, Abschied von der Religion? Säkularisierung – Konfessionslosigkeit – neuer Atheismus, Evangelische Zentralstelle für Weltanschauungsfragen, Berlin 2018.

Polanyi, Karl, The Great Transformation. Politische und ökonomische Ursprünge von Gesellschaften und Wirtschaftssystemen, 1. Ausgabe 1957, 11. Ausgabe 1971 bei Beacon Press und Rinehart & Company, Deutsche Rechte by Europa Verlag, Wien 1977.

Prantl, Heribert, Kapitalismus tötet?, in: Südd. Ztg.,7./8. 12.2013.

Prantl, Heribert, Katholische Kirche. Recht und Doppelmoral, in Südd.Ztg.,21.2.2019, Nr. 44, Seite 4.

Precht, Richard David, „Jäger, Hirten, Kritiker". Eine Utopie für die digitale Gesellschaft, München 2018. Hier zitiert nach: Nassehi, Armin, Und was machen wir dann den ganzen Tag? Mehr Freiheit durch digitalen Sozialismus: Richard David Precht trifft mit seiner Streitschrift für das Bedingungslose Grundeinkommen den Nerv, in: FAZ, 30. 6. 2018.

Rahner, Karl, Der Traum von der Kirche, in: Krauss Meinold, (Hrsg.), Ich habe einen Traum. Visionen und Wirklichkeiten, Stuttgart 1978.

Raworth, Kate, Dass es auch andere Vorschläge gibt, soll nicht verschwiegen werden. In „Der große Bericht" des Club of Rome wird die „Donut-Ökonomie" von Kate Raworth erwähnt, Doughnut Economics. London 2017.

Regens des Münsteraner Priesterseminars und Sprecher der deutschen Regentenkonferenz, Äußerung am Sonntag der geistlichen Berufe 2016.

Richter, Nicolaus und Riedel, Katja, Finanzskandal in der katholischen Kirche, in: Süddeutsche Zeitung, 6.2.2018; Untreu und Glauben. Die katholische Kirche verfügt über sehr viel Geld, nicht aber über kompetente Vermögensverwalter, weil sie sich falsch beraten ließ, könnte die Diözese Eichstätt bis zu 60 Millionen Dollar verloren haben, in: Südd.Ztg., 6.2.2018.

Riederle, Philipp, Wie wir arbeiten und was wir fordern. Die digitale Generation revolutioniert die Berufswelt, München 2017.

Roche, Peter / Hoffmann, Johannes, / Homolka, Walter, HG., Ethische Geldanlagen. Kapital auf neuen Wegen, Frankfurt 1992.

Röder, Bettina und Grünfelder, Alice, Die Banken und das Bombenge-schäft, in: Publik-Forum, Nr. 13 /2018.

Rösmann, Tobias, Interview mit Ansgar Wucherpfennig, Lichtjahre entfernt von der Lebensrealität der Glaubenden; in: FAZ 29.11.2018.

Rosswog, Tobi, After Work. Idee für einen Gesellschaft ohne Arbeit, München 2018.

Rouet, Erzbischof em.Pére Albert von Poitiers, Theologische Überle-gungen, in: zur debatte, Themen der Katholischen Akademie in Bayern, 4 / 2014.

Schäfer, Henry, 2005: „Schulnoten" für die Triple Bottom Line – Ra-ting von Unternehmensverantwortung international auf dem Vormarsch, in: Maecenata Aktuell Nr. 54, München 2005.

Scharnigg, Max, Am Ende der Leiter. Kinder, ihr sollt es mal besser haben! Dieses Versprechen konnte früher jede Generation an die nächste gebe. Heute tut sich die Mittelschicht damit schwer, in: Südd. Ztg., 19./20./21. Mai 2018.

Schellnhuber, Hans Joachim, Selbstverbrennung. Die fatale Dreieck-beziehung zwischen Klima, Mensch und Kohlenstoff, München 1.Auflage 2015.

Scherhorn, Gerhard, Die Arbeit: Job oder Tätigkeit. Für einen neuen Gesellschaftsvertrag, in: Derselbe, Wachstum oder Nachhaltigkeit. Die Ökonomie am Scheideweg, Erkelenz 2015.

Schirrmacher, Frank, Das Methusalem-Komplott. Die Menschheit altert in unvorstellbarem Ausmaß. Wir müssen das Problem unseres eigenen Alterns lösen, um das Problem der Welt zu lösen, 34. Auflage München 2004.

Schirrmacher, Frank, EGO. Das Spiel des Lebens, 5. Auflage München 2013.

Schmidt, Michael, Deka Investment GmbH, Mitglied der HLEG Group on Sustainable Finance, Financing A Sustainable Europe Economy, Final Report 2018 by the High-Level Expert Group on Sustainable Finance. Secretariat provided by the European Commission, 19. April 2018. Die HLEG on Sustainable Finance wurde Ende 2016 von der EU Kommission (DG FISMA) mit 20 Mitgliedern und 9 Beobachtern aufgesetzt.

Schmidt, Michael, Fahrplan für ein nachhaltiges Finanzsystem in Europa, Fachbeitrag in: Absolut/impact. Nachhaltige Perspektiven für institutionelle Investoren, 01/2018.

Schmitter, Jürgen, Analyse der Hochschule: Meldungen aus der katholischen Welt. Aus dem deutschen Sprachgebiet, in: Herder Korrespondenz, Freiburg, Dezember 1965; hier zitiert nach: Hoffmann, Johannes / Klicker, Jochen, Studieren ist anders. Arbeitsbuch des Evangelisch- Katholischen Sudententages Göttingen 1985.

Schrom, Michael, Gefährlicher Schlingerkurs. Reformen verursachen oft Spaltungen. Das muss Franziskus in Kauf nehmen und Führungsstärke zeigen, in: Publik-Forum Nr. 17, 2018.

Seewald, Michael, Kritische Kinder der katholischen Kirche werden verketzert, im Interview mit Joachim Frank, in: Frankfurter Rundschau, 18.6.2018, Feuilleton.

Seewald, Michael, Lauthals. Die deutschen Bischöfe müssen einen Teil ihrer Macht an die Gläubigen abgeben und Kritiker anhören. Nur so kann die Kirche sich demokratisieren. In: Süddeutche Zeitung, 26.4.2019, Nr.97, Seite 5.

Simmel, Georg, Philosophie des Geldes. Gesamtausgabe 6, hrsg. Von: Frisby, David P. und Köhnke, Klaus Christian, 1. Aufl. 1989.

Sobbeck, Gordon, in: J. Oberbandscheid, Katholische Erwachsenenbildung im Bistum Limburg, HG., Katalog zur Ausstellung „Kirche und Geld im Bistum Limburg", April 2015.

Sobrino, John, Christologia desde América Latina, Mexiko, 2. Auflage 1977; zitiert nach: Sanhueza, Kreti, Gerechtigkeit und Frieden im Rahmen der lateinamerikanischen Christologie, in: Azcuy, Virginia, ʹ/Eckholt, Margit, (HG.), Friedensräume. Interkulturell Friedenstheologie in feministisch-befreiungstheologischen Perspektiven, Ostfildern 2018.

Sonnenseite. Ökologische Kommunikation mit Franz Alt, 23.4.2018

Stegemann, Wolfgang, nach Stegemann „war das alltägliche Verhalten der landwirtschaftlichen Bevölkerung durch Reziprozität bestimmt, das heißt durch ein wirtschaftliches Verhalten auf Gegenseitigkeit, das ökonomisch ein Nullsummenspiel gewesen ist. Gewinn auf Kosten des Nachbarn zu erzielen, war im reziproken Verteilungssystem von Dorfnachbarn nicht vorgesehen." Zitiert nach Werner Schanz, Die Geldwirtschaft in der Heiligen Schrift, in: Hans Binswanger und Paschen von Flotow, HG., Geld und Wachstum: zur Philosophie und Praxis des Geldes, Stuttgart / Wien: 1994.

Stier, Fridolin, Das Neue Testament, übersetzt von Fridolin Stier, München 1989.

Striet, Magnus, im Gespräch mit Christiane Florin, in: Deutschlandfunk, Sendung „Tag für Tag", am 28.12.2018.

Südd.Ztg., Kaum aufzuhaltender Schwund, EPD, 21./22. Juli 2018.

Trummer, Peter, „…dass alle eins sind!" Neue Zugänge zu Eucharistie und Abendmahl, 2. Auflage Düsseldorf 2003.

Uekötter, Frank, Ein Haus auf schwankendem Boden: Überlegungen zur Begriffsgeschichte der Nachhaltigkeit, in APuZ 31-32/2014.

UNO Generalsekretär Ban Ki-Moon, August 2015; zitiert nach Weber, Thomas, Die globalen Nachhaltigkeitsziele als politische Menschheitserzählung, Berlin, Manuskript Dezember 2018.

V. Generalversammlung der Bischöfe von Lateinamerika und der Karibik, Dokument von Aparecida (29. Juni) 548; zitiert nach EG Nr. 15.

Vogt, Fabian, Morbus Jona, in: Publik-Forum, Nr. 2 / 2018.

von Weizsäcker, Ernst Ulrich, Anders Wijkman u.a., HG., Club of Rome: Der große Bericht. Wir sind dran. Was wir ändern müssen, wenn wir bleiben wollen. Eine neue Aufklärung für einen volle Welt, Gütersloh 2017.

Weber, Enzo, 100 000 Jobs weniger. Die Umstellung auf Elektromobilität wird viele Arbeitsplätze kosten und das Wachstum bremsen. Aber man könnte gegensteuern, in: Südd. Ztg., 19.11.2018.

Weber, Dr. Thomas, Bundesministerium der Justiz und Verbraucher (BMJV), Politischer Vorschlag zu einem „Transformationsvermögen" / „Transformationseinkommen" als Gestaltungs- und Steuerungsinstrument in der unausweichlichen sozial-ökologischen Transformation. Zitiert nach Manuskript vom 21.2.2019.

Welzer, Harald, Alles könnte anders sein. Eine Gesellschaftsutopie für freie Menschen, Frankfurt 2019.

Wenzel, Knut, Offenbarung, Text, Subjekt. Grundlegungen der Fundamentaltheologie, Freiburg 2016.

Werlen, Martin, im Interview mit Wolf Südbeck-Baur, in Publik-Forum Nr.6, 2018.

Werner, Götz W., Einkommen für alle. a. a. O.

Wilkinson, Richard / Picket, Kate, Gleichheit ist Glück, 4.Auflage Berlin 2012.

Woelki, R.M. „Wer gibt schon seinen Mantel hin? Mit dem Heiligen Martin der „Globalisierung der Gleichgültigkeit" begegnen", in:

D. Skala, Katholisches Büro Mainz, Kommissariat der Bischöfe Rheinland-Pfalz, HG., Erkelenz 2015.

Zentralkomitee der deutschen Katholiken/Deutsche Bischofkonferenz (Hg.), Ethisch-nachhaltig investieren. Eine Orientierungshilfe für Finanzverantwortliche katholischer Einrichtungen in Deutschland, Bonn 2015.

Zoche, Hermann Josef, Die Jesus AG. Ein Unternehmensberater analysiert die älteste Firma der Welt, München 2002.

Zulehner, Paul M., „Ich träume von einer Kirche als Mutter und Hirtin", Die neue Pastoralkultur von Papst Franziskus, Ostfildern 2018.

Zur Lippe, Rudolf, Plurale Ökonomie. Streitschrift für Maß, Reichtum und Fülle, Freiburg/München 2012.

Zygmunt Baumann, Retrotopia, Berlin 2017.

Globethics.net is a worldwide ethics network based in Geneva, with an international Board of Foundation of eminent persons, and participants from 200 countries and regional and national programmes. Globethics.net provides services especially for people in Africa, Asia and Latin-America in order to contribute to more equal access to knowledge resources in the field of applied ethics and to make the voices from the Global South more visible and audible in the global discourse. It provides an electronic platform for dialogue, reflection and action. Its central instrument is the internet site *www.globethics.net*.

Globethics.net has four objectives:

Library: Free Access to Online Documents
In order to ensure access to knowledge resources in applied ethics, Globethics.net offers its *Globethics.net Library,* the leading global digital library on ethics with over 4.4 million full text documents for free download.

Network: Global Online Community
The registered participants form a global community of people interested in or specialists in ethics. It offers participants on its website the opportunity to contribute to forum, to upload articles and to join or form electronic working groups for purposes of networking or collaborative international research.

Research: Online Workgroups
Globethics.net registered participants can join or build online research groups on all topics of their interest whereas Globethics.net Head Office in Geneva concentrates on six research topics: *Business/Economic Ethics, Interreligious Ethics, Responsible Leadership, Environmental Ethics, Health Ethics and Ethics of Science and Technology.* The results produced through the working groups and research finds their way *into online collections* and *publications* in four series (see publications list) which can also be downloaded for free.

Services: Conferences, Certification, Consultancy
Globethics.net offers services such as the Global Ethics Forum, an international conference on business ethics, customized certification and educational projects, and consultancy on request in a multicultural and multilingual context.

www.globethics.net ∎

Globethics.net Publications

The list below is only a selection of our publications. To view the full collection, please visit our website.

All volumes can be downloaded for free in PDF form from the Globethics.net library and at www.globethics.net/publications. Bulk print copies can be ordered from *publictions@globethics.net* at special rates from the Global South.

The Editor of the different Series of Globethics.net Publications Prof. Dr. Obiora Ike, Executive Director of Globethics.net in Geneva and Professor of Ethics at the Godfrey Okoye University Enugu/Nigeria.

Contact for manuscripts and suggestions: *publications@globethics.net*

Global Series

Christoph Stückelberger / Jesse N.K. Mugambi (eds.), *Responsible Leadership. Global and Contextual Perspectives*, 2007, 376pp. ISBN: 978–2–8254–1516–0

Heidi Hadsell / Christoph Stückelberger (eds.), *Overcoming Fundamentalism. Ethical Responses from Five Continents*, 2009, 212pp.
ISBN: 978–2–940428–00–7

Christoph Stückelberger / Reinhold Bernhardt (eds.): *Calvin Global. How Faith Influences Societies*, 2009, 258pp. ISBN: 978–2–940428–05–2.

Ariane Hentsch Cisneros / Shanta Premawardhana (eds.), *Sharing Values. A Hermeneutics for Global Ethics*, 2010, 418pp.
ISBN: 978–2–940428–25–0.

Deon Rossouw / Christoph Stückelberger (eds.), *Global Survey of Business Ethics in Training, Teaching and Research*, 2012, 404pp.
ISBN: 978–2–940428–39–7

Carol Cosgrove Sacks/ Paul H. Dembinski (eds.), *Trust and Ethics in Finance. Innovative Ideas from the Robin Cosgrove Prize*, 2012, 380pp.
ISBN: 978–2–940428–41–0

Jean-Claude Bastos de Morais / Christoph Stückelberger (eds.), *Innovation Ethics. African and Global Perspectives*, 2014, 233pp.
ISBN: 978–2–88931–003–6

Nicolae Irina / Christoph Stückelberger (eds.), *Mining, Ethics and Sustainability*, 2014, 198pp. ISBN: 978–2–88931–020–3

Philip Lee and Dafne Sabanes Plou (eds), *More or Less Equal: How Digital Platforms Can Help Advance Communication Rights*, 2014, 158pp. ISBN 978–2–88931–009–8

Sanjoy Mukherjee and Christoph Stückelberger (eds.) *Sustainability Ethics. Ecology, Economy, Ethics. International Conference SusCon III, Shillong/India*, 2015, 353pp. ISBN: 978–2–88931–068–5

Amélie Vallotton Preisig / Hermann Rösch / Christoph Stückelberger (eds.) *Ethical Dilemmas in the Information Society. Codes of Ethics for Librarians and Archivists*, 2014, 224pp. ISBN: 978–288931–024–1.

Prospects and Challenges for the Ecumenical Movement in the 21st Century. Insights from the Global Ecumenical Theological Institute, David Field / Jutta Koslowski, 256pp. 2016, ISBN: 978–2–88931–097–5

Christoph Stückelberger, Walter Fust, Obiora Ike (eds.), *Global Ethics for Leadership. Values and Virtues for Life*, 2016, 444pp. ISBN: 978–2–88931–123–1

Dietrich Werner / Elisabeth Jeglitzka (eds.), *Eco-Theology, Climate Justice and Food Security: Theological Education and Christian Leadership Development*, 316pp. 2016, ISBN 978–2–88931–145–3

Obiora Ike, Andrea Grieder and Ignace Haaz (Eds.), *Poetry and Ethics: Inventing Possibilities in Which We Are Moved to Action and How We Live Together*, 271pp. 2018, ISBN 978–2–88931–242–9

Christoph Stückelberger / Pavan Duggal (Eds.), *Cyber Ethics 4.0: Serving Humanity with Values*, 503pp. 2018, ISBN 978–2–88931–264-1

Theses Series

Kitoka Moke Mutondo, *Église, protection des droits de l'homme et refondation de l'État en République Démocratique du Congo*, 2012, 412pp. ISBN: 978–2–940428–31–1

Ange Sankieme Lusanga, *Éthique de la migration. La valeur de la justice comme base pour une migration dans l'Union Européenne et la Suisse*, 2012, 358pp. ISBN: 978–2–940428–49–6

Nyembo Imbanga, *Parler en langues ou parler d'autres langues. Approche exégétique des Actes des Apôtres*, 2012, 356pp. ISBN: 978–2–940428–51–9

Kahwa Njojo, *Éthique de la non-violence*, 2013, 596pp. ISBN: 978–2–940428–61–8

Ibiladé Nicodème Alagbada, *Le Prophète Michée face à la corruption des classes dirigeantes*, 2013, 298pp. ISBN: 978–2–940428–89–2

Carlos Alberto Sintado, *Social Ecology, Ecojustice and the New Testament: Liberating Readings*, 2015, 379pp. ISBN: 978-2–940428–99–1

Symphorien Ntibagirirwa, *Philosophical Premises for African Economic Development: Sen's Capability Approach*, 2014, 384pp. ISBN: 978–2–88931–001–2

Jude Likori Omukaga, *Right to Food Ethics: Theological Approaches of Asbjørn Eide*, 2015, 609pp. ISBN: 978–2–88931–047–0

Jörg F. W. Bürgi, *Improving Sustainable Performance of SME's, The Dynamic Interplay of Morality and Management Systems*, 2014, 528pp. ISBN: 978–2–88931–015–9

Jun Yan, *Local Culture and Early Parenting in China: A Case Study on Chinese Christian Mothers' Childrearing Experiences*, 2015, 190pp. ISBN 978–2–88931–065–4

Frédéric-Paul Piguet, *Justice climatique et interdiction de nuire*, 2014, 559 pp. ISBN 978–2–88931–005–0

Mulolwa Kashindi, *Appellations johanniques de Jésus dans l'Apocalypse: une lecture Bafuliiru des titres christologiques*, 2015, 577pp. ISBN 978–2–88931–040–1

Naupess K. Kibiswa, *Ethnonationalism and Conflict Resolution: The Armed Group Bany2 in DR Congo*. 2015, 528pp. ISBN: 978–2–88931–032–6

Kilongo Fatuma Ngongo, *Les héroïnes sans couronne. Leadership des femmes dans les Églises de Pentecôte en Afrique Centrale*, 2015, 489pp. ISBN 978–2–88931–038–8

Alexis Lékpéa Dea, *Évangélisation et pratique holistique de conversion en Afrique. L'Union des Églises Évangéliques Services et Œuvres de Côte d'Ivoire 1927–1982*, 2015, 588 pp. ISBN 978–2–88931–058–6

Bosela E. Eale, *Justice and Poverty as Challenges for Churches: with a Case Study of the Democratic Republic of Congo*, 2015, 335pp, ISBN: 978–2–88931–078–4

Andrea Grieder, *Collines des mille souvenirs. Vivre* après *et* avec *le génocide perpétré contre les Tutsi du Rwanda*, 2016, 403pp. ISBN 978–2–88931–101–9

Monica Emmanuel, *Federalism in Nigeria: Between Divisions in Conflict and Stability in Diversity*, 2016, 522pp. ISBN: 978–2–88931–106–4

John Kasuku, *Intelligence Reform in the Post-Dictatorial Democratic Republic of Congo*, 2016, 355pp. ISBN 978–2–88931–121–7

Fifamè Fidèle Houssou Gandonour, *Les fondements éthiques du féminisme. Réflexions à partir du contexte africain*, 2016, 430pp. ISBN 978–2–88931–138–5

Nicoleta Acatrinei, *Work Motivation and Pro-Social Behaviour in the Delivery of Public Services Theoretical and Empirical Insights*, 2016, 387pp. ISBN 978–2–88931–150–7

Josephine Mukabera, *Women's Status and Gender Relations in Post-Genocide Rwanda*, 2017, 313pp. ISBN: 978-2-88931-193-4

Le Ngoc Bich Ly, *Struggles for Women-Inclusive Leadership in Toraja Church in Indonesia and the Evangelical Church of Vietnam*, 2017, 292pp. ISBN 978-2-88931-210-8

Timothee B. Mushagalusa, *John of Damascus and Heresy. A Basis for Understanding Modern Heresy*, 2017, 556pp. ISBN: 978-2-88931-205-4

Nina, Mariani Noor, *Ahmadi Women Resisting Fundamentalist Persecution. A Case Study on Active Group Resistance in Indonesia*, 2018, 221pp. ISBN: 978-2-88931-222-1

Ernest Obodo, *Christian Education in Nigeria and Ethical Challenges. Context of Enugu Diocese*, 2018, 612pp. ISBN: 978-2-88931-256-6

Fransiska Widyawati, *Catholics in Manggarai, Flores, Eastern Indonesia*, 2018, 284pp. ISBN 978-2-88931-268-9

A. Halil Thahir, *Ijtihād Maqāṣidi: The Interconnected Maṣlaḥah-Based Reconstruction of Islamic Laws*, 2019, 201pp. ISBN 978-2-88931-220-7

Sabina Kavutha Mutisya, *The Experience of Being a Divorced or Separated Single Mother: A Phenomenological Study*, 2019, 168pp. ISBN 978-2-88931-274-0

Texts Series

Principles on Sharing Values across Cultures and Religions, 2012, 20pp. Available in English, French, Spanish, German and Chinese. Other languages in preparation. ISBN: 978–2–940428–09–0

Ethics in Politics. Why it Matters More than Ever and How it Can Make a Difference. A Declaration, 8pp, 2012. Available in English and French. ISBN: 978–2–940428–35–9

Religions for Climate Justice: International Interfaith Statements 2008–2014, 2014, 45pp. Available in English. ISBN 978–2–88931–006–7

Ethics in the Information Society: the Nine 'P's. A Discussion Paper for the WSIS+10 Process 2013–2015, 2013, 32pp. ISBN: 978–2–940428–063–2

Principles on Equality and Inequality for a Sustainable Economy. Endorsed by the Global Ethics Forum 2014 with Results from Ben Africa Conference 2014, 2015, 41pp. ISBN: 978–2–88931–025–8

Focus Series

Christoph Stückelberger, *Das Menschenrecht auf Nahrung und Wasser. Eine ethische Priorität,* 2009, 80pp. ISBN: 978–2–940428–06–9

Christoph Stückelberger, *Corruption-Free Churches are Possible. Experiences, Values, Solutions,* 2010, 278pp. ISBN: 978–2–940428–07–6

—, *Des Églises sans corruption sont possibles: Expériences, valeurs, solutions,* 2013, 228pp. ISBN: 978–2–940428–73–1

Vincent Mbavu Muhindo, *La République Démocratique du Congo en panne. Bilan 50 ans après l'indépendance,* 2011, 380pp. ISBN: 978–2–940428–29–8

Benoît Girardin, *Ethics in Politics: Why it matters more than ever and how it can make a difference,* 2012, 172pp. ISBN: 978–2–940428–21–2

—, *L'éthique: un défi pour la politique. Pourquoi l'éthique importe plus que jamais en politique et comment elle peut faire la différence,* 2014, 220pp. ISBN 978–2–940428–91–5

Willem A Landman, *End-of-Life Decisions, Ethics and the Law,* 2012, 136pp. ISBN: 978–2–940428–53–3

Corneille Ntamwenge, *Éthique des affaires au Congo. Tisser une culture d'intégrité par le Code de Conduite des Affaires en RD Congo,* 2013, 132pp. ISBN: 978–2–940428–57–1

Elisabeth Nduku / John Tenamwenye (eds.), *Corruption in Africa: A Threat to Justice and Sustainable Peace,* 2014, 510pp. ISBN: 978–2–88931–017–3

Dicky Sofjan (with Mega Hidayati), *Religion and Television in Indonesia: Ethics Surrounding Dakwahtainment,* 2013, 112pp. ISBN: 978–2–940428–81–6

Yahya Wijaya / Nina Mariani Noor (eds.), *Etika Ekonomi dan Bisnis: Perspektif Agama-Agama di Indonesia,* 2014, 293pp. ISBN: 978–2–940428–67–0

Bernard Adeney-Risakotta (ed.), *Dealing with Diversity. Religion, Globalization, Violence, Gender and Disaster in Indonesia*. 2014, 372pp. ISBN: 978–2–940428–69–4

Sofie Geerts, Namhla Xinwa and Deon Rossouw, EthicsSA (eds.), *Africans' Perceptions of Chinese Business in Africa A Survey*. 2014, 62pp. ISBN: 978–2–940428–93–9

Nina Mariani Noor/ Ferry Muhammadsyah Siregar (eds.), *Etika Sosial dalam Interaksi Lintas Agama* 2014, 208pp. ISBN 978–2–940428–83–0

B. Muchukiwa Rukakiza, A. Bishweka Cimenesa et C. Kapapa Masonga (éds.), *L'État africain et les mécanismes culturels traditionnels de transformation des conflits*. 2015, 95pp. ISBN: 978–2–88931– 042–5

Dickey Sofian (ed.), Religion, *Public Policy and Social Transformation in Southeast Asia*, 2016, 288pp. ISBN: 978–2–88931–115–6

Symphorien Ntibagirirwa, *Local Cultural Values and Projects of Economic Development: An Interpretation in the Light of the Capability Approach*, 2016, 88pp. ISBN: 978–2–88931–111–8

Karl Wilhelm Rennstich, *Gerechtigkeit für Alle. Religiöser Sozialismus in Mission und Entwicklung*, 2016, 500pp. ISBN 978–2–88931–140–8.

John M. Itty, *Search for Non-Violent and People-Centric Development*, 2017, 317pp. ISBN 978–2–88931–185–9

Florian Josef Hoffmann, *Reichtum der Welt—für Alle Durch Wohlstand zur Freiheit*, 2017, 122pp. ISBN 978–2–88931–187–3

Cristina Calvo / Humberto Shikiya / Deivit Montealegre (eds.), *Ética y economía la relación dañada*, 2017, 377pp. ISBN 978–2–88931–200–9

Maryann Ijeoma Egbujor, *The Relevance of Journalism Education in Kenya for Professional Identity and Ethical Standards*, 2018, 141pp. ISBN 978–2–88931233–7

Jonathan Kashindi Mulolwa, *Le langage symbolique. Une méthode en théologie*, 2018, 276pp. ISBN: 978-2-88931-254-2

Tharcisse Gatwa and Deo Mbonyinkebe (eds.), *Home-Grown Solutions Legacy to Generations in Africa: Drawing Resources from the Rwandan Way of Life Vol. 1*, 2019, 443pp. ISBN 978-2-88931-286-3

Tharcisse Gatwa and Deo Mbonyinkebe (eds.), *Home Grown Solutions.Legacy to Generations in Africa: Memory and Reconciliation. Language, Culture and Development Vol. 2*, 2019, 211pp. ISBN 978-2-88931-290-0

Praxis Series

Christoph Stückelberger, *Responsible Leadership Handbook : For Staff and Boards*, 2014, 116pp. ISBN :978-2-88931-019-7 (Available in Russian)

Christoph Stückelberger, *Weg-Zeichen: 100 Denkanstösse für Ethik im Alltag*, 2013, 100pp SBN: 978-2-940428-77-9

— , *Way-Markers: 100 Reflections Exploring Ethics in Everyday Life*, 2014, 100pp. ISBN 978-2-940428-74-0

Angèle Kolouchè Biao, Aurélien Atidegla (éds.,) *Proverbes du Bénin. Sagesse éthique appliquée de proverbes africains*, 2015, 132pp. ISBN 978-2-88931-068-5

Rodrigue Buchakuzi Kanefu (Ed.), *Pleure, Ô Noir, frère bien-aimé. Anthologie de textes de Patrice-Émery Lumumba*, 2015, 141pp. ISBN 978-2-88931-060-9

Nina Mariani Noor (ed.) *Manual Etika Lintas Agama Untuk Indonesia*, 2015, 93pp. ISBN 978-2-940428-84-7

Y. Sumardiyanto, Tituk Romadlona Fauziyah, *Keragaman Yang Mempersatukan*, 2016, 228pp. ISBN: 978-2-88931-135-4

Christoph Stückelberger, *Weg-Zeichen II: 111 Denkanstösse für Ethik im Alltag*, 2016, 111pp. ISBN: 978-2-88931-147-7 (Available in German and English)

Elly K. Kansiime, *In the Shadows of Truth: The Polarized Family*, 2017, 172pp. ISBN 978-2-88931-203-0

Christopher Byaruhanga, *Essential Approaches to Christian Religious Education: Learning and Teaching in Uganda*, 2018, 286pp. ISBN: 978-2-88931-235-1

Christoph Stückelberger / William Otiende Ogara / Bright Mawudor, *African Church Assets Handbook*, 2018, 291pp. ISBN: 978-2-88931-252-8

Oscar Brenifier, *Day After Day 365 Aphorisms*, 2019, 395pp. ISBN 978-2-88931-272-6

Christoph Stückelberger, *365 Way-Markers*, 2019, 416pp. ISBN: 978-2-88931-282-5 (available in English and German).

African Law Series

D. Brian Dennison/ Pamela Tibihikirra-Kalyegira (eds.), *Legal Ethics and Professionalism. A Handbook for Uganda*, 2014, 400pp. ISBN 978–2–88931–011–1

Pascale Mukonde Musulay, *Droit des affaires en Afrique subsaharienne et économie planétaire*, 2015, 164pp. ISBN: 978–2–88931–044–9

Pascal Mukonde Musulay, *Démocratie électorale en Afrique subsaharienne: Entre droit, pouvoir et argent*, 2016, 209pp. ISBN 978–2–88931–156–9

Pascal Mukonde Musulay, *Contrats de partenariat public privé : Options innovantes de financement des infrastructures publiques en Afrique subsaharienne*, 2018, ISBN 978-2-88931-244-3, 175pp.

China Christian Series

Yahya Wijaya; Christoph Stückelberger; Cui Wantian, *Christian Faith and Values: An Introduction for Entrepreneurs in China*, 2014, 76pp. ISBN: 978–2–940428–87–8

Christoph Stückelberger, *We are all Guests on Earth. A Global Christian Vision for Climate Justice*, 2015, 52pp. ISBN: 978–2–88931–034–0 (in Chinese, English version in the Globethics.net Library)

Christoph Stückelberger, Cui Wantian, Teodorina Lessidrenska, Wang Dan, Liu Yang, Zhang Yu, *Entrepreneurs with Christian Values: Training Handbook for 12 Modules*, 2016, 270pp. ISBN 978–2–88931–142–2

China Ethics Series

Liu Baocheng / Dorothy Gao (eds.), 中国的企业社会责任 *Corporate Social Responsibility in China*, 459pp. 2015, in Chinese, ISBN 978–2–88931–050–0

Bao Ziran, 影响中国环境政策执行效果的因素分析 *China's Environmental Policy, Factor Analysis of its Implementation*, 2015, 431pp. In Chinese, ISBN 978–2–88931–051–7

Yuan Wang and Yating Luo, *China Business Perception Index: Survey on Chinese Companies' Perception of Doing Business in Kenya*, 99pp. 2015, in English, ISBN 978–2–88931–062–3.

王淑芹 (Wang Shuqin) (编辑) (Ed.), *Research on Chinese Business Ethics [Volume 1]*, 2016, 413pp. ISBN: 978–2–88931–104–0

王淑芹 (Wang Shuqin) (编辑) (Ed.), *Research on Chinese Business Ethics [Volume 2]*, 2016, 400pp. ISBN: 978–2–88931–108–8

Liu Baocheng, *Chinese Civil Society*, 2016, 177pp. ISBN 978–2–88931–168–2

Liu Baocheng / Zhang Mengsha, *Philanthropy in China: Report of Concepts, History, Drivers, Institutions*, 2017, 246pp. ISBN: 978–2–88931–178–1

Liu Baocheng / Zhang Mengsha, *CSR Report on Chinese Business Overseas Operations*, 2018, 286pp. ISBN 978-2-88931-250-4 (available in Chinese and English)

Education Ethics Series

Divya Singh / Christoph Stückelberger (Eds.), *Ethics in Higher Education Values-driven Leaders for the Future,* 2017, 367pp. ISBN: 978–2–88931–165–1

Obiora Ike / Chidiebere Onyia (Eds.) *Ethics in Higher Education, Foundation for Sustainable Development*, 2018, 645pp. IBSN: 978-2-88931-217-7

Obiora Ike / Chidiebere Onyia (Eds.) *Ethics in Higher Education, Religions and Traditions in Nigeria* 2018, 198pp. IBSN: 978-2-88931-219-1

Readers Series

Christoph Stückelberger, *Global Ethics Applied:* 4 Vol., 2016, 1400pp. v1: ISBN 978-2-88931-125-5, v2: 978-2-88931-127-9, v3: 978-2-88931-129-3, v4: 978-2-88931-131-6

John Mohan Razu, *Ethics of Inclusion and Equality,* 2 Vol., 2018, 754pp. v1: ISBN:978–2–88931–189-7, v2: ISBN 978-2-88931-191-0

CEC Series

Win Burton, *The European Vision and the Churches: The Legacy of Marc Lenders*, Globethics.net, 2015, 251pp. ISBN: 978–2–88931–054–8

Laurens Hogebrink, *Europe's Heart and Soul. Jacques Delors' Appeal to the Churches*, 2015, 91pp. ISBN: 978–2–88931–091–3

Elizabeta Kitanovic and Fr Aimilianos Bogiannou (Eds.), *Advancing Freedom of Religion or Belief for All*, 2016, 191pp. ISBN: 978–2–88931–136–1

Peter Pavlovic (ed.) *Beyond Prosperity? European Economic Governance as a Dialogue between Theology, Economics and Politics*, 2017, 147pp. ISBN 978–2–88931–181–1

Elizabeta Kitanovic / Patrick Roger Schnabel (Editors), *Religious Diversity in Europe and the Rights of Religious Minorities*, 2019, 131pp. ISBN 978-2-88931-270-2

CEC Flash Series

Guy Liagre (ed.), *The New CEC: The Churches' Engagement with a Changing Europe,* 2015, 41pp. ISBN 978–2–88931–072–2

Moral and Ethical Issues in Human Genome Editing: A Statement of the CEC Bioethics Thematic Reference Group, 2019, 85pp. ISBN 978-2-88931-295-5

Copublications & Other

Patrice Meyer-Bisch, Stefania Gandolfi, Greta Balliu (eds.), *Souveraineté et coopérations: Guide pour fonder toute gouvernance démocratique sur l'interdépendance des droits de l'homme*, 2016, 99pp. ISBN 978–2–88931–119–4 (Available in Italian)

Reports

Global Ethics Forum 2016 Report, Higher Education—Ethics in Action: The Value of Values across Sectors, 2016, 184pp. ISBN: 978–2–88931–159–0

African Church Assets Programme ACAP: Report on Workshop March 2016, 2016, 75pp. ISBN 978–2–88931–161–3

Globethics Consortium on Ethics in Higher Education Inaugural Meeting 2017 Report, 2018, 170pp. ISBN 978–2–88931–238–2

Managing and Teaching Ethics in Higher Education. Policy, Skills and Resources: Globethics.net International Conference Report 2018, 2019, 206pp. ISBN 978-2-88931-288-7

This is only selection of our latest publications, to view our full collection please visit: www.globethics.net/publications

www.globethics.net/publications

42937281R00154

Printed in Poland
by Amazon Fulfillment
Poland Sp. z o.o., Wrocław